사회 불평등과 교육

사회 불평등과 교육

황갑진

경상대학교출판부

저자의 말

오늘날 교육은 사회성원 모두의 관심사이다. 교육은 우리 자녀들과 청소년들의 삶의 이야기이자 우리의 직장이나 동창회 모임과 같은 일상생활과 관련된 영역이다. 우리가 일상생활을 위해 직장에서 조직생활을 하듯이 학생들은 학교에서 조직생활을 한다. 국민소득이 3만 불이 된 지금도 한국인의 노동시간은 길고 노동강도도 매우 높다. 생산성과 효율성의 명목 아래 직장인들의 일상과 가정생활은 황폐화된 경우가 많다. 학생들의 생활도 이들 직장인들의 생활과 다를 바 없다. 아침 일찍 학교에 가서 공부하고 방과 후에도 학원에 가거나 과외를 받고 또 혼자서 공부를 한다. 일하는 시간과 공부하는 시간, 그리고 이것을 통제하는 것에 있어 사회와 학교가 많이 닮아 있는 것이다. 한국 학생들의 공부시간은 다른 국가에 비해 매우 길다. 대학에 진학하는 비율도 최고다. 한국의 학생들은 매우 열심히 공부하나 이는 강요된 것이다. 대다수의 부모와 선생들은 학생들에게 획일화된 공부를 강요한다. 이들이 강요받는 교육은 대학을 가기 위한 입시 위주의 암기식 공부이다. 상류층 부모들은 자녀들에게 영어를 비롯한 여러 과목을 일찍부터 교육하고 있다. 초등학생 때부터 일찍 입시경쟁을 시작하는 것이다. 이들 자녀들은 학교를 마친 후 놀지 않고 학원에 간다. 초등학교부터 시작되어 고등학교까지 이어지는 사교육은 높은 비용을 초래한다. 부모들은 수입의 상당 부분을 사교육비에 지출하고 있으며 사회계층이 상위로 갈수록 그 비용은 매우 높아진다. 고등학교에서 공부는 절정에 이른다. 고등학생이 가장 많이 공부하고 다음이 중학생이며 대학생의 공부시간은 짧다. 학생들은 강요받은 공부로 청소년기를 보내고 있는 것이다.

교육기본법은 "학교교육은 학생의 창의력 개발 및 인성 함양을 포함한 전인적 교육을 중시하여 이루어져야 한다"고 명시하고 있지만 교육은 왜곡된 지 오래다. 강요받은 공부가 전공 공부나 실생활과 어떻게 연결되는지도 논란이다. 암기식 공부는 개념을 비롯한 일부 지식을 증대시킬 수 있으나 이해나 논리가 중요한 지식은 암기로 가능한 것이 아니다. 실생활에 도움을 줄 수 있는 필요한 공부도 아니다. 그러면 왜 부모들은 경제적 희생을 치르고 학생들은 청춘을 낭비하고 있는가? 답은 자녀가 명문대학에 진학하고 좋은 직장에 취업하기 위해서이다. 공부나 생활을 위해서라기보다 명문대학에 들어가기 위한 줄서기 경쟁을 하고 있는 것이다. 이 줄서기 경쟁을 위해 부모와 학생들은 인생을 낭비하고 있는 것이고, 학교는 교육을 왜곡하고 있는 것이다. 한국교육은 민주화와 경제발전으로 외형적으로 많은 발전을 하였으나 입시 위주 교육이라는 오래된 큰 사회문제를 안고 있다. 입시 위주 교육의 가장 큰 원인은 피라미드식의 대학서열구조이다. 서울대를 정점으로 한 피라미드식 서열구조는 사회 희소가치와 연결되어 있다. 국회의원, 고위 관료, CEO 등 많은 사회가치의 향유자가 피라미드 대학서열구조와 일치하고 있다. 이는 우리의 교육문화로 정착되어 부모와 학생 그리고 학교까지도 이를 위해 교육하는 것을 당연하게 여기고 있다.

이러한 교육문화는 대학교육을 크게 확장시켰는데, 대학의 급증은 민주화시기 교육개혁에 따른 대학설립 준칙주의에 따른 것이다. 이 제도의 도입으로 사립대학의 수는 크게 증가하여 대학교육은 부실해졌으며 대학 입학 정원을 채우지 못하는 대학들도 많아졌다. 수도권 집중화가 심화되면서 서울 소재 대학으로 진학하는 지방 학생들의 수가 크게 증가하였고, 이 때문에 많은 지방 사립대학들은 정원을 채우지 못하게 된 것이다.

이러한 변화는 한국교육의 신자유주의 도입과 연관이 있다. 교육부는 대학들을 경쟁시키고 평가하고 그에 따라 예산을 배분하였다. 그러나 이는 대학의 자유를 운영 주체인 대학이 아닌 교육부에 구속시키고 교육부의 권력을 강화하는 결과를 초래하였다. 대학설립의 증대는 사립대학의 수를 크게 증가시켰고, 교원 처우나 운영 면에서 중등학교보다 못한 일부 지방대학들이 나타났다. 중등 사립학교가 평준화에 의해 국고의 지원을 받고 교원의 정년을 보장받는 것에 비해 일부 사립대학들은 이보다 못한 경우가 많다. 사립대학은 대부분의 비용을 등록금에 의존하고, 교원의 처우도 낮은 대학이 있으며 비정년 트랙의 교수들도 매우 많다. 그리고 사립대학을 운영하는 데에 있어서도 비리와 독선적 경영으로 많은 문제를 가지고 있다. 현 정부에 들어 대학평의원회 제도를 마련하였으나, 이 제도가 설립자의 족벌 경영과 이윤 추구의 수단으로 변용된 학교 운영을 개선할 것 같지는 않다.

사립대학의 문제뿐만 아니라 대학생의 급증은 청년실업을 유발했고 대학교육을 왜곡하고 있다. 과거의 특성화된 전문대학들은 많은 경우 4년제 대학으로 인가되었으며 일반대학의 학과들과 유사한 교육을 하고 있다. 그리고 청년실업 문제로 대학생들이 대학에서 전공 공부보다 취업 공부나 취업에 필요한 스펙을 쌓는 일에 몰두하는 현상을 초래하였다. 청년실업이 사회문제로 부각되자 교육부는 대학들을 취업률로 평가하고 모든 대학들에 취업률을 높일 것을 강요하고 있다. 그리고 청년실업 문제의 부각과 더불어 취업 관련 학원들도 크게 증대하고 졸업을 연기하는 현상도 보편화되었다. 대학 진학을 위해 서울을 중심으로 한 학원가에 재수하는 학생들이 즐비하듯이 취업을 위해 대학을 졸업하고 서울에 있는 취업 관련 학원가로 청년들이 몰리는 현상도 일상화되었다.

오늘날 학교는 초등학교부터 대학까지 취업과 출세를 위한 장으로 변화된 것이다. 그렇다고 특성화 고등학교나 대학이 취업을 위해 좋은 장비를 갖추고 직업교육을 하는 것도 아니다. 특성화 고등학교의 현장실습 교육은 학생들의 산재사건의 보도를 통해 알 수 있듯이 비정규직 노동으로 변질된 경우가 많다. 그리고 사업체들은 필요한 인력을 대학이 양성하지 못한다고 주장하고 있다. 특성화 대학이나 전문대학이 아닌 많은 종합대학들은 노동시장에 필요한 인력만을 직접적으로 양성하는 목적을 가지고 있지 않다. 그럼에도 불구하고 교육부는 취업률로 대학들을 평가하고 경쟁을 강요하고 있다.

교육부는 고등교육이 사학에 지나치게 의존하고 있다는 사실에도 눈감고 있다. 전문대학의 거의 대부분과 4년제 대학의 75% 이상이 등록금이 비싼 사학이다. 서민의 입장에서 보면 너무 불공정한 경쟁이다. 이런 현상은 목적과 수단이 전도된 아노미(무규범) 현상이다. 학교가 전인적 교육이나 진리탐구의 본연의 목적을 상실하고 출세나 이윤 추구의 장으로 변질된 것이다.

학교는 사회의 축소판이다. 그러므로 학교는 사회와 분리되거나 사회변동을 피할 수 없다. 사회계층에 따른 사회 불평등이 학교에도 존재하고, 3차 산업혁명에서 4차 산업혁명으로의 변화를 학교가 반영한다. 사회변동으로 직업구조가 바뀌고 수업내용과 수업방식이 바뀌고 학교가 바뀔 수 있다. 그러나 서울 중심의 중앙 집중적인 한국사회의 특성과 불평등구조는 4차 산업혁명에도 불구하고 바뀌지 않고 지속될 것이다. 사회 희소가치는 서울에 집중되고 재산과 소득의 불평등은 심화되어 가고 있다. 기술발달에 따라 사회는 바뀌어도 불평등은 사라지지 않고 있다. 오히려 소수의 사람들에게 부가 집중되고 있다. 불평등의 국가 간 차이는 사회적 관계의 역사적 차이에서 비롯되었다. 기술이 부를 증대시키고 있으나 사회적 관계가 분배를 결정한다. 불평등의 해결을 위해 기술이 아닌 사회관계의 설정이 중요하다. 학교는 사회의 축소판이기에 교육 불평등의 문제를 해결하기 위해 사회관계가 중요하다. 서울 중심의 중앙 집중화 현상은 교육에서 피라미드식의 대학서열구조로 나타나고 있다. 피라미드식 대학서열구조는 서울대를 중심으로 한 서울 지역의 명문대학과 서울 소재 대학, 그리고 지방 거점국립대학과 국립대학, 지방 사립대학과 전문대학 순서로 나타난다. 이것은 사회 희소자원인 권력과 돈이 서울에 집중되어 있는 현상과 마찬가지로 출세의 도구로 변화된 교육도 서울 중심적임을 의미한다. 이렇게 형성된 피라미드식의 대학서열구조에서 상위 대학에 입학하기 위한 경쟁으로 입시 위주의 교육이 만들어졌다. 입시 위주의 교육으로 전인적 교육은 사라지고 학생들의 삶은 황폐화되어 있다. 그리고 사회성원들은 학생을 성적순으로 평가한다. 불평등 심화와 경쟁의 결과로 사회가 병든 것이다. 어느 국가이든 명문대학은 존재하지만, 문제는 교육이 왜곡되고 청소년이 소외된 삶을 살아도 이를 당연시한다는 점이다. 노동과 공부로 소외된 삶이 일상이 된 것이다.

이러한 교육문제는 교육개혁이나 입시개혁과 관련된 정책적 노력으로도 해결되지 않았다. 1970년대에 행해진 중등학교 평준화와 지방대학 특성화정책 등이 부분적으로 성공한 교육평등화 정책이다. 지금 문제는 피라미드식의 대학서열구조와 사학의존형 고등교육이다. 대학서열구조는 서울 중심의 사회적 특성을 반영하고 권력과 돈과 같은 사회 희소가치를 바탕으로 한 힘의 역학적 관계를 반영하고 있다. 그래서 혁명적인 변화 없이는 피라미드구조를 파괴하기 어렵다. 그러나 지역 균형발전을 위해, 입시 위주의 교육 폐해를 줄이고 교육을 정상화하기 위해, 학부모와 학생들의 삶의 질을 높이기 위해, 4차 산업혁명에 대비하기 위해 피라미드식의 대학서열구조는 해체되어야 한다. 교육기회의 불평등을 해소하기 위해 지나친 사학의존형 고등교육에서도 탈피해야 한다. 사회가 바뀌어야 학교가 바뀐다. 그래도 학교는 교육 본연의 목표가 있기에 목표를 찾아가야 한다. 교육부를 비롯한 모든 교육기관들은 전문 영역을 가진 분업체계와 위계제의 관료조직으로 고유의 역할들을 가지고 있으나, 본연의 교육목표를 망각하고 입시 위주의 교육을 방치하는 형식주의에 그쳐서는 안 된다. 그리고 교육부는 정권 교체에 의해 변경되는 정책의 영향을 받는 것을 피할 수 없으나, 권력과 돈의 외압으로부터 스스로 독립해야 하고, 자체적으로 권력지향적인 과두제조직으로 변하는 것도 경계해야 한다. 이처럼 교육문제를 해결하기 위한 노력은 총체적이어야 한다. 서울 중심의 편향된 불균형 발전을 해결하는 것과 동시에 경제적 불평등의 지양, 교육부와 학교의 교육목표에의 매진, 학부모와 학생의 자아실현적 삶의 추구가 동시적으로 이루어져야 할 것이다.

현대사회는 급속한 기술발달에 기초하여 변화하고 있다. 20세기 초의 2차 산업혁명과 후반의 3차 산업혁명에 이어 가까운 미래에는 4차 산업혁명의 사회가 도래할 것이다. 그러나 산업혁명 이후 기술결정론자들이 예언한 실력사회는 도래한 적이 없다. 3차 산업혁명과 함께 하는 정보사회는 실력사회이기보다 자본주의 사회이고 불평등 사회이다. 4차 산업혁명의 사회도 자본주의 사회이고 불평등 사회일 것이다. 자동화에 의해 형성된 부는 사회적 관계에 따라 배분되기 때문이다. 4차 산업혁명은 사회변동으로 현재와 구분되는 교육내용과 방법의 변화를 가져올 것이다. 대부분의 지식은 인터넷으로 접근 가능하게 될 것이다. 온라인 대중 공개강좌(MOOC)처럼 인기 강좌의 수강이 증가할 것이고 유튜브처럼 특정 지식을 매개하는 매체도 증가하고 지식을 가르치는 로봇선생이 등장할 수도 있을 것이다. 정보사회가 사회변동을 가져왔듯이 인공지능에 기초한 4차 산업혁명도 노동시장의 변화를 비롯한 사회변동을 초래할 것이다. 그러나 자본주의는 계속될 것이고 사회 희소가치는 사회관계에 기초하여 불균등하게 배분될 것이다. 한국사회의 피라미드식의 대학서열구조와 입시 위주 교육의 병폐도 기술발달로 자연적으로 소멸되지는 않을 것이다. 사회구조, 교육기관, 시민운동, 개인으로 연결된 누적적인 사회관계가 매우 중요하다. 그리고 출세 지향적이고 이기적인 인간보다 공동체 지향적이고 전인적인 인간을 강조하는 사회 풍토가 필요하다. 자기 감정과 이익만을 중시하여 다른 사람들을 배려하지 못하는 권위주의적 인간보다 다른 사람들의 인권을 중시할 수 있는 민주적 인간교육이 필요하다.

이 책은 이상과 같은 교육 관련 현실에 대한 견해를 일반 대중에게 전달하기 위한 목적으로 쓰였다. 교육은 자연적으로 사회를 평등하게도 인간을 풍성하게도 하지 않는다. 교육은 사회의 축소판이고 사회에 맞게 이루어진다. 민주사회에서는 민주적 교육을 하고 독재사회에서는 권위적 교육을 한다. 교육제도가 발달하여도 가난한 사람은 가난하고 부자는 부를 상속한다. 고등교육이 보편화된 현대사회에서 사회이동은 교육을 통해 중간층에서 많이 이루어진다. 교육은 사업에 의한 재산 축적보다 직장의 선택에 많은 영향을 미친다. 그래서 교육 연한이나 명문대학 졸업과 같은 학력은 사회계층과 밀접한 연관이 있다. 이 책은 오늘날 한국의 교육문제가 한국의 사회구조에 연결되어 있다는 판단하에 그 사회구조적 특성을 찾는 데 목적을 두었다.

이러한 목적하에 사회구조와 교육과의 연계성을 설명하기 위해 사회학적인 지식을 이용하였고, 사회와 교육의 관련성을 거시적 측면과 미시적 측면에서 고찰하였다. 특히 이 책은 교육문제가 사회구조 중에서 사회 불평등구조와 연관되어 있다는 사실에 주목하고 노동시장구조 및 사회 불평등구조와 교육의 관계를 중심으로 주요 내용들을 구성하였다. 그리고 이러한 불평등한 사회구조하에서 이루어지는 학교 문화나 상호작용 형태들도 고찰하여 책의 전체 내용들을 구성하였다.

책을 저술하는 과정에서 많은 내용은 강의 노트에 의존하였다. 강의 노트 중에서 이 책과 관련하여 큰 도움을 준 저서는 조지 리처의『현대사회학 이론과 그 고전적 뿌리』, 김천기의『교육의 사회학적 이해』, 이종구 외『정보사회의 이해』, 그리고 앤서니 기든스의『현대사회학』등 여러 사회학 관련 서적들이다. 사회를 보는 관점에 대한 내용의 많은 부분은 조지 리처의 책의 내용들로부터, 그리고 교육에 대한 사회학적 관점은 김천기 선생의 책으로부터 많은 도움을 받았다.

이 책은 교육을 하거나 연구하는 전문가들을 위한 책이 아니고 교육에 관심이 있는 일반 대중을 위해 작성되었다. 저자의 전공이 사회학이기에 사회학적인 지식을 이용하여 사회적 사실들을 기초로 최대한 쉽게 설명하려 하였다. 그러나 책을 집필하면서 대중이 읽기 쉽게 쓴다는 것은 매우 어려운 작업이라는 사실을 깨달았다. 딱딱한 인용이나 주석들을 최대한 제거하고 학문적 개념들을 최소화하려 노력하였지만, 학자들에 대한 언급이나 학문적 개념이 아직도 너무 많은 것 같다. 이 책이 독자들에게 얼마나 쉽게 의미를 전달할지 심리적 부담이 크다. 이 책은 사회 불평등과 교육의 관계를 중심으로 주요 내용들을 구성하려 노력하였으나 언급한 내용과 자료들은 극히 제한된 것이다. 언급된 내용들은 한국 교육문제를 불평등의 관점에서 서술한 일부 내용에 불과하다. 그리고 학술적인 이론이나 구체적인 자료들을 피하고 일반 대중이 이해할 수 있는 내용들을 담으려고 노력하였다. 이러한 자료의 한계에도 불구하고 일반인들이 이 책을 읽음으로써 교육에 대한 시각이 확대되어 교육에 대한 더 깊이 있는 담론들을 나눌 수 있는 계기가 되기를 바란다. 인간은 다른 사람과의 관계에서 억지로 주장하지 않아도 자연스럽게 자신의 향기를 풍긴다. 이 향기는 각기 다르지만 모두가 좋아하는 개성적인 향기이기를 기대한다.

2018년 9월

황갑진

목차

제1장 교육과 교육문제

한국은 20세기 후반에 들어 산업화로 급속한 경제성장을 하였고, 80년대 후반에 들어 민주화로 많은 분야에서 사회발전을 이룩하였다. 경제성장은 의식주를 비롯한 일상생활에 큰 변화를 가져왔고 교육이나 여가생활도 크게 확대시켰다. 그러나 이러한 물질적 환경 개선과 사회발전에도 불구하고 사회 불평등 현상은 심화되었고 노동과 정서적인 측면에서 사람들의 삶의 질은 크게 개선되지 못하고 있다. 한국의 교육도 마찬가지다. 한국의 교육제도는 산업화와 민주화로 크게 발전하였다. 교육시설은 확대되고 학교 급별 학생 수는 크게 줄고 있으며, 교육과정과 교육방법도 크게 개선되고 다양화되고 있다. 그러나 학생들의 공부시간은 줄지 않고 과다한 공부시간으로 학생들의 삶의 질은 매우 낮은 편이며, 사교육비와 청년실업 등은 주요 사회문제로 부각되어 있다.

오늘날 한국 사람들에게 입시지옥이란 말은 일상적인 말이 되었다. 초등학생부터 대학생에 이르기까지 입시와 취업을 위한 시간이 학생들 하루 일과의 대부분을 차지하고 있다. 아침에 일찍 일어나 학교에 등교하고 오후 시간에 정상 수업을 마치고 대부분의 학생들은 저녁 늦은 시간까지 과외를 받거나 보충수업을 받는다. 많은 학부모들은 자녀의 많은 과외비를 충당해야 하고 자녀 공부를 다양한 방법으로 지원하기 위해 많은 희생을 하고 있다. 학생과 학부모 모두 교육 때문에 큰 희생을 치르고 있는 것이다. 교육이 무엇이고 무엇이 문제인가? 교육이 전인교육을 지향한다면 교육 자체가 문제일 수는 없다. 교육이 지적으로 궁금증을 해결하고, 민주사회의 정상적인 규범을 가르치고, 학생들의 신체 발달과 정서 함양을 목표로 한다면 이러한 희생들은 수반되지 않을 것이다. 사회의 다양한 위치에 필요한 지식과 기술들을 국가나 사회가 청소년에게 교육하고 교육 받은 사람들을 선발하는 과정도 역사적으로 보편적이다. 교육은 사회적 특성의 반영이다. 교육문제가 있다면 비민주적이고 불평등한 사회적 특성에서 비롯된 출세 위주의 교육이다.

교육문제는 교육뿐만 아니라 사회적 특성의 문제들을 반영하고 있다. 간단한 예를 들면 사회가 다원화되었으면 학교도 다원화되고, 직장에 따라 임금 차이가 크면 선발 과정에서 학생들의 경쟁은 강화될 수밖에 없다. 즉 매우 단순한 논리로 설명될 수 있다. 한국사회는 서울과 수도권 중심으로 지속적으로 발전하여 왔고, 직장에서의 소득과 안정성도 큰 차이가 있다. 이러한 사회적 특성은 교육에 반영된다. 한국은 대학구조가 피라미드식의 서열구조로 되어 있고, 서열구조에서 상위권 특정 대학과 학과들은 입학과정에서 매우 경쟁이 심하고 학생들의 수능성적도 높다. 즉 사회문제가 교육문제로 연결되고 사회문제가 해소되면 교육문제도 해소될 수 있다. 사회제도와 교육제도를 바꾸는 일은 매우 어려우나 이들 문제를 동시적으로 해결하려는 노력이 중요하다. 교육계에 종사하는 사람들은 교육문제를 우선적으로 해결하려고 노력해야 한다. 그런데 여태까지 교육부가 매우 중요한 구조적 문제에 큰 관심이 없으니, 다른 사회문제와 마찬가지로 이에 관심 있는 교육 관련 사람들이 노력하고 정치권에 해결책을 제시해야 할 것이다.

한국사회에서 큰 사회문제로 부각되고 있는 미혼 가구의 증대와 저출산율은 교육문제와 연결되어 있다. 결혼을 포기하거나 소자녀를 가지는 이유들 중에 중요한 한 요인은 자녀 교육이다. 급속한 산업화와 민주화에 따라 개인주의 문화가 빠르게 발달한 사회에서 자녀 양육과 교육문제는 여성들의 직장생활과 일상생활에 매우 큰 부담으로 작용하고 있다. 개인주의가 발달한 현대사회에서는 자녀를 가지는 것보다 사회성원들의 자유와 행복 추구가 더 우선시되어 사회제도의 뒷받침 없이는 저출산 문제를 해결할 수 없는 실정이다. 자녀 양육과 교육에 많은 비용과 희생이 요구된다면 미혼 독신가구 증대 문제와 저출산 문제는 해결이 어렵다. 부모들은 자녀 양육으로 직장 생활에 큰 어려움을 겪고 자녀 교육에 필요한 과다한 비용을 부담하고 있다. 과다한 과외비용뿐만 아니라 고등교육으로 갈수록 높아지는 등록금과 주거비용의 부담을 지고 있다. 그리고 가정생활에서도 자녀 공부와 공부환경을 뒷받침하기 위해 상당 부분의 희생을 감수하고 있다.

학생들은 대부분 자신이 관심을 가진 영역을 교육 받고 공부하는 것이 아니라 상급 학교 진학을 위해 입시 교과목을 중심으로 암기 위주의 수업을 받고 공부를 한다. 이 결과로 서열을 세우기 위한 객관식 위주의 평가가 일상화되어 있다. 이러한 수업은 초등학교에서 고등학교로 갈수록 강화되고 있다. 이러한 교육의 가장 중요한 문제는 학생들의 정상적인 삶의 파괴이다. 공부시간이 너무 길고 놀거나 쉬는 시간이 적을 뿐만 아니라 명문대학과 학과에 입학하기 위해 초등학교부터 서열화 경쟁을 한다는 것이다. 이때 교육은 그 목적이 명문대학에 입학하기 위한 지나친 경쟁으로,실질적으로 불필요한 줄서기를 위한 경쟁교육이다. 이 줄서기 교육은 수많은 부작용을 동반한다. 서열화와 연관된 평가와 암기 중심의 수업은 공부가 싫은 학생들을 양산하고 교사와 학생의 관계를 소원하게 만든다. 특히 성적이 나쁜 학생들을 낙인찍는 요인이 되고, 학생의 반발은 교사의 학교생활을 어렵게 만들기도 한다. 그리고 민주사회에서 강조하는 인권교육에도 위배된다. 암기 위주의 평가에 기초한 줄서기는 자연이나 사회현상에 대한 이해나 정서적 발달보다 오직 입학 관련 질서를 위해 필요하다. 정보사회가 되면서 줄서기와 연관된 암기 위주의 교육은 점차 불필요해지고 있다. 많은 지식은 인터넷에 존재한다. 교육은 적정 수준의 암기교육을 필요로 하나, 입시를 위해 암기교육이 중심이 되고 줄 세우기 평가를 하는 것이 중심이 되어서는 안 된다. 긴 줄로 체력과 시간을 많이 낭비한다면 교육 목적에 부합하는 좋은 방법을 강구해야 한다.

한국사회는 과거 교육개혁으로 중학교와 고등학교의 평준화를 이루었다. 그러나 90년대 교육개혁은 교육문제들을 해결하기 위한 많은 제도적 개선에도 불구하고 신자유주의의 도입으로 고등학교 평준화를 빠르게 해체시켰다. 과학 고등학교나 외국어 고등학교 등의 특수목적고등학교(특목고)뿐만 아니라 자율형 사립 고등학교(자사고)들이 크게 확대되고 명문 고등학교로 변모하였으나, 본래의 목적을 상실한 지 오래다. 그리고 80년대의 졸업정원제와 90년대의 대학설립 준칙주의로 대학과 학생 수는 크게 확대되어 대학교육이 대중화되었으나 사립대학이 대부분이고, 서울 중심의 피라미드식 대학서열구조는 더욱 심화되어가고 있다. 한국의 대학서열구조는 다른 국가들보다 훨씬 더 획일적인 피라미드식의 서열구조를 가지고 있는 것이다. 물론 전문 직업인을 교육하는 특화된 대학들도 존재하고, 학문을 강조하는 일반대학들이 연구나 교육에 의해 평가되고 있다. 그렇지만 이러한 교육과 평가보다 입학생의 성적과 졸업자의 사회 진출을 중심으로 만들어진 획일화되고 서열화된 피라미드식의 대학구조와 이에 기초한 입시 위주의 교육문화가 문제이다. 다른 나라들도 현대사회에서 특정 대학 졸업장이 신분증으로 변화된 현실을 비판하고 있으나, 한국 사회는 더 나아가 학벌사회로 변화된 것이 문제이다.

이 책은 이 같은 문제의식에서 교육에 접근하고자 한다. 첫 번째 작업은 "교육이 무엇이고 무엇이 교육문제인가? 교육을 보는 시각은 어떤 것들이 있는가?" 이런 질문을 논의함으로써 교육과 교육문제에 대한 의문을 해소하는 것이다. 교육은 시대와 사회에 따라 차이가 있어 교육을 간단하게 규정하기는 매우 어렵다. 교육은 사회적 특성을 반영하고 실용적인 측면뿐만 아니라 지적 능력, 규범적 영역, 정의적 영역의 모든 내용들을 포함하는 복합적 성격의 것이다. 그리고 사회를 보는 관점에 따라 교육을 보는 관점도 차이가 존재한다. 국가 차원에서 보는 교육은 제도나 교육의 대 사회적 기능에 더 많은 비중을 둘 것이고, 반대로 개인 차원에서 보는 교육은 대 사회적 기능보다 개인의 행복과 성공에 더 많은 비중을 둘 것이다. 국가 차원이든 개인 차원이든 교육은 시대의 사회적 환경과 밀접한 관계가 있고 사회계층과도 밀접한 연관이 있다. 그래서 교육내용과 교육을 보는 관점도 사회와 계층에 따라 차이가 존재한다. 그래서 1장과 2장에서는 교육의 의미와 더불어 교육을 보는 다양한 관점들을 정리해 보고자 한다.

두 번째 작업은 교육현상과 사회현상의 연관성을 파악하기 위해 사회조직변동, 인구변동, 기술변동 등 사회특성의 변동을 고찰하는 것이다. 사회적 특성 모두가 교육현상과 교육문제에 영향을 미치는 것은 아니다. 그러나 사회현상의 특정 분야에 따라 사회적 특성은 교육에 긍정적 또는 부정적으로 영향을 미칠 수 있다. 그러므로 3장의 주요 내용은 교육문제에 영향을 미치는 대표적인 사회적 특성을 찾는 작업이 될 것이다.

세 번째 작업은 교육에 크게 영향을 끼치는 노동시장 구조와 사회계층 현상의 특성들을 고찰하는 것이다. 교육을 받는 수혜계층은 시대에 따라 차이가 있고 현대사회에서도 사회계층에 따라 큰 차이가 존재한다. 상위층은 교육에 더 많은 비용을 투자하고 더 나은 학교에서 자녀 교육을 시킨다. 계층현상과 교육은 별개의 것이 아니고 아주 밀접히 연관되어 있다. 학생들이 교육의 결과로 얻는 직장들을 자본주의에서는 노동력이 거래된다고 하여 노동시장이라 한다. 노동시장은 어떻게 구조화되어 있고 학생들은 원하는 직장에 취업하기 위해 어떻게 경쟁하고 있는가는 교육과 밀접한 연관이 있다. 4장과 5장에서는 사회계층뿐만 아니라 노동시장과 교육과의 연관성을 고찰할 것이다.

네 번째 작업은 학교 문화의 특성을 분석하는 것이다. 학생들이 무엇을 어떻게 공부하고 학교생활을 어떻게 하고 있는가를 분석하는 것이다. 즉 교육과정과 학교에서의 상호작용을 분석하는 작업이다. 학교는 유아기를 지나 아동기의 일부와 청소년기의 대부분을 보내는 장소이다. 청소년기가 어떠한지는 학교생활과 밀접한 연관이 있고, 교사가 청소년기 학생에게 미치는 영향도 매우 크다. 청소년기는 성년기를 준비하는 시기이기도 하지만 청소년기 자체의 삶이 매우 중요하다. 6장과 7장에서는 청소년기의 생활과 교육과의 관계뿐만 아니라 교사와 학생과의 관계를 고찰할 것이다. 그리고 청소년기 학생들의 일상생활에 대해서도 고찰할 것이다. 청소년기의 일상생활은 성인과 유사하나 일이 아닌 공부가 중심이라는 차이가 존재한다. 그러나 성인과 마찬가지로 공부를 하면서도 학교 안팎에서 놀고 취미생활을 하면서 일상생활을 영위한다. 여기서는 학생들의 일상생활을 분석하고 문제점을 고찰하고자 한다.

마지막 작업은 미래사회의 특성을 분석하고 미래사회에 적합한 교육을 정리하여 제시하는 것이다. 교육은 사회특성에 따라 변화한다. 현대사회는 2차, 3차, 4차 산업혁명의 과정을 거쳐 빠르게 변화하고 있다. 단순한 사회변화가 아니라 사회적 특성이 바뀌는 사회변동이 빠르게 이루어지고 있는 것이다. 오늘날 정보사회는 인공지능의 기구들이 빠르게 우리의 현재 일자리를 대체하여 노동시장 구조의 변동을 가져올 4차 산업혁명 사회로 변동하고 있다. 교육도 물론 이러한 사회변동에 따라 변화할 것이다. 하지만 4차 산업혁명에 의해 사회가 변동하여도 사회계층이 사라지지는 않을 것이다. 초·중등교육과 고등교육에 있어 교육내용도 상당 부분 바뀔 것이고 교육방식도 바뀔 것이다. 이러한 미래사회를 위해 8장에서는 미래사회의 특성을 중심으로 교육변동과 현재의 교육문제들을 해결하기 위한 방법들을 정리할 것이다.

제1절

교육의 의미

교육이란 무엇인가? 일반 동물과 달리 인간은 사회를 만들고 교육을 한다. 인간은 다른 동물과 달리 고급 사고력을 가지고, 자연을 이용하는 도구와 기술을 발달시키면서 사회를 발달시키고, 동시에 자연에 적응하여 왔다. 이러한 측면에서 교육은 인간의 잠재적 능력 개발 및 사회발달과 밀접한 연관을 가진다. 일반적으로 교육은 살아가는 데 필요한 지식과 기술을 가르치고 배우는 과정을 말한다. 교육은 살아가는 데 필요한 지식과 기술을 배운다는 점에서 사회화와 비슷하다. 사회화란 인간이 태어나 사회의 일원이 되면서 개인적으로는 자아를 완성하고, 사회적으로는 자연스럽게 사회생활에 필요한 언어와 문화, 규범과 지식 등을 배우는 과정을 말한다. 교육은 사회생활에 필요한 지식과 기술을 규정하고 인위적으로 가르친다는 점에서 사회화와 차이가 있다. 그리고 인간의 타고난 잠재적 능력을 개발해 준다는 점에서 사회화와 차이가 있다. 교육은 인간의 타고난 잠재력 능력을 바탕으로 인간, 특히 미성년자에게 바람직한 방향을 제시하여 그들을 이끌고 바르게 육성한다는 의미를 가지고 있다. 즉 교육은 인간의 잠재적 능력을 개발하고 삶을 영위하는 데 필요한 주요 지식과 기술들을 가르치고 배우는 과정이다. 그러므로 교육은 인간과 사회의 양 측면에서 정의될 수 있다. 인간 개인에게는 타고난 선천적 능력을 개발하는 것이고, 사회적 측면에서는 사회가 필요한 지식과 기술을 교육하는 것이다.

교육의 시작을 공자나 플라톤과 같은 사상가들이 제자들을 교육하는 것에서 찾는 경우가 많다. 그리고 이들은 교육을 인간이 가진 잠재적 능력을 개발하거나 개인을 더 나은 방향으로 이끌어 사회를 유지하고 발전시키는 데 목적이 있다고 보았다. 교육의 이러한 목적은 사회생활에 필요한 지적, 규범적, 표출적 영역에서 지식과 기술을 교육하는 전인교육의 형태로 오늘날 존재한다. 일반적으로 교육은 주요 대상이 아동과 청소년이며, 가정과 근린사회 및 학교에서 이루어져 왔다. 그러나 사회가 분화하고 확대되면서 학교의 중요성이 증대하였으며, 근대사회 이후에는 학교교육이 확대되면서 학교가 주요 교육기관이 되었다.

교육은 사회적 측면에서 보면 사람이 사회에서 살아가는 데 필요한 지식이나 기술을 가르치고 배우는 행위를 말한다. 사회는 인간이 모여 형성한 것이지만 갈등의 결과물이기도 하다. 그리고 지식 및 기술과 갈등은 사회변동과 사회계층화의 주요 요인들이다. 그러므로 교육은 사회변동 및 사회계층과 밀접한 연관을 가진다. 사람이 사회에서 살아가는 데 필요한 지식이나 기술은 사회변동에 따라 큰 차이가 존재한다. 그리고 사회계층에 따라서도 큰 차이가 있다.

먼저 사회변동에 따른 교육의 차이를 살펴보자. 수렵채취사회의 교육, 농경사회의 교육, 산업사회의 교육은 큰 차이가 존재한다. 사회생활에 필요한 지식과 기술은 부모나 공동체, 학교로부터 배우는데, 이는 사회형태에 따라 다르다. 학교교육은 아테네의 시민교양교육, 로마의 공민교육, 중세의 종교교육, 근대의 계몽교육처럼 시대에 따라 변화하였다. 역사적으로 교육의 주요 장소인 학교는 고대 이집트에도 존재하였다고 한다. 그러나 일반적으로 고대 아테네에서 노예를 제외한 자유인을 대상으로 교양교육을 하는 아카데미와 같은 형태들에서 비롯되었다고 한다. 학교교육은 중세사회에서 종교기관이나 귀족들을 중심으로 한 계층에 제한되었으나, 상공업의 발달에 기초한 신분제도의 철폐와 인쇄술과 같은 기술의 발달로 점차 확대되고 분화되었다. 특히 19세기 말 이후 현대사회에 들어 학교교육은 확대와 분화에 있어 큰 진척이 있었다.

사회에 존재하는 지식과 기술은 그 사회의 자연적 환경과 역사적 환경, 그리고 사회적 환경 속에서 생활하는 사람들의 노력과 상호작용에 의해 형성된 결과물이다. 현재 학교교육은 자연현상에 대한 탐구와 학습, 인간의 자연환경에 대한 적응의 탐구 학습, 이들 속에서 인간이 생활하며 만들어 놓은 사회환경에 대한 탐구 학습, 사회환경에 적응하고 생활하는 인간에 대한 탐구 학습을 포함한다. 이러한 탐구 학습에는 지식, 규범, 정서 등의 많은 영역들이 포함되어 있다. 지식과 기술은 사회발달과 더불어 분화되고 복잡한 형태로 변화하였고, 지식과 기술을 강조하는 현대 교육은 국가별로 그 사회적 특성들을 반영하고 있다.

신분사회가 해체되고 자본주의와 민주주의의 근대사회가 발전하면서 학교교육은 크게 변화되었으나 상호 모순된 상반된 특성을 가진다. 하나는 과학기술의 발달과 자본주의 발달로 노동 관련 지식과 기술이 학교교육 영역으로 적극적으로 수용된 것이다. 다른 하나는 신분제도의 철폐에도 불구하고 자본주의 발달로 사회계층에 따른 교육차별이 그대로 존재하는 것이다. 과학기술과 자본주의 발달로 지배계급 중심의 전통적 학교교육은 과학과 기술을 포함한 광의 개념으로 변천하였다. 이리하여 현대 학교교육은 기초교육과 교양교육 중심의 기본교육 위에 실생활에 필요한 다양한 응용 지식과 기술을 포함한 교육내용들로 이루어져 있다. 오늘날 학교 급별로 교육내용을 보면 초등학교에서 대학으로 갈수록 성장과정에 맞추어 구체화되어 확대되고 있다. 그리고 고등학교는 직업과 관련된 특성화 고등학교들이 존재하며, 대학 단계에서는 전문 인력 양성을 목적으로 한 전문대학과 순수학문과 더불어 많은 응용학문을 연구하는 일반대학들이 존재한다. 그리고 일반대학에는 다양한 학과들이 분화되어 있다.

다른 한편으로 교육은 사회계층 현상에 크게 영향을 받는다. 인간이 가족을 중심으로 사유재산을 소유하고 축적한 유산을 자녀에게 상속하면서 사회계층 현상은 발생하였다. 사회계층은 사회 희소가치의 불평등한 배분을 의미한다. 사회 희소가치란 인간의 선천적 욕구를 충족하는 사회 자원으로 어느 사회나 보편적으로 존재한다. 그러나 그것은 항상 부족한 자원으로 모두가 가지길 원하는 돈, 권력, 위신과 같은 사회관계의 산물들이다. 사회 희소가치의 불평등한 배분은 사회계층을 의미하고, 이는 교육과 긴밀하게 연관되어 있다. 역사적으로 학교교육은 근대사회까지 육체적 노동에서 면제된 상위 사회계층의 몫이었다. 규모가 작고 단순한 공동체 사회에서 규모가 크고 복잡한 사회로 바뀌면서 지식과 기술도 크게 발달하였으며, 이에 따라 학교교육도 지배층 중심의 통치와 교양교육에서 과학 및 노동 관련 지식과 기술을 포함한 다양하고 복잡한 형태의 교육으로 변화하였다.

고대 노예사회, 중세 봉건사회, 근대 산업사회들은 아주 상이한 계급이나 계층적 특성을 가지고 있으며 교육도 이러한 사회의 특성을 반영하고 있다. 고대 신분사회에 있어 학교교육은 지배자들이나 자유인들의 전인교육이었다. 근대사회 들어 신분사회의 철폐와 더불어 학교교육의 대상이 피지배층으로 확대되고 피지배층의 노동과 관련된 많은 지식과 기술이 교육의 내용으로 확대된 것이다. 근대사회 이전에 육체적 노동 및 상업과 관련된 지식과 기술은 학교교육에서 등한시되거나 도제의 형태로 교육되었다. 그러나 근대사회가 발달하면서 노동과 상업은 부를 생산하는 중요한 의미로 변화되고 동시에 복잡한 형태로 분화되어 학교교육에서 주요한 영역이 되었다. 중요한 것은 근대사회 들어 신분제도의 폐지에도 불구하고 사회계층 현상이 교육에 크게 영향을 미치고 있다는 점이다. 학교교육은 신분제도의 철폐와 더불어 점차 모든 사회성원에게로 확대되었으며, 학교교육의 내용도 노동 관련 지식과 기술을 포함한 다양한 형태로 중등교육에서 고등교육으로 확대되었다. 이러한 학교교육의 확대로 교육을 통한 사회이동이 전통사회에 비해 크게 확대되었다. 물론 전통사회에서도 교육은 사회이동에 영향을 미치고 있었다. 대표적인 예로 동양사회에서 유교사상과 과거제도의 발달이 교육을 통한 사회이동을 가능하게 하였다. 그러나 교육대상과 내용은 전통적인 형태에 한정되었다.

근대사회 들어 교육의 영역이 크게 확대되고 이를 통해 사회이동이 가능해졌음에도 불구하고 사회계층은 교육을 통해 재생산되고 있다. 특히 자본주의의 발달은 재산의 상속뿐만 아니라 교육을 통해 사회계층구조를 재생산하고 있다. 사회계층별 학문의 선호 경향이 구별되며, 교육의 결과는 직업 선택과 사회이동에도 큰 영향을 미친다. 20세기 들어 고등교육이 확대되고 교육과 직업의 연관성이 증대하면서 많은 학자들은 교육을 통해 사회이동이 이루어지는 사회를 실력사회라고 규정하였다. 그리고 많은 사회성원들은 교육을 목적시하는 것이 아니라 출세의 도구로 간주하고 있다. 즉 명문학교는 학생들의 성적이 높고 명문대학에 많이 진학하는 학교이며, 사회성원들은 명문대학을 졸업하는 것이 성공의 지름길로 이어지고 있다고 간주한다. 교육에 대한 이러한 사고는 사회계층에 따른 교육 불평등 현상을 등한시하고 교육을 출세를 위한 도구로 인식하게 하는 요인으로 작용한다.

오늘날 개인주의가 발달한 한국사회에서 많은 사람들은 명문대, 로스쿨, 의대 등과 같은 인기 있는 대학들에 진학하여 높은 지위나 소득을 얻는 것을 교육의 목표로 삼고 있다. 즉 학교교육이 전인교육이나 이상적인 공동체를 위한 기여와 같은 교육목적의 추구보다 개인이나 가족집단의 이해관계를 극대화하는 도구로 인식되고 있다. 오늘날 많은 사람들에게 "왜 고등교육을 받아야하는가?"라고 물으면 많은 학생들과 부모들은 '성공하기 위해서'라고 답할 것이다. 이러한 대답은 교육이 개인의 발전에 기여한다는 측면에서는 큰 문제가 있다고 볼 수 없다. 그러나 교육을 담당하는 공적 기관들이나 교육자들이 좋은 대학을 이러한 기준에서 인식하는 것은 큰 문제가 있다. 교육 관련 조직들은 대 사회적 역할을 가지기 때문이다.

이상의 논의에서처럼 교육은 기본적으로 인간의 잠재적 능력을 개발하고 개인을 더 나은 방향으로 이끌어 사회를 유지하고 발전시키는 목적을 가지고 있다. 그러나 현실적으로 교육은 변화하는 사회의 다양한 특성을 반영하고 있다. 단순한 전통사회에서 오늘날의 세계 공동체와 같은 크고 복잡한 사회로 변화함에 따라 학교교육도 목적과 내용 면에서 복잡한 형태로 변화되었고, 학교교육의 형태도 사회의 복잡성만큼이나 다양해지고 있다. 오늘날 과학과 기술의 발달로 사회가 복잡해짐에 따라 노동시장에 필요한 직업과 노동력도 복잡해지고, 학교교육도 내용과 형식 면에서 과거에 비해 매우 다양하고 복잡해진 것이다.

그리고 교육은 역사적으로 계급과 계층현상의 사회적 특성을 항시 반영하면서 변화하고 있다. 학교교육은 노동에서 면제된 지배계층의 전유물이었다가 근대사회에 들어 다양한 영역의 지식과 기술을 포함하면서 모든 사회성원들로 대상이 확대되었다. 근대사회에 들어 신분제도의 점차적 철폐로 교육제도는 크게 확대되었으나 계급이나 계층에 따른 교육의 차이는 보편적으로 존재하고 있다. 오늘날 학교교육을 받을 수 있는 관념적인 기회는 모든 사람에게 법적으로 공평하게 주어져 있으나, 계층에 따른 특정 교육에 대한 실질적인 접근 기회는 큰 차이가 존재한다. 산업사회와 정보사회가 발달하여도 학교교육은 사회계층 현상과 밀접한 연관을 가지고 변화하고 있다.

현대사회는 자본주의와 민주주의라는 상호 모순된 사회특성을 내포하고 있다. 과학과 기술이 빠르게 발달하는 현대사회는 자본주의 사회이자 동시에 민주주의 사회인 것이다. 학교교육은 자본주의의 사회특성에 걸맞게 노동시장의 영향을 받고 있지만, 우리가 사는 사회는 민주사회이기에 평등사회와 민주시민교육을 지향하고 있다. 공교육은 교육목적에 부합되게 자본주의와 민주주의가 모순되는 현실에서 민주주의에 기초한 교육을 우선해야 한다. 그러므로 초·중등교육은 기본적으로 개인의 잠재적 능력을 개발하고 민주사회에 필요한 사회규범과 가치를 교육하는 민주시민교육을 지향해야 한다. 그리고 고등교육에서는 모든 사람들이 자신이 속한 사회계층에 관계없이 원하는 직업교육을 받을 수 있게 해야 할 것이다. 현실적인 학교교육은 사회 희소가치의 배분과 연계된 대학과 학과들로의 진학과, 졸업을 통한 사회 희소가치에의 접근이 용이한 직업과 기업들로의 진입을 동시에 지향하고 있다. 그러나 민주주의를 지향하기에 학교교육은 모두에게 경제적 형편에 관계없이 공평하게 교육기회를 제공하되, 선택한 대학과 학과들이 취업과 연결되도록 고등교육의 구조가 개선되어야 할 것이다.

제2절

학교의 역할

학교는 교육을 목적으로 조직생활을 하는 곳이다. 교육의 목적은 앞에서 살펴본 바와 같이 인간의 타고난 잠재력을 개발하고 사회생활에 필요한 지식과 규범을 교육하고 배우는 것이다. 교육의 실질적인 목표와 내용은 교육과정을 통해 알 수 있다. 그리고 교육과정에는 없으나 조직생활을 함으로써 예절과 관습, 그리고 시간 지키기나 지시 따르기와 같은 집단생활에 필요한 규범들을 익히게 된다. 오늘날 우리는 이를 비공식적인 교육과정이라 일컫기도 한다. 학교에서 행해지는 일반적인 교육과정은 교육과 평가를 통해 실현된다. 학교는 교육과정에 따라 다양한 방법으로 교육을 하고 그 결과를 평가한다. 교육내용은 초등학교에서 지적, 규범적, 표출적 영역의 초보적인 교육부터 시작하여 대학으로 갈수록 구체화되고 전문화된다. 읽기, 쓰기, 셈하기와 같은 기초교육은 초등교육에서, 지식교육과 규범교육은 초·중등 교육에서 공식 교육과정이나 비공식 교육과정을 통해 많이 이루어진다. 고등교육에서는 사회가 필요로 하는 지식과 기술을 교육한다.

교육내용은 시대와 사회에 따라 변화하고 있다. 전통사회의 교육내용은 지배계급의 특성을 반영하였고, 가부장적 사회의 전통적 규범을 강조하였다. 그러나 자본주의와 민주주의 발달한 사회에서 교육내용은 자본주의와 민주주의의 특성을 반영하고 있으며, 오늘날 대학교육은 자본주의의 영향으로 교양교육이나 진리탐구의 상아탑이기보다는 지식과 기술 산업을 위한 교육장으로 변화하고 있다. 교육은 사회에 따라 변화한다. 인권이 강조되는 민주사회에서 전통적인 효나 예에 대한 교육은 줄어들고 사회적 소수자를 위한 인권교육이 강조되고 있다. 특히 다문화사회에서 성차별이나 인종과 민족차별 등의 사회적 소수자 차별 해소를 위한 교육이 크게 강조되고 있다. 그리고 사회체제에 따라 교육내용은 큰 차이를 보인다. 전체주의적 특성을 가진 사회에서는 지배계급의 사상이 지배적인 사회사상이 되는 경우가 대부분이고, 민주주의 사회에서 지배적인 사회사상은 다양한 계급의 이해를 반영하고 있다.

학교교육의 다른 한 중요한 측면은 평가이다. 평가는 지적, 규범적, 표출적 교육 결과를 구분하는 것이다. 평가는 학교교육에 보편적으로 존재한다. 평가가 강조되는 것은 귀속 지향적 사회에서 성취 지향적 사회로 변화하는 것과 관련이 있다. 사람을 신분이나 인맥에 기초해 평가하는 것이 아니라 시험을 통해 능력을 합리적으로 평가하기 때문이다. 산업사회가 발달하여 대규모 조직이 보편화됨에 따라 중등교육에서 고등교육으로의 변화는 급속히 확대되었다. 일반적으로 현대사회에서 고등학교는 취업교육을 하는 학교들과 대학진학을 위한 학교들로 구분되고, 대학들과 대학의 전공들은 평가들에 따라 위계적 특성을 보여주고 있다. 즉 명문대학이나 인기 대학, 그리고 인기 학과들이 존재하고 있다. 진학 과정에서 학교나 학과로의 진입을 결정하는 것은 평가의 결과이다. 교육의 다양한 영역 중에서 가장 일반적인 평가 형태는 지적 능력에 기초한 평가이고 객관적 평가이다. 일상생활에서 매우 중요한 규범적 교육이나 표출적 교육은 평가에서 항상 등한시되고 있다. 모든 학교에서 평가는 필수적이며, 지적 능력에 대한 평가는 고등교육으로 갈수록 절대적이다. 일반적으로 대학 진학을 위한 일반 고등학교들은 취업을 위한 특성화 고등학교들보다 중학교에서의 성적이 높으며, 명문대학이나 인기 학과들에 진학하는 학생들의 학교 성적도 높다. 이러한 점에서 학교의 중요한 역할은 선발의 기능이다. 학교는 교육을 하고 결과를 평가하여 사회생활에 필요한 인재를 선발하는 역할을 한다. 그뿐만 아니라 고등교육에서 다양한 분야의 대학이나 학과들을 통해 사회에 필요한 인재들을 배치하는 역할도 한다.

학교의 교육과 평가의 역할에서 중요한 것은 다양성과 공정성이다. 학교는 사회생활에 필요한 지적, 규범적, 표출적 교육을 통한 전인교육을 지향하고 있다. 그러나 현대사회에서 자본주의적 생활방식의 보편화로 중등교육은 사회이동을 위해 명문대학으로 가는 통로로, 대학은 신분증과 같은 졸업장과 고소득이나 안정적인 일자리를 얻는 수단으로 인식되는 경향이 강하다. 그리고 평가에서 규범이나 표출적 영역의 평가보다 지적 평가와 수량적 평가가 강조되어 학생들을 획일적으로 서열화하는 결과를 초래한다. 학교의 역할인 평가와 선발 기능의 지나친 강조는 학교교육의 다양성을 잃게 하여 획일화와 서열화를 초래하는 중요한 요인이 된다. 한국의 경우 중앙집권적인 교육과정과 평가방식으로 평가에 의한 수직적 서열화의 부작용이 매우 심하다. 이는 학벌사회를 만들고, 다양한 교육제도의 기능을 상실케 하고, 일부 학생들에게 열등감을 조성한다. 예로 한국사회의 고등학교 단계에서 특목고, 자사고, 일반고, 특성화고 등의 구분은 학업 성적에 따른 구분이 되고, 피라미드식의 대학서열구조에서 최상위 대학들은 고등학교 학업 성적이 최상위인 학생들을 독점하고 있다. 그리고 의대나 전문의학원 및 로스쿨과 같은 인기 대학들도 학업 성적이 우수한 학생들을 독점하고 있다. 외국어고나 과학고 등의 특목고와 자사고들은 본래의 목적을 상실하여 명문대학에 많이 들어가는 명문 고등학교로 변화되었고, 명문대학의 졸업장은 현대판 신분증으로 사용되고 있다. 그리고 고등교육기관의 대다수를 차지하는 사립대학들은 설립 취지를 상실하고 거대한 단일 피라미드식의 대학서열구조로 평가되고 있다. 이러한 현상은 학벌사회를 조성한다. 즉 출신 학교가 사회생활에서 신분증과 같은 역할을 하고, 그들만의 네트워크를 가진 사회를 만든다.

사실 진학에 중요 기준이 되는 지적 능력에 대한 평가는 가정적 특성과 아주 밀접한 연관이 있다. 지적 능력에 영향을 미치는 요인은 다양하나 가장 중요한 요인은 본인의 노력과 가정환경이다. 가정환경은 경제적 뒷받침뿐만 아니라 공부를 위한 동기와 환경을 제공하는 매우 중요한 요인이다. 가정의 경제적 환경이 좋을수록, 부모의 교육 정도에 기초한 문화자본이 높을수록, 부모의 직업이나 인맥에 기초한 사회자본이 많을수록 지적 영역에 대한 호기심과 교육에 열중할 가능성이 높고 성적도 높을 것이다. 즉 사회계층과 학업성취도는 밀접한 관계가 있으며 교육 결과에 의한 대학 선정과 취업에서도 큰 차이가 존재한다. 이러한 경우 학교는 불평등을 재생산하는 역할을 하는 것이다.

이상에서처럼 학교는 교육의 장이고 학생을 선발하는 장이다. 교육의 장으로서 학교는 교육을 하는 주요 역할을 수행하고 인재를 선발하는 역할을 한다. 신분에 기초한 귀속적 지위나 인맥보다 능력 평가나 시험에 기초한 평가가 강조되는 현대사회에서 학교교육과 평가는 매우 중요하다. 과학과 기술의 발달과 더불어 인간이 사는 공동체는 규모가 커지고 복잡해졌으며, 학교교육도 이에 부응하여 변화하였다. 즉 지적 영역 교육의 중요성이 증대하고 지적 평가가 강조되게 된 것이다. 그러나 지적 측면에서 수량적 평가가 지나치게 강화될 경우 학교 역할은 부정적 결과를 초래할 수 있다. 전통사회에서 지배계급이 독점하던 학교는 현대사회에서 고등교육과 명문대학을 중심으로 능력을 보증하는 신분증을 생산하고, 이를 위해 경쟁하는 교육장으로 변화될 수 있다. 그리고 수많은 학생들이 교육보다 이 신분증을 받기 위해 경쟁함으로써 교육은 왜곡되고, 경쟁과 평가에 있어 사회계층의 큰 영향으로 학교가 불평등사회를 재생산하는 결과를 초래하기도 한다.

제3절

사회와 교육

학교는 사회의 한 부분이고 다양한 사회적 특성의 반영이기도 하다. 사회변동은 교육변동을 수반한다. 근대사회 들어 자본주의와 민주주의의 발달은 교육에 있어서도 이러한 특성들을 반영한다. 사회현상 중에 많은 요인들이 교육에 영향을 미치고 있다. 학교는 교육조건이나 시설, 그리고 교육과정 등에서 많은 발전을 하고 있으나 동시에 해결하기 어려운 교육문제도 안고 있다. 이들 모두는 사회적 특성의 영향을 받는다. 한 국가의 경제수준과 정치적 형태는 교육에 지대한 영향을 미치고 있다. 산업화와 민주화의 정도에 따라 교육환경이 달라질 뿐만 아니라 교육내용과 형태에 차이가 있다. 한 국가의 중앙집권화 정도와 노동시장 형태 등은 교육에 영향을 미친다. 그리고 불평등으로 인해 가족들 간에는 계층현상이 존재하고, 사회계층에 따라 교육정도와 교육내용에 큰 차이가 존재한다. 즉 사회적 특성의 많은 요인들이 교육에 영향을 미치고 있는데, 이는 교육문제를 해결하기 어렵게 하는 요인이기도 하다.

현재 자본주의와 민주주의가 발달한 국가들의 사회복지 및 교육제도의 발달 정도는 차이가 있다. 복지사회가 가장 발달한 북유럽 국가들은 발달된 노동조합과 정당 간의 긴밀한 관계를 보여주고 있다. 이해관계에 기초해 다양한 노동조합들이 분산된 형태로 다양한 정당들과 복잡한 관계를 보이는 국가들과는 차이가 존재한다. 정치체제나 노동시장구조와 같은 사회적 특성에 따라 교육내용도 변화하고 학교에서의 경쟁 정도도 달라진다. 정치체제에서 독재사회와 민주사회를 비교하면 교육은 매우 상이하다. 독재사회의 교육은 과거 신분사회처럼 그 내용과 방법에서 지배계급의 이해관계를 반영하고 있으며, 민주사회의 교육은 교육내용과 방법에서 다양한 사회계급의 이해관계를 반영하고 있다. 20세기 러시아 혁명으로 시작한 공산당 독재체제도 지배계급의 이해관계를 넘어서지 못하고 권위적인 형태로 존재하다 붕괴하였다. 자본주의 사회의 경우 노동시장구조가 학교생활에 큰 영향을 미친다. 자본주의 사회에는 보편적으로 빈곤지역이 존재하고 경제적 불평등 현상이 심하다. 노동시장구조에서 높은 수입과 권력이 주어질 수 있는 의사나 변호사 등의 자격증, 대기업과 중소기업, 그리고 공무원과 민간기업 간의 임금 및 노동조건의 차이가 학교교육에 영향을 미친다.

불평등이 심한 사회일수록 권력, 돈, 명예와 같은 사회 희소가치를 얻을 기회가 주어지는 명문학교 입학이 지나치게 강조되고, 학교가 학부모나 학생들의 성공 욕구에 편승하여 입시 위주의 교육에 치중하고 있다. 이 경우 학교는 학부모의 사회경제적 지위에 기초한 불공정한 경쟁의 장이 되고, 전인교육이 아닌 원래의 목적과 수단이 전도된 입시 위주의 교육이 되는 것이다. 불평등이 심한 사회일수록 사회화의 측면에서 보편적 규범과 가치를 교육하기보다 사회경제적 차이에 따라 형성된 규범과 가치를 강조하여 갈등과 경쟁이 보편적인 형태로 존재한다. 학교가 국가 차원의 기본적이거나 보편적인 규범이나 가치와 태도 등의 사회화 교육을 하지 못하고 사회계층에 의한 가치 차이를 극복하지 못한다면, 하층 계급의 학생들은 문화괴리 현상을 경험할 것이다. 그리고 교육과정에서 지나치게 성적을 강조한다면 하위 계층 학생들을 낙인찍는 현상이 벌어질 것이다. 이러한 경우 학교는 근대사회에서 조직생활을 위한 준비교육의 대응 형태로서 조직적 교육을 하는 학교일 뿐만 아니라 공부가 싫은 학생들에게 교육의 장이 아닌 교도소와 같은 부정적 이미지를 주는 장소가 될 것이다.

한국의 교육발전은 경제발달과 민주화의 영향을 매우 크게 받았다. 경제성장과 민주화 이후 여권 신장으로 가족관이 변화하였다. 출생률은 90년 중반 이후 급격하게 감소하여 1995년 70만이던 출산 인구는 2005년 43만 명이 되었다. 출산 인구의 감소는 큰 사회문제로 부각되었고, 초·중등학교의 경우 교사나 학급당 학생 수를 줄이는 데에 절대적 영향을 미치고 있다.

교육의 기능을 보아도 마찬가지다. 교육의 기능에서 사회화와 선발은 중요하다. 초·중등학교는 사회생활에 필요한 규범이나 지식을 교육하고 정서를 함양하는 사회화 기능을 담당하고, 고등교육은 사회에 존재하는 중요한 일자리에 필요한 인재들을 엘리트로 선발하는 역할을 했다. 그러나 20세기 후반에 들어 고등교육이 대중화되면서 대학은 엘리트 양성뿐만 아니라 직장에서 필요로 하는 다양한 지식과 기술 교육을 맡게 되었다. 특히 3차 및 4차 산업혁명으로 산업사회가 발달하고 사회변동이 이루어지면서 대학과 연구기관의 중요성이 강조되었고 대학과 대학원의 수도 크게 증대하였다.

고등교육의 대중화와 더불어 노동시장의 특성이 청년실업문제에 결정적인 영향을 미치고 있다. 청년실업은 큰 사회문제가 되었는데, 취업을 준비하는 잠재 실업률을 감안하면 심각하다. 취업을 준비하기 위해 공부하거나 직장을 포기한 잠재적 실업 청년이 청년실업 통계에서 빠져 있기 때문이다. 대학생들은 대학 졸업을 연기하거나, 대학을 졸업한 청년들은 좋은 직장을 위해 취업 준비를 하면서 몇 년씩을 보내고 있다. 좋은 일자리를 지속적으로 확대시켜야 하는데 방법은 두 가지다. 하나는 사업체들 특히 대기업과 중견기업들의 긴 노동시간을 줄이는 것이다. 한국의 기본 근로시간은 주 단위로 40시간이다. 그러나 실제로는 기본 근로시간을 넘어 잔업 노동이 일상화되어 있다. 대기업을 중심으로 이러한 잔업 노동시간을 줄여 노동자들의 과도한 노동에 의한 스트레스를 줄이고 양질의 노동을 더 많이 늘려야 한다. 물론 정규직의 증대에 따른 사용자 부담의 증대가 있으나 한국의 노동시간은 국민소득을 기준으로 비교할 때 다른 국가들에 비해 길다. 대기업을 비롯한 모든 사업체의 노동시간을 선진국 수준으로 줄이는 국가정책은 매우 중요하다. 노동시간을 줄이면 사용자의 부담이 있으나 노동자의 스트레스를 줄이고 가족의 삶의 질을 높일 수 있으며 좋은 일자리에서 고용을 확대할 수 있다. 이를 위해 정부의 현명한 정책이 필요하다. 다른 하나는 정부가 중견기업으로 도약할 수 있는 중소기업들을 지원하여 중견기업들을 육성하는 것이다. 학교교육의 확대에 따른 고등교육 노동력 공급과 노동시장구조의 특성을 반영한 고등 노동력 수요가 서로 조응해야 한다. 그러나 고등교육자의 수요와 공급에 심한 불일치가 존재하는데 이는 노동시장에서 임금과 노동조건을 포함한 사회 불평등이 심할수록 커질 수밖에 없다. 사회로 처음 나가는 졸업자들은 소득과 평가도가 높은 안정된 일자리를 원하기 때문이다. 그런데 한국의 경우 대기업과 중소기업 간의 노동시장 분절현상이 심하다. 대기업의 임금이 높고, 중소기업에서 대기업으로의 진입이 극히 제한적이다. 그리고 대기업 노동자의 수요는 한정되어 있다. 임금이 높은 대기업의 노동 수요만으로는 대학 졸업자의 공급을 전혀 수용할 수 없다. 이러한 측면에서 노동시장에서 중견기업을 육성하는 정책이 필요하다. 그리고 임금과 노동조건에서 불평등한 노동시장구조의 개편이 없이는 청년실업 문제는 해결하기 어렵다.

학교교육은 사회의 특성을 반영하며, 사회특성은 물리적 특성과 사회관계적 특성으로 구분할 수 있다. 교육에 영향을 미치는 요인은 다양하나, 중요한 요인은 교육시설이나 교육환경과 같은 물리적 요인보다 가족

관계, 교사와 학생관계, 인권이나 각종 상담을 위한 프로그램 등과 같은 사회관계적 요인이다. 교육을 위한 물리적 환경은 경제성장과 출산율 감소와 더불어 상당한 개선이 있었다. 학급당 학생 수가 줄고, 교육시설이 개선되고, 교육비 지출도 증대하고 있다. 그러나 사회적 환경은 학생 인권이나 상담 등 특정 측면에서 민주화로 진척이 있으나 사회 불평등과 관련된 부분에서는 진척이 없다. 한국의 경우 사회 불평등 현상은 소득분배지수나 지니계수에서 나타나는 것처럼 심화되고 있으며 상대적 빈곤현상도 증대하고 있다. 그리고 교통과 통신의 발달에 따라 수도권으로의 사회 희소가치와 인구의 집중현상도 계속되고 있다. 수도권과 지방 간 불균형 발전이 이루어지고 있는 것이다. 사회 불평등 현상이 개인 및 집단과 지역별로 심화되고 있는 것이다. 이러한 현상은 교육에서도 나타나고 있다. 학생의 성적과 부모의 사회경제적 지위에 기초한 사회계층은 밀접한 연관을 보여주고 있으며, 성적이 높은 학생들은 특목고나 자사고를 거쳐 서울에 위치한 명문대학으로 몰리고 있다. 그리고 명문대학 졸업은 좋은 직장으로 이어지고 또 그것을 기대하고 있다. 이러한 교육 관련 문화가 교육문제를 야기하고 있다. 명문학교에 진학하기 위한 경쟁은 어릴 때부터 시작되어 초등학교부터 공부시간이 이해하기 어려울 정도로 많고 학생들은 피곤해하고 있다. 그리고 부모들은 높은 사교육비를 부담하고 자녀들의 명문학교 진학을 위해 희생하고 있으며, 고등학교로 갈수록 학교교육은 대학진학을 위한 수단으로 전락하여 왜곡되어 있다. 이처럼 사회와 교육은 밀접한 관계에 있다. 끊임없이 변화하는 사회적 특성은 교육에 영향을 미친다. 그러나 학교가 단순한 사회적 특성을 반영하는 수동적 장이 되어서는 안 된다. 많은 사회문제들이 교육문제에 반영되지만 교육계는 자체적으로 이러한 교육문제들을 개선하기 위한 노력을 기울여야 한다.

제4절

교육문제

한국사회는 지난 50여 년 동안 경제적으로 급속한 발전을 하였다. 서구사회가 산업혁명 이후 장기간에 걸쳐 행한 경제적 발전을 한국은 아주 짧은 기간에 이룩한 것이다. 이러한 경제적 발전과 더불어 80년대 후반 이후 민주화로 교육발전도 크게 이루어졌다. 중학교교육은 의무교육으로 바뀌었고, 고등학교교육은 물론 고등교육도 확대되어 대학교육은 대중교육이 되었다. 대학진학률은 세계 최고 수준에 도달하여 과잉교육이란 말이 사용되고 있다. 경제성장과 민주화로 교육환경과 교육내용도 크게 개선되었다. 경제성장과 민주화로 여성의 일자리가 크게 증대하였으며, 여성의 인권과 일자리 증대로 출산율은 저하되고 독신가구와 이혼이 늘어 가족구조에 큰 변화를 가져왔다. 교육적 측면에서 인구의 급속한 감소에 따른 학급당 학생 수와 교사당 학생 수의 지속적인 감소로 교육환경이 개선되었다. 그리고 교실당 학생 감소와 학생 인권의 강조로 교사와 학생 관계, 교수·학습방법도 민주적인 형태로 변화하고 있다. 그리고 민주화 이후 교육과정과 내용도 크게 개선되었고, 중등학생들의 학업성취도도 국가 간 비교통계를 보면 세계적 수준이다. 이러한 교육적 발전을 고려할 때 교육은 무엇이 문제인가?

교육문제에서 가장 일반적으로 지적되는 문제는 과다한 공부시간, 과다한 사교육비, 입시 위주의 암기식 교육, 사학 중심의 고등교육, 청년실업 등이다. 학생들의 학업시간은 학교교육뿐만 아니라 학원을 포함한 사교육시간 그리고 자율적 공부시간으로 구성되어 있다. 대부분의 학생들은 학교를 마치면 학원에 가고 또 개인적으로 집에서 공부를 한다. 학생들은 운동이나 일상적 생활들을 공부 시간에 빼앗기고 있고, 부모들은 일찍부터 자녀 교육에 관심을 가지고 수입의 상당 부분을 자녀 교육에 투자하고 자녀의 성적을 높이기 위해 자신을 희생하고 있다. 그리고 학교나 학원들은 입시 위주의 교육에 치중되어 있다. 이들은 모두 자녀를 명문대학이나 의대나 로스쿨 등의 전문대학에 보내는 것과 연관되어 있어 출세를 위한 교육이라 할 수 있다. 많은 학자들은 이러한 출세 위주의 교육의 배경에 피라미드식의 대학서열구조가 존재하고 있다고 말한다. 물론 한국사회는 수능성적과 피라미드식 대학서열구조, 그리고 고위 관료, 국회의원, CEO 등의 상위 계층이 서로 밀접하게 연결된 구조적 특성을 가지고 있다. 여기에 한국 교육문제가 있는 것이다. 이렇기 때문에 교육학자가 아니라도 자녀를 가진 사람들은 교육문제에 관심이 있고 교육에 적극적으로 관여한다. 분명 한국의 교육문제는 교육영역의 일부에 한정되어 있는데 출세 위주의 교육과 피라미드식 대학서열구조와 연관되어 있는 것이다.

이제 중요한 것은 이러한 현상이 한국에서만 나타나는 특이한 현상이고 개선될 수 있는지의 여부이다. 한국사회의 경우 중앙집권화와 수도권 집중현상이 교육에서도 서울대를 중심으로 한 피라미드식의 대학서열구조로 나타나고 있다. 그리고 노동시장에서의 대기업과 중소기업의 차이, 고위 관료나 국회의원 등의 권력과 특권 등이 대학서열화와 밀접한 연관을 가진다. 즉 수능성적, 피라미드식 대학서열, 노동시장의 구조적 특성은 면밀히 연결되어 있고, 한국의 교육문제는 이러한 현상과 연관되어 발생하고 있는 것이다. 재력, 권력, 명예 등의 사회 희소가치가 주어지는 자리에 취업하기 위해서는 대학서열구조의 정상에 있는 명문대학들에 입학해야 한다.

그러기 위해 초등학교부터 대학입시까지 과도한 입시경쟁을 하고, 이로 인해 학교교육이 왜곡되고 있는 것이다. 그리고 학부모와 학생들은 과다한 사교육비와 스트레스로 고통을 받고 이러한 교육환경을 문제라고 인식하고 있는 것이다. 교육계가 스스로 이러한 연결고리에서 벗어나도록 노력해야 하는데 교육계는 중앙집권화로 힘이 없기도 하고 관료제의 특성에 의해 이러한 구조문제의 심각성을 망각하고 있다. 교육부는 대학서열화와 고등교육의 지나친 사학의존 문제에 관심이 없고, 각 학교들은 입시 위주의 교육에서 서로 경쟁하는 형태를 당연시 여기고 있다.

대학서열화 현상은 해방 이후 대학교육이 본격적으로 시작되면서 비롯되었다. 일제 강점기 경성제국대학과 전문학교들이 해방 이후 합쳐 종합대학으로 바뀌었고, 사립 전문학교들은 일반대학으로 승격하였다. 이들 대부분의 대학들은 서울에 소재하였고 서울대 외에는 전통 있는 사학들이었다. 지방에는 조금 늦게 도마다 고등교육기관을 통합하여 국립 종합대학들을 만들었다. 그러나 해방 이후부터 고등교육 초기에 사학은 국립보다 급속히 증가하여 고등교육의 주역이 되었고, 사익에 기초한 대학 확장과 운영으로 비리의 온상이 되었다. 5·16 쿠데타로 들어선 군사정부는 대학정비를 위해 '대학학생정원령'을 공포하고 대학입학자격고사를 실시하였다. 그리고 지나치게 세분된 학과와 교과목을 정비하기 위해 실험대학 정책을 실시하여 계열별 모집과 부전공제를 실시하고 학점을 하향 조정하는 대학들을 선정하여 지원하였다. 또한 산업화 정책과 맞물려 이공계 중심의 고등교육을 크게 확대하였고, 서울대는 '종합 10개년 계획' 등으로 국가의 특별한 지원을 받도록 하였다. 그에 더하여 정부는 지방의 산업적 특성을 고려하여 국립대학을 중심으로 대학 특성화정책을 실시하였고, 전문 산업인력의 교육을 위해 전문학교를 설치하였다가 전문대학으로 변경하였다. 70년대 들어 지방대학의 수는 증대하였고 특히 지방 국립대학들이 성장하였다. 이 시기는 지방 국립대학의 성장에도 불구하고 많은 사학들이 설립된 시기로 고등교육의 팽창기이다. 정부의 사학정책에도 불구하고 고등교육의 확장기에 사학은 재산 증식의 수단으로 변하여 지속적으로 증대한 것이다. 80년대 후반 이후는 수도권이 급팽창하는 시기로 고등교육에서도 비슷한 현상이 발생하였다. 이 시기는 산업구조 고도화에 기초하여 고등교육기관의 급속한 팽창이 이루어진 시기이다. 이 기간은 고등교육의 대중화와 보편화시기이며 동시에 기업들이 고등교육에 적극적으로 개입한 시기이다. 거대 대기업들은 사립대학들을 인수하였고 대학경영에 개입하였다. 이러한 과정을 거치면서 서울중심의 수도권 집중처럼 서울대를 정점으로 한 거대 피라미드식의 대학서열화 현상은 공고화되었다. 이 기간 동안 대학정책은 사학의존적 고등교육에 대해서 무관심하였고, 자율과 경쟁이란 명목하에 단기적인 경쟁을 강요하여 결과적으로 대학의 자율성보다는 사학재단과 교육부의 권력을 강화한 결과를 초래하였다. 고등교육이 보편화된 현재, 대학은 피라미드식으로 서열화되어 있고 고등교육의 대부분은 사학이고 등록금도 매우 비싸다. 교육문제의 중심에 사회적 특성이 투영되나, 교육계는 지방과 하위계층의 교육에 무관심하고 사회에서 권력이나 특권을 가진 사람들은 이러한 현상을 당연시하고 있기 때문에 교육문제의 해결이 어려운 것이다.

90년대 이후 고등교육은 급속하게 증대하여 보편화 단계에 들었는데 이 시기의 고등교육문제에 대해 조금 더 살펴보자. 오늘날 고등교육 특히 대학교육에서 가장 큰 문제로는 취업문제, 대학 및 대학원 교육문제, 사학의 과다와 비민주적 운영문제 등을 들 수 있을 것이다. 이러한 문제 중 현재 가장 큰 관심은 청년실업 문제이다. 고등교육이 대중화된 현실에서 학교서열화와 관련된 교육문제를 보면 특성화 고등학교와 대부분의 전문대학을 포함한 대학 졸업생들은 노동시장에 있어 일반적으로 소득이 낮은 일자리들을 차지하고 있다. 졸업생들의 첫 일자리가 어떠한가에 따라 일자리 이동과 구직활동이 결정된다. 첫 일자리가 좋지 않으면 좋은 일자리를 찾기 위한 준비 기간이 길어지는데 이것이 높은 청년실업률과 연관되어 있다. 사학에 의존한 고등교육의 양적 확대와 일반사업체와 유사한 사학운영 방식의 교육정책과 제도는 빨리 개선되어야 한다. 그리고 특성화 고등학교나 전문대학을 비롯한 기술대학들은 대기업이나 중견기업과 관련된 노동시장에서 필요로 하는 질 높은 직업 관련 교육을 실현해야 한다.

미군정 때 미국 고등교육 방식의 도입으로 한국 대학에서 직업계열과 학문계열이 대학에 혼합되었다. 오늘날 일반대학들은 지나치게 취업을 강요받고 경제적 효율성이 강조되어 학문적 분위기를 상실하고 있다. 학문보다 취업교육이 강요되고 있다. 이러한 현실에서 연구중심 대학과 교육중심 대학으로 일반대학을 분리하는 정책은 실패하였으나 재추진할 필요가 있다. 오늘날 대부분의 종합대학들은 수많은 학과들을 백화점식으로 설치하여 전공교육을 하고 있다. 이러한 백화점식 나열 학과들은 일부 명문대학이나 지방거점대학 중심으로 제한하거나 과거 실험대학처럼 계열별 모집과 부전공제를 더 활성화하는 정책이 요구된다. 피라미드식 대학서열화 현상을 해소하기 위해 과거 정책처럼 지역별 거점대학들을 특성화하여 대대적으로 지원하는 정책도 필요하다.

대학원교육을 보면 많은 대학들이 대학원을 운영하나 대학원생의 수가 매우 적어 대학원 교육은 매우 부실한 경우가 많다. 이러한 현상들은 사학들의 수익성을 우선한 비교육적 대학운영과 자유방임적인 교육정책에 따른 대학원생의 과다한 공급에서 비롯된 것이다. 대학원생이 많은 대학들이나 학과들을 중심으로 연구중심대학이나 특성화 대학원들을 지정하여 육성하고 경쟁력이 없는 대학원 학과들을 제한하는 정책들을 더 강화하는 것이 필요하다. 그리고 연구중심이 아닌 교육중심 대학은 노동시장

구조에 맞추어 취업교육을 중심으로 하고 더불어 교양교육을 하는 장이 되어야 한다. 그리고 이들 대학들은 정보화와 노령화 시대에 평생교육의 장이 되어야 할 것이다. 대학은 진리를 탐구하는 학문의 장이고 다른 한편으로는 생활에 필요한 수입을 얻고 자신을 실현하는 출구이다. 대학은 학문 탐구와 더불어 산업사회 발달이나 민주화와 같은 사회변화에 따라 변화하는 노동시장구조에 부응하여 인력을 배출하는 장이다. 그러므로 연구중심 대학과 교육중심 대학은 그 특성을 고려하여 적절히 분리하는 정책이 필요하다고 생각된다.

마지막으로 사립대학의 지나친 설립과 운영의 문제가 있다. 해방 이후 지금까지 지속된 사학에 기초한 고등교육 팽창은 멈추지 않고 있다. 현재 전문대학의 거의 대부분과 4년제 대학의 3/4 이상이 사학이다. 그리고 대부분의 사학들은 학생들의 등록금에 의존하여 운영되고 재단 설립자의 독단적 학교 운영으로 사학비리는 사라지지 않고 있다. 이는 설립자가 인사와 재정을 장악하게 한 1990년 '사립학교법' 개정에 힘입은 바가 크다. 이때 개정으로 인해 이사장 직계존비속의 총·학장 취임이 가능해졌으며 이사회에서의 친족 비율도 확대되었다. 고등교육이 보편화되어 학부모와 학생들은 높은 등록금으로 고생하나 정부는 제도를 개선할 의도가 전혀 없는 것 같다. 사학이 많다는 것은 국가의 재정문제에서 비롯된 것이나, 이로 인해 학부모들은 고등교육에서 높은 등록금을 강요받고 있는 것이다. 이러한 문제는 출산율의 저하와 고등교육의 사회계층화 문제와 연관되어 있다. 즉 부모의 사회경제적 능력이 높을수록 고등교육을 쉽게 받을 수 있는 현실과 연결되어 있다. 경제발전에 따라 산업구조가 고도화되고 이에 필요한 많은 인력의 양성은 전문대학 이상의 고등교육이 전담하고 있다. 국가는 이러한 중요한 부분을 사학에 맡기고 있고, 노동시장에 필요한 전문 인력 양성을 사학이 맡음으로써 서민들의 부담은 가중되고 있는 것이다. 그러므로 국가는 노동시장에 적절한 인력을 양성하기 위해 전문대학을 비롯한 고등교육에 대한 정책을 마련하여야 하며, 서민들의 경제적 부담을 덜기 위해 고등교육에서 국공립을 확대하고 과다한 사학을 줄이는 정책을 수행해야 할 것이다. 그리고 사립대학들의 비민주적인 학교 경영도 사회문제화 된 지 오래다. 많은 사학들은 고등교육의 대중화와 더불어 지속적으로 증대하였고 정부는 대학설립 준칙주의와 같은 형태로 사학의 증대를 촉진시켰다. 그리고 일부 사학들은 문어발식 투자의 형태로 설립되었고 등록금에 의존하는 학교 경영은 문제가 발생할 수밖에 없었다. 그에 따라 많은 대학들이 족벌 경영체제와 비민주적 운영으로 갈등을 겪고 있다. 대학이 설립 목적을 상실하고 설립자의 독단적 판단이나 이해관계에 기초해 운영되는 문제점들이 갈등의 원인이다. 대학의 설립 취지와 목적에 비추어 사학의 투명한 재정 회계와 민주적인 대학 운영을 위한 제도 개선은 아무리 강조하여도 지나치지 않을 것이다.

제2장 사회와 교육을 보는 관점

제1절

인간과 사회

사회는 자연과의 관계에서 생활을 영위하기 위해 인간들이 서로 상호작용을 하면서 만든 역사적 산물이다. 인간의 선천적 특성은 변하지 않지만 인간에 의해 생성된 사회는 지속적으로 변화하고 있다. 사회적 특성은 수렵·채취사회, 농경사회, 산업사회와 같이 구분될 뿐만 아니라 같은 산업사회 내에서도 시기와 국가에 따라 큰 차이가 존재한다. 사회변동에 가장 큰 영향을 미친 요인은 기술이다. 인간은 자연환경에 적응하며 생활한다. 그러나 다른 동물들과는 달리 인간은 고등사고력을 바탕으로 도구와 기술을 지속적으로 발달시키면서 자연환경에 적응하고 있다. 도구와 기술의 발달은 근대사회 이전까지는 매우 느리게 진척되었으나 근대사회 이후 매우 빠르게 진행되고 있다. 1770년대 산업혁명, 1910년대의 포디즘, 1980년대의 정보사회, 그리고 가까운 미래의 인공지능사회는 1차, 2차, 3차, 4차 산업혁명으로 명명되며 변화 시간도 축소되고 있다.

도구와 기술의 발달은 공동체의 확장을 수반한다. 인간이 만든 사회는 과거 씨족과 부족과 같은 작은 집단에서 지역공동체와 도시로, 근대사회에 들어서는 상공업도시가 크게 확대되고 국가의 역할이 강조되는 형태로 변화하였다. 그리고 현대사회에 들어서는 교통과 통신의 발달로 국가가 연계된 세계 공동체와 같은 큰 사회로 변화하고 있다. 근대사회 들어 산업이 발달함에 따라 인구가 증가하고 분업이 심화되고 구조적 복잡성이 증대하며, 구조들은 서로 긴밀한 유기적 연계성을 가진 사회로 변화하였다. 이러한 유기적 연계성은 인간의 생활 방식을 크게 변화시켰다. 즉 인류 역사 초기의 자급자족적인 집단생활은 오늘날 극히 분업화된 집단생활로 변화하여 다른 여러 집단의 도움을 필요로 하는 복잡하게 연계된 사회로 변화된 것이다. 인간은 주어진 자연환경과 사회환경에 순응하기도 하고, 주어진 사회와 집단에 저항하기도 하며, 지식과 기술을 발달시켜 사회와 집단을 변화시키기도 한다. 이러한 과정에서 인간은 끊임없이 사회 희소가치를 차지하기 위해 싸우고 경쟁하면서 행복을 추구하려 노력한다. 인간이 오랜 역사에서 상호작용하면서 만든 사회는 자연환경처럼 일상생활을 하는 개별적 인간에게 주어진 환경이다. 우리는 이러한 사회환경을 사회 또는 문화라고 부른다. 사회환경은 지속적으로 변화하며, 사회는 물질적 체계, 조직과 규범체계, 문화와 관념체계처럼 다양한 차원이 존재한다. 사회에는 인간의 자족적 생활 범위를 일컫는 공동체처럼 기술발달에 따라 지속적으로 규모가 확대되는 것도 있고, 도구나 기술처럼 지속적으로 발전하는 것도 있다. 그리고 종교나 신념체계와 같은 가치나 관념처럼 사회특성에 연관되어 일정한 방향성이 없이 변화하는 것도 있다. 예로 봉건사회와 자본주의 사회, 공산사회와 자본주의 사회의 규범이나 관념은 매우 큰 차이가 있다. 각 사회는 저마다 다른 상이한 규범이나 관념을 가지고 있다.

오늘날 우리가 사는 사회공동체는 세계공동체나 국가공동체처럼 크게 확대되어 우리의 생활에 직·간접적으로 영향을 미친다. 그러므로 사회환경은 우리가 간접적으로 경험하는 영역과 직접적으로 경험할 수 있는 생활세계의 영역으로 구분할 수 있다. 사회의 하위 단위인 가정, 조직과 집단들은 사람들이 직접 경험할 수 있는 영역이다. 이들은 소속에 따라 자신이 직접 경험하는 생활세계의 영역일 수도 있고 아닐 수도 있다. 이러한 경험세계는 위계와 영역에 있어 매우 다양하나 지위와 역할 규범이 보편적으로 존재한다. 인간은 이러한 사회환경 속에서 다른 동물처럼 선천적인 욕구를 가지는 동시에 사회에서 학습한 인간 고유의 사회적 욕구를 가지고 생활한다. 즉 그가 속한 사회환경 속에서 자신의 선천적 욕구와 사회적 욕구를 충족하기 위해 다양한 형식의 상호작용을 하는 것이다. 인간은 다른 동물들과 다르게 국가별로 달리 형성된 사회환경과 부모로부터 상속되고 학습된 유산들을 달리함으로써 매우 불평등한 환경에서 생활한다. 그리고 성장 과정에서 사회화하면서 자아를 형성한다. 이런 과정으로 사회 단위별로 동질적인 문화를 가지고 동시에 각기 다른 인성을 가지게 되는 것이다. 사회환경에서 사회 희소가치는 사회에 따라 차이는 있지만 운과 능력, 권력과 상속 등의 결과로 항상 불균등하게 배분되고, 사회계층화와 더불어 경쟁과 갈등은 상존하고 있다. 다양한 사회환경 속에서 인간의 상호작용은 때로는 협동, 조정, 타협으로 나타나고 때로는 경쟁, 갈등, 강제의 형태로 나타난다.

거듭 말하자면 사회환경은 인간이 자연환경처럼 적응해야 하는 구조적인 것이며, 사회환경 속에서 이루어지는 상호작용은 사회와 인간의 변증법적인 작용으로 나타나는 것이다. 이런 의미에서 사회는 인간에게 주어진 거시적이고 구조적 차원의 사회환경과 미시적 차원의 상호작용이라는 두 영역으로 크게 구분할 수 있다. 오늘날 사회환경은 자유와 강제의 모습을 동시에 가지며, 희소가치가 불균등하게 배분된 분업화된 조직과 집단들의 유기적 복합체인 것이다. 이러한 상황에서 인간들은 항상 선천적으로 주어진 욕구 및 사회적 기대와 사회 희소가치 추구의 욕구 속에서 협동, 경쟁, 갈등의 다양한 상호작용을 하면서 생활하고 있다. 인간은 다른 동물과 달리 인간이 만든 사회 속에서 생활하는 사회적 동물이고, 다양한 상호작용 과정에서 지식과 기술을 발전시켜 사회를 더 크고 복잡하고 유기적인 체계로 변화시킨 창의적 존재이다.

제2절

사회이론의 변천

교육현상과 교육문제를 이해하기 위해 이들을 설명할 수 있는 틀이 필요하다. 교육은 사회의 한 영역이고, 교육현상과 교육문제들은 사회과학의 많은 이론들에 기초하여 설명되고 있다. 심리학, 사회학, 행정학, 사회복지학, 경제학, 법학 등 많은 학문들과 교과 관련 내용 학문들이 교육과 연관이 있다. 이 중에서 학교조직의 변화나 교육문제와 관련된 가장 대표적인 영역은 교육사회학이다. 교육사회학은 교육현상을 사회학의 이론들을 바탕으로 접근한 학문이다. 그러므로 사회이론과 교육과의 관계를 고찰하기 전에 여기서는 사회학에서의 사회이론들에 대해 간단히 살펴보고자 한다.

1. 사회이론 이해의 기초

사회와 인간생활의 관계를 설명하려는 학자들의 이론들은 매우 다양하다. 사회와 인간의 관계를 설명하는 사회이론들은 고전적 사회사상처럼 근대사회 이전에도 많이 존재하였다. 그러나 신분사회와 달리 사회계층에 관계없이 모든 사회성원을 포함한 사회현상에 대한 사회이론을 만들고 과학적으로 설명하려는 노력은 시민혁명과 산업혁명 이후에 시작되었다. 사회를 구체적이고 과학적으로 설명하려는 노력은 근대 과학에서 비롯되었으며 이렇게 만들어진 이론이 근대 사회이론이다. 사회이론에서 주요 쟁점은 자연현상처럼 사회현상에 법칙성이 존재하는지 또는 사회도 인간처럼 실재하는지에 대한 논쟁이다. 사회는 주체로서 존재하는가? 사회는 인간에게 영향을 미치는가? 분명한 점은 사회는 주체가 아닌 객체로서 존재하고 인간에게 영향을 미친다는 점이다. 인간이 역사에서 만들어 놓은 수많은 유물처럼 인간이 만들고 생활하고 있는 물질문명이나 문화 및 사회구조와 같은 사회 피조물들이 존재한다. 사회는 인간의 피조물이나 인간의 삶은 피조물인 자기가 속한 사회에 구속되어 있다. 인간의 사회 구속성은 부인할 수 없는 현상이다. 인간은 사회구조 속에서 인간의 선천적 속성을 가지고 생활한다. 그렇지만 인간의 일상생활은 인간의 선천적 속성만으로 설명할 수 없다. 인간은 사회적 존재이고, 사회생활의 대부분은 사회구조나 문화와 같은 사회적 특성을 반영한 것이다. 즉 인간이 길을 따라 걷듯이, 사회의 문화와 규범 및 주어진 지위에 기초하여 욕구를 해소하고 생활한다. 이러한 결과로 사회현상에서 인간의 사회 구속성은 규칙성을 가지게 된다. 그리고 사회이론은 이러한 사회현상들을 반영하여 형성된다. 근대사회이론은 사회계몽 사상에서 출발하나 사회현상에 대한 과학적인 설명을 하는 이론들이 발달된 것은 시민혁명과 산업혁명 시기 이후이다. 이 시기에 인간의 사회 구속성을 과학적으로 설명하려는 노력과 논쟁들이 시작되었고, 이론적 관점을 어디에 두는가에 따라 사회이론들은 달라져 다양한 관점의 이론들이 발달되었다.

사회이론 발달을 이해하기 위해 근대사회의 변천을 간단히 살펴보자. 많은 학자들은 근대사회의 형성 연원을 중세 도시국가들의 발달과 상공업의 발달에서 찾는다. 그리고 일부 학자들은 같은 시기에 발생한 종교개혁도 강조한다. 중세사회에서 도시국가들을 중심으로 한 무역 및 과학의 발달과 지리상의 발견은 중세사회를 근대사회로 변동시키는 계기가 되었다. 상공업 도시와 과학의 발달은 중세사회의 종교적 세계관과 충돌하였다. 이 시기에 기독교의 부패와 종교개혁에 의한 종교전쟁 및 그에 따른 베스트팔렌조약으로 서구에서 근대국가들이 형성되고 가톨릭과 개신교가 공존하게 되었다. 종교개혁과 전쟁 시기에도 과학과 기술의 큰 발달이 있었고, 인간의 이성과 인권을 강조하는 근대국가의 사상도 이 시기에 형성되었다. 근대사회 초기에 계몽주의 사상이 발달하였는데 로크와 같은 계몽주의 사상가들은 자연권 사상을 주장하여 천부적 권한으로 생명, 자유와 평등을 강조했다. 이러한 사고체계의 발달은 오늘날 민주주의와 자본주의 발달의 초석이 되었다. 상공업의 발달, 종교개혁, 근대 과학발달, 근대국가의 형성, 시민혁명은 모두 연계되어 민주사회의 초석이 된 것이다.

민주사회의 발달은 인간의 기본적인 욕구를 사회 속에서 실현하게 하고 제한하였다. 특히 지배층의 사회 희소가치 추구 욕구를 법으로 제한하고 상공업 계층의 이해관계를 반영한 자유와 평등을 강조하였다. 이러한 사상이 계몽주의 사상이다. 계몽주의 사상은 사적 소유에 기초한 자유를 노동에 기초한 재산 소유와 다른 사람에게 피해가 되지 않는 권리 행사로 한정하였다. 그러나 노동에 기초한 사유재산 소유의 전제들은 자본주의가 발달하면서 급속한 화폐경제의 발달과 사회변동에 따라 사라졌다. 자본주의가 발달한 국가들에서 민주주의와 자본주의는 자유에서 모순된 형태로 존재한다. 사유재산을 가지고 경제활동을 자유롭게 할 수 있는 자유는 독과점의 형성과 부의 상속으로 노동에서 인간의 자유를 구속하고 경제적 불평등 사회를 만든 것이다.

현대 자본주의 사회에서 사회제도와 인간 생활은 다양한 형태로 존재한다. 국가나 집단 비교를 통해 제도적 차이나 다양한 형태의 평균적인 수치의 차이를 알 수 있다. 그러나 구체적인 개인의 삶은 알기 어렵다. 집단이나 지위 간 비교로 평균적인 인간들의 삶을 이해할 수 있으나 구체적인 개인의 삶은 정상분포곡선에서의 점처럼 다양하다. 즉 지배층은 일반적으로 교양 있는 존재일 수 있으나 그렇지 않은 존재도 분명 있다는 것이다. 일반적으로 국민이나 지역민을 쉽게 평가하나 평균적이지 않은 사람들도 분명 존재한다. 사회이론의 용이성과 어려움은 여기에 존재한다. 인간의 사회 구속성과 자율성도 이와 같은 것이다. 사회이론은 이러한 가운데 인간의 사회 구속성을 바탕으로 규칙성을 추구하는 것이다. 인간의 기본적인 욕구를 실현하는 과정은 사회와 분리하여 설명하기 어렵다. 인간은 혼자서 살기 어려운 사회적 존재이며 사회를 통해 욕구를 충족하고 공동체에 기여하면서 생활한다. 사회현상의 이해를 위해 인간의 기본적 욕구와 제도 그리고 존재의 사회 구속성에 대한 탐구는 필수적이다. 이들을 무시한 절대적인 추상적 논리들은 사회이론으로 적절하지 못하다. 이러한 범위에서 사회이론은 보편성과 집단적인 특수성을 탐구한다.

2. 사회이론의 변천

사회이론의 변천에 대한 이해를 위해 사회현상을 바탕으로 다양한 사회이론들을 제시하는 사회학을 살펴보자.[1] 사회학이 발생한 것은 시민혁명과 산업혁명 이후 19세기 초반이고 많은 학문들의 발달에 기초한다. 초기 사회학자들은 사회를 생물유기체에 비유하여 설명하였으며, 이후 사회학자들은 사회를 사회체계나 사회구성체처럼 인간과 경제, 조직과 정치, 관념

1 사회이론의 변천에 대한 내용들은 강의 노트를 정리한 것이며 주교재인 조지 리처의 저서의 내용들을 중심으로 정리한 글들에 기초하였음(조지 리처 지음, 한국이론사회학회 옮김, 『현대사회학이론과 그 고전적 뿌리』, 박영사, 2014).

과 이데올로기들이 연계된 유기적 총체로 설명하였다. 19세기 초반에 사회를 생물유기체에 비유해 설명한 콩트의 사회유기체론은 구조기능론과 사회체계이론으로 발전하였다. 사회유기체론은 사회를 주체로 보는 사회실재론의 문제점을 가졌으나 이론이 발달하면서 인간의 사회 구속성을 강조하고 사회현상의 규칙성을 강조하였다. 이러한 사회이론의 형성은 산업혁명 이후 사회의 급속한 복잡성 증대 속에서 분화되고 유기적으로 연결된 산업사회의 특성에 대한 이해를 가능케 하였다. 이와는 다른 관점에서 19세기 중·후반 무렵 자본주의의 사회 모순에 주목하고 고전경제학을 비판하고 자본론을 저술한 마르크스의 사회이론은 사회를 경제를 중심으로 한 하부구조와, 정치나 조직, 이데올로기의 상부구조로 짜인 사회구성체로 보고 자본주의를 비롯한 사회 분석에서 하부구조의 중요성을 강조하였다. 마르크스 이후 갈등론은 마르크스주의와 비판사회이론 등으로 발달하였는데 사회 희소가치에 의한 갈등관계를 중심으로 사회구조와 변동을 분석하였다. 구조기능론이 사회를 지위와 역할로 짜인 체계로 보고 산업사회에서 사회분업, 사회조직과 집단의 대 사회적 기능(결과적 효율성)을 강조한다면 갈등론은 구조기능론과 달리 사회를 사회 희소가치의 추구에 의한 갈등의 결과물로 보고 불평등한 사회구조를 비판적으로 분석한다.

구조기능론과 갈등론의 발달 과정에 대해 조금 더 자세히 살펴보자. 19세기 초반 프랑스의 사회학자 콩트는 산업혁명과 프랑스 대혁명 이후 산업화와 혁명과 반혁명으로 복잡하고 혼란스러운 산업사회를 살았다. 그는 이 시기를 생물유기체처럼 다양한 집단과 조직들이 유기적으로 연계된 사회로 변화하는 과정으로 보고 사회유기체설을 주장하여 산업사회에 적합한 새로운 질서를 주장하였다. 그는 생물학에서 계통발생이 개체발생을 반복한다는 논리로 사회진화를 주장하였다. 인간의 성장과정이 부모에 대한 맹신단계에서 사춘기의 추상적 사고단계, 성인 시기의 이해 타산적 단계를 거치는 것처럼 역사는 고대 종교의 신학적 단계, 중세와 근세 초기의 형이상학적 단계, 산업사회의 실증적 단계로 진화한다고 주장하였다. 그는 이러한 사회이론의 생물학 유추적 설명과 아울러 사회현상을 분석하기 위해 자연과학적 연구방법을 강조한 실증적 연구방법을 주장하였다. 이와는 달리 마르크스의 갈등론은 자본주의에서 고전경제학적 설명을 비판하고 생산력과 생산관계를 바탕으로 불평등한 사회관계를 분석하였다. 19세기 중반에 마르크스는 산업혁명 이후 자본주의 모순에 주목하고 보수적이거나 공상적인 사회이론들을 거부하였다. 그는 인간을 자연과의 관계에서 도구를 발달시키면서 노동하는 존재로 보고, 사회변동을 생산력과 생산관계를 중심으로 한 생산양식의 변화로 설명하였다. 그는 노동에 기초한 부(가치)의 생산을 강조하고 특히 자본주의에서 생산력의 발달과정과 사적 소유에 기초한 자본가와 노동자의 계급관계의 모순을 강조하였다. 자본주의에서의 생산과정 발달을 수공업, 공장제 수공업, 공장제 기계공업 단계로 구분하고 공장제 기계공업 단계에서의 분업과 생산관계의 모순에 의한 인간 소외현상을 과학적으로 설명하였다. 그리고 역사적으로 원시 공산사회에서 시작한 사회는 고대노예사회, 중세 봉건사회, 자본주의의 모순된 생산관계의 단계를 거쳐 공산사회로 발전한다고 주장하였다. 즉 그는 자본주의의 모순을 극복한 미래의 공산사회를 예언하고 사회주의 혁명을 주장하였다. 이러한 그의 이론은 그가 활동한 시기와 연관되어 있다. 19세기 중반과 그 이후는 산업사회의 발달로 노동시간이 늘어나 이에 대한 비판이 증대하고, 노동자의 선거 참여가 가능해지고 노동자 정당이 형성된 시기이기도 하다. 마르크스는 자본주의의 모순이 심화되는 시기에 자본주의 사회를 사회유기체로 간주하는 구조기능론을 비판하였을 뿐만 아니라 무정부주의(아나키즘)나 계량 사회주의 사상가들과도 논쟁하였다. 이러한 마르크스의 사상을 계승한 사람들을 마르크시스트라 이름한다.

1900년을 전후하여 사회이론은 큰 발전이 있었다. 이 시기는 자본주의가 발달하여 독과점과 같은 산업사회 모순이 심화되고 대규모 도시가 크게 팽창한 시기이다. 이 시기에 사회이론들은 사회현상을 더 객관적인 방법으로 관찰하거나, 갈등의 다양한 형태들을 강조하였으며, 인간행위를 체계적으로 분류하고 설명하려 노력하였다. 사회유기체론을 계승한 프랑스의 뒤르켐은 사회연대를 바탕으로 사회실재론을 주장하고 구조기능론을 발전시켰다. 그는 전통적 농촌사회 형태인 동질적 연대의 사회와 근대적 도시 산업사회의 형태인 유기적인 이질적 연대의 사회를 구분하였다. 개인적으로 보면 동질적 연대의 사회는 집단주의의 사회이고 분업적 필요에 의해 유기적으로 연결된 이질적 연대 사회는 개인주의와 자유주의가 발달한 산업사회이다. 그는 개인주의가 발달한 유기적 연대의 산업사회에서 발생하기 쉬운 무질서에 관련된 아노미이론을 만들고, 사회연대와 국가와 집단 간 연대 차이에 기초해 자살유형과 차이를 설명하는 자살이론을 만들었다. 한편 베버는 경제 중심적인 마르크스의 자본주의 갈등이론에 반박해 갈등의 원인을 돈, 권력, 위신과 같은 다양한 요인으로 구분하고 계층과 계급현상을 설명하였다. 그리고 혁명을 강조한 사회과학은 가치문제로 종교전쟁과 같은 결과를 초래할 수 있다는 점을 강조하면서 사회과학 방법에 있어 가치중립을 강조하였다. 그는 거시이론뿐만 아니라 인간행위를 사회문화적으로 이해하는 행위이론을 발전시켰다. 그의 이론에서 합리성을 강조하는 권위와 행위이론들은 유럽 특히 독일 자본주의 발달에 따른 사업체와 같은 거대조직 발달과 도시의 확대 및 그에 따른 생활변화를 반영한 것이다. 그리고 19세기 말의 거대 독점자본의 발달에 따른 거대조직체를 설명하기 위해 합리적 행위에 기초해 관료제 이론을 제시하였다. 그는 이러한 합리적 행위와 효율성만을 강조하는 관료제는 인간 소외현상을 필연적으로 초래한다고 주장하였는데 이는 베버 이후 비판이론가들에게 계승되었다. 베버와 유사한 이론적 작업들은 같은 시대를 산 퇴니스와 짐멜과 같은 학자들에서도 나타난다. 특히 짐멜은 인간의 상호작용의 망을 사회로 보았는데, 사회변동으로 종교나 가치에 기초한 주관적 형태의 상호작용이 감소하고 화폐와 같은 객관적 형태의 상호작용이 증대하는 사회현상을 비판하였다.

이러한 유럽의 사회학 이론은 20세기 초반 산업화가 급속히 진척된 미국사회로 전파되었는데, 구조기능론과 상징적 상호작용론이 대표적이다. 앵글로색슨이나 게르만계 백인 중심의 미국사회는 인종차별을 정당화하는 구조기능론의 사회진화론을 선호하였고, 이민사회로 인한 사회문제들을 해결하기 위해 구조기능론의 관점을 강조하였다. 급속한 산업화와 이민 증대로 많은 사회문제들이 발생한 미국사회에서 구조기능론은 20세기 초반 사회병리학이나 사회문제 중심의 미시적 학문들이 중심이었으나 뒤에 파슨스의 거시적인 사회체계이론도 발달하였다. 그리고 상징적 상호작용론은 쿠울리와 미드에 의해 비롯되었는데 쿠울리의 일차집단과 이차집단의 구분은 미국 동북부의 급속한 산업화에 의한 공동체 변화를 반영하였으며, 쿠울리와 미드의 자아에 대한 설명은 미시적 이론의 발달에 크게 영향을 미쳤다. 쿠울리는 산업화에 따른 일차집단의 파괴를 설명하면서 일차집단에서의 상호작용이 자아형성에 중요함을 강조하였다. 즉 자아이론에 의하면 선천적 욕구를 지닌 인간은 부모와 상호작용을 하면서 사회를 배우게 되고 사회화되면서 자아를 형성하는데 자존감도 친밀한 인간관계를 기초로 형성되는 것이다. 미드에 의하면 자아는 사회화된 자아와 주체적 자아로 구분되는데 두 자아의 변증법적인 관계에 따라 자아가 형성되고 변화한다. 인간은 사회생활을 통해 학습하고 성찰적으로 사고하면서 자아를 형성하는 것이다. 상징적 상호작용론과 비슷한 미시이론으로 현상학도 발달하였는데, 현상학은 인간이 사회에서 일상생활을 하면서 마음속에 가지고 있는 당연시 여기는 세계를 강조한다. 슈츠에서 생활세계는 사회화된 인간이 당연시 여기는 문화로서의 전형과 처방, 대면적 관계와 유형화된 관계, 의미와 동기 등으로 분류되어 해석된다. 생활세계는 전형과 처방, 유형화된 관계, '공유된 의미'나 '때문에 동기'처럼 보편적 설명이 가능힌 영억과 '대면적 관계', '개인적 의미'와 '위하여 동기'처럼 사회이론으로 접근하기 어려운 영역으로 구분된다.

유럽에서는 마르크스주의 이론과 더불어 20세기 초반에 마르크스, 베버, 프로이드의 영향을 받은 프랑크푸르트학파가 형성되었다. 20세기 전반은 포드주의 생산방식, 대중매체의 등장, 관료제와 거대도시의 발달로 대중사회가 출현한 점에서 이전 시기와 구분된다. 프랑크푸르트학파는 인문학과 사회과학의 다양한 영역의 학자들을 포함하나, 사회이론에서 중요한 것은 20세기 전반의 사회현상을 바탕으로 자본주의와 전체주의를 비판하는 비판이론이 발달한 점이다. 비판이론은 20세기 초반 이후의 사회를 대량생산과 대중매체를 중심으로 한 문화산업의 등장을 강조하고 대중사회 성원들이 비판적 의식을 상실한 점과 효율성만을 강조하는 현대사회의 일차원적 특성을 비판하였다. 프랑크푸르트학파에 뒤이어 서구에서는 1968년의 혁명으로 전쟁 반대, 인종차별 반대, 성차별 반대, 환경운동과 같은 다양한 분야에 대한 비판이론이 크게 발전하였다. 68혁명 이후 사회운동은 노동운동 중심의 사회운동과 구분하여 신사회운동이라 불린다. 신사회운동은 두 번의 세계전쟁, 유태인 대량학살, 냉전, 인종차별과 같은 근대사회에 대한 저항에서 비롯되었으며, 상층, 백인, 남성, 효율성 중심의 지배와 이분법적 근대성을 거부하고 주체와 다양성, 자유를 강조하였다. 이러한 비판이론은 이성과 과학에 기초한 근대성을 비판하고 다문화이론을 비롯한 새로운 사회이론을 발전시키는 계기가 되었다.

비판이론과 더불어 20세기 후반에 극소전자 기술과 인터넷과 같은 기술발달에 기초하여 사회변동을 강조한 정보사회 이론과 이에 대한 논의들도 증대하였다. 극소전자기술과 인터넷 기술에 기초한 정보사회는 정보사회 이론에서처럼 분명 산업사회와는 다른 새로운 노동시장구조와 생활세계를 가진 사회이다. 정보사회는 산업사회와는 다른 노동시장구조, 쾌락주의와 소비사회의 발달, 대중매체의 다양화, 전문직과 단순직의 증대와 지배원칙의 변화 등 많은 변화를 가져왔다. 정보사회론은 이러한 변화를 강조하여 정보사회와 미래를 장밋빛 세계로 기술한다. 그러나 4차 산업혁명이 강조되고 있는 지금에도 자본주의 사회의 본질은 변화된 것이 없다. 이처럼 어느 한 관점으로 사회를 설명하기는 더욱 어려워지고 있다.

최근의 사회이론들은 과거 구조기능론, 갈등론, 상징적 상호작용론과 현상학과 같이 대립되고 구분되는 이론들의 특정 관점을 견지하나, 이들을 통합하여 사회현상을 설명하려는 경향을 가지고 있다. 예로 기든스의 사회이론은 거시적인 사회체계에서 유전적인 개인의 무의식적인 동기까지의 연속적 과정을 전제로 사회구조화를 설명하면서 개인과 사회의 택일논리를 거부한다. 그는 또한 행위자가 개인적 안정감을 확보하는 과정에서 그들의 세계를 합리화한다는 점을 강조한다. 그에 의하면 사회체계는 법과 사회·문화와 같은 규칙과 경제와 정치에서의 돈과 권력의 자원들을 바탕으로 기술발달에 따라 시간과 공간적으로 계속 확장되는데 그는 다양한 관점의 이론을 통합하여 구조화 과정을 설명한다. 부르디외의 사회이론은 객관주의와 주관주의를 연결하고, 아비투스와 장에 관한 설명들에서 통합적 방식을 취하고 있다. 아비투스는 인간의 객체적 인식과 주체적 인식의 작용에 의한 내면적 습성으로 연령, 성, 계급구조와 같은 많은 요인들을 반영하여 변증법적으로 구성된다. 장은 경제적, 사회적, 문화적, 상징적 영역들에서 객관적 지위들의 관계망들로, 각 장들은 서로 연결되어 있고, 장들에서 강조하는 희소가치는 차이가 있으며, 정치의 장이 가장 중요한 역할을 하고 있다.

이상에서 살펴본 구조기능론, 갈등론, 상징적 상호작용론 등의 사회이론들은 각기 사회를 보는 다른 관점을 바탕으로 하여 특정 관점에서 사회현상을 기술하고 설명한다. 초기의 구조기능론은 산업혁명 이후 사회를 생물유기체에 비유하는 방식으로 설명하였으나, 점차 변화된 사회현실을 더 잘 설명할 수 있는 다양하고 세련된 이론으로 발전하고 있다. 갈등론은 경제를 강조한 마르크스주의와 다양한 희소가치를 강조하는 비판이론들로 구분되며, 사회변동을 반영하면서 이론의 발전이 이루어지고 있다. 상징적 상호작용론과 현상학의 미시이론은 자아나 생활세계와 같은 주관적 사회영역을 중심으로 사회현상을 설명하는 이론들을 발전시키고 있다. 그리고 20세기 후반부터는 다른 관점의 이론들을 부분적으로 통합하여 특정 관점을 강조하는 이론들이 많이 나타나고 있다.

제3절

사회를 보는 관점

1. 구조기능론

사회이론은 사회를 보는 관점을 기초로 구분된다. 사회이론은 거시적 관점과 미시적 관점으로 구분되고 거시적 관점은 구조기능론과 갈등론으로 구분할 수 있다. 구조기능론은 거시적 관점이고 갈등론과 대비되는 관점이다. 구조기능론은 사회를 상호 연계된 유기체로 보고, 구성 부분들의 전체 사회에 대한 대 사회적 기능(결과적 영향)을 분석하는 데 초점을 두고 있다. 좁게는 사회조직과 집단에서의 지위와 역할의 기능적 분석도 해당된다. 이들은 이러한 기능적 관계에 큰 문제가 있을 때 이를 불균형 또는 사회병리적 상태로 규정한다. 구조기능론은 존재하는 사회제도와 문화는 전체 사회의 유지와 발전을 위해 존재 이유가 있다고 보고, 전체 사회체제와 하위 영역들 간의 관계 분석에 큰 관심을 둔다. 구조기능론에서 인간은 사회를 위한 존재이고 사회 구속적 존재이다. 이 관점의 이론가들을 중심으로 그들의 사상을 살펴보면 자유주의이면서 사회 우위를 주장하는 사상가들로 분류되며, 그들은 산업사회를 중시하고 경쟁과 자유를 강조한다. 이들은 경제적 평등주의보다 자유주의의 관점에 서 있다고 볼 수 있다. 이들 사상은 봉건사회의 붕괴를 옹호한 계몽주의 사상과 연계되어 있으며, 인구가 급증하던 시기의 멜더스의 사상과도 연결되어 있다. 멜더스는 생산력의 증대로 인구는 기하급수적으로 증대하나 식량은 산술급수적으로 증가하므로 식량부족을 해결하기 위해 경쟁에 의한 적자생존과 자연도태가 필요하다고 주장하였다. 이러한 사고는 국가가 빈곤문제나 경제에 간섭하면 사회가 도태될 수 있다는 자유방임적 자유주의 사상가들과도 연결되어 있다. 뿐만 아니라 이들 사상은 산업혁명 이후 기술발달에 기초하여 산업사회의 장밋빛 미래를 제시하고, 상공업 종사자들을 중심으로 한 자유주의 사상과 연계되어 있다. 우리가 즐겨 쓰는 자유주의는 다양한 의미를 가진 개념이다. 사적 소유에 기초한 경제적 자유, 정치적 자유, 많은 종류의 사회적 자유 등을 포함한다. 경계해야 할 점은 경제적 자유가 초래한 부작용이다. 사적 소유에 기초한 상속은 다른 동물에서 볼 수 없는 사회적 불평등을 초래하였고, 자유 경쟁의 결과로 초래된 독과점은 역으로 타자의 경제적 자유를 억압하였다. 경제적 자유는 노동에서 인간의 자유를 크게 제한할 뿐만 아니라 사회 불평등으로 많은 사회적 자유를 침해하고 있다. 그러나 구조기능론은 이러한 경제적 자유를 강조한다는 점에서 사회주의 입장의 갈등론과 대비된다.

초기의 사회학자인 콩트는 상공인, 기술자, 과학자 중심의 산업사회를 경쟁에 의한 분업과 분업에 기초한 유기체적 사회로 규정하고, 실증적 단계의 테크노크라시 사회를 실력사회로 보았다. 스펜서는 작고 단순한 군사형 사회에서 크고 복잡한 산업형 사회로의 진화를 주장하였다. 그는 자유 경쟁의 강조로 빈곤자를 위한 사회복지에 대해서는 반대하고 적자생존의 경쟁을 중심으로 사회진화를 강조하였다. 그리고 뒤르켐도 인구증가에 의한 경쟁으로 분업이 심화된다고 하면서, 분업에 기초한 유기적 연대의 사회를 강조하였다. 유기적 연대 사회는 동일 신념체계나 동질성에 기초한 기계적 연대의 전통사회와 구분된다. 유기적 연대의 사회는 물질적인 이해관계에 기초함으로 무규범(아노미)상태에 빠지기 쉽다. 때문에 종교와 같은 동질적 신념체계를 대신할 시민적 도덕심을 필요로 한다. 그의 설명 방식은 사회연대를 중심으로 인간에게 외재하면서 인간에게 구속력을 행사하는 사회실재론에 기초하고 있다. 그는 공황이나 사회문제를 아노미나 연대의 상실로 규정하고 도덕심을 강조하나 경제적 불평등에 대해서는 침묵하고 있다.

이러한 구조기능론의 관점은 미국 사회학자인 파슨스에 의해 체계화되었다. 그는 행위이론과 사회체계이론을 통해 인간의 사회 구속성을 강조하고 있다. 행위이론을 보면 인간이 행하는 목표 추구는 사회의 가치와 규범, 그리고 물질적 사회 조건 속에서 선택적 형태로 이루어진다. 사회체계이론에서는 사회를 문화체계, 사회체계, 퍼스낼리티 체계, 유기체 체계의 유기적 통합체로 본다. 여기서 행동하는 유기체와 퍼스낼리티 체계는 사회체계와 문화체계에 사회활동을 위한 에너지를 제공하고 문화체계는 다른 체계들을 통제한다고 설명한다. 즉 인간의 선천적, 사회적 욕구는 사회생활의 에너지이며, 이러한 욕구는 문화와 사회체제에 의해 통제되면서 충족되는 것이다. 파슨스의 제자 머튼은 추상적인 파슨스이론의 문제점을 비판하면서 사회현실에 적용 가능한 중범위이론을 발전시켰다. 아노미이론이 가장 대표적인 예이다. 그는 아노미를 사회적 목표와 이를 달성하기 위한 수단과의 괴리현상으로 보았다. 즉 자본을 추구하는 미국사회의 일반적인 목표를 추구하는 데 사회계층에 따라 차이가 존재한다. 머튼은 아노미는 사회계층에 따라 차이가 있으며 하층에서 괴리현상으로 일탈이 높다고 설명하였다. 그는 일탈의 유형을 동조를 제외한 쇄신, 의례, 도피, 저항의 네 형태로 구분하였으며 목표와 방법에 대한 저항도 일탈로 구분하였다.

최근의 구조기능론자들은 구조기능론의 문제점을 보완하기 위해 사회변동이나 사회문제를 설명하는 이론들에서 다른 관점의 이론들을 부분적으로 통합하고 있다. 예로 일부 학자는 사회를 균형상태보다 긴장관리체제로 규정하고, 긴장은 변동을 유발하여 원래의 긴장을 해소하기도 하지만 새로운 긴장을 발생시키는 것으로 간주한다. 그리고 주요 긴장 요인으로 인구학적 불균형, 보편적 희소가치의 부족, 규범들 간의 갈등 등을 들고 있다. 그리고 근대화론에서 경제성장은 과학을 응용한 기술발달, 농업의 기업화, 산업화, 도시집중의 변동을 수반하며, 이는 사회구조에서 분화와 통합의 과정임과 동시에 기존의 생활유형이 파괴되고 분업과 통합의 불균형이 동반되는 사회적 혼란의 과정으로 설명되기도 한다.

이처럼 구조기능론자들은 사회통합과 질서에 관심을 가질 뿐, 갈등과 사회변동을 설명하지 못하는 한계점으로 인해 이를 해결하려는 노력을 지속하고 있다. 이들은 과학과 기술에 기초한 능력사회를 강조하고 과학적 발달이 도덕심의 증가로 이어질 것을 기대하고 도덕심을 강조하고 있다. 이러한 관점은 이들의 사회계층현상 불가피론에 대한 설명에서도 나타난다. 이들에 따르면 사회에는 중요한 지위와 역할이 존재하며, 이들을 행할 능력 있는 인재는 제한되어 있다. 그러므로 교육을 받은 인재를 양성하여 이들에게 중요 일자리를 맡겨야 하며, 이들이 교육에서의 희생을 보상받고 중요한 일자리를 맡도록 유인하기 위해 이들에게 사회 희소가치를 많이 제공해야 하는 것이다. 이러한 구조기능론의 관점은 사회 희소가치 배분에 있어 매우 순진한 접근이다. 사회는 능력 있는 사람에게 많은 사회 희소가치를 제공하기도 하지만, 희소가치를 위해 끊임없이 불평등 속에서 갈등하고 희소가치를 상속하는 체계이다. 즉 이들은 사적 소유에 기초한 자본주의 발달과 정치권력의 보편성, 그리고 이들의 연관성에 대해서는 관심을 두지 못하고 있다. 이들에 의하면 국가는 규범을 강요하는 도덕적 국가이거나 현존 사회체계를 유지시키는 국가여야 한다. 사회규범에서 벗어난 모든 행위는 일탈이며 사회운동도 규범을 벗어날 경우 일탈로 규정된다. 그리고 자본주의 사회에 보편적인 생산관계에 기초한 계급적 대립과 갈등은 균형을 상실한 비정상적인 사회문제일 뿐이다. 이러한 점에서 이들의 관점은 현 체제의 질서 유지를 강조하는 보수적 관점인 것이다.

2. 갈등론

구조기능론에 반해 갈등론은 사회 희소가치의 불평등한 배분에 관심을 가지고, 돈과 권력에 의한 지배 복종 관계를 분석한다. 마르크스주의자들의 자본주의 분석이나 비판사회과학의 자본주의와 공산주의 분석은 갈등론의 대표적인 형태들이다. 오늘날 사회는 민주주의 사회이자 자본주의 사회이다. 민주주의와 자본주의는 산업사회와 더불어 신분사회에 대한 저항으로 발전하였으나 서로 모순에 의해 갈등하는 측면이 많다.

마르크스는 19세기를 살면서 산업사회의 발달과 심화되는 자본주의의 모순에 주목하였다. 그는 독일, 프랑스, 영국으로 옮겨 살면서 사회주의 사상을 발달시켰다. 그는 역사의 이행 과정을 생산력과 생산관계를 중심으로 분석하였다. 그는 인간이 자연환경에 적응하면서 지속적으로 발달시키고 있는 도구와 기술에 주목하고, 생산력의 변화에 따른 생산관계의 변화를 분석하였다. 그에 의하면 역사는 생산관계에 기초한 계급투쟁의 과정이며 불평등한 계급관계를 변혁하는 과정이다. 산업혁명 이후 생산력은 분업에 기초한 기계화로 크게 향상되었으며, 이 과정에서 수공업에 기초한 숙련공들은 러다이트운동으로 기계화에 저항하였다. 산업혁명으로 수공업적 생산은 사라지고 공장제 기계공업이 무역발달과 함께 크게 발전하였다. 공장제 기계공업의 발달은 자본과 노동의 분리, 분업과 수직적 종속

관계를 심화시켰다. 자본을 가진 사람은 생산수단을 제공하고 생산방식과 이윤 배분의 결정권을 가졌다. 이에 반해 생산수단이 없는 무산자는 노동력을 제공하고 그 대가로 임금을 받았다. 노동자들은 고용기간 동안 생산방식을 비롯한 주요 의사 결정에서 소외되었다. 이러한 생산관계에 기초한 계급관계하에서 산업자본주의 발달로 영국에서 1850년대까지 노동시간은 지속적으로 증대하였고, 단순노동에 대한 수요 증대로 소년과 여성들의 노동도 크게 증대하였다. 그리고 자본주의의 발달에 따라 19세기 후반에 들어 대규모 사업체들과 독과점 현상들이 증대하였다. 동시에 대규모 사업체들에서 노동운동이 증대하고 사회주의 정당들이 형성되기 시작하였다. 마르크스는 이러한 시기를 살면서 자본주의를 분석하고 계급관계를 중심으로 그의 과학적 사회주의 사상을 발전시켰다.

마르크스의 경제 중심적 계급이론은 19세기 말 이후 독점자본주의의 도래에 따른 거대 조직체의 발달과 사회주의 정책들의 국가 도입으로 비마르크스주의자들에 의해 비판되었다. 독점자본주의의 발달로 거대사업체가 증대하여 노동계급은 사무직과 같은 비육체노동자들의 증대로 분화되었다. 그리고 기계 산업의 발달로 탈숙련화현상과 더불어 기술직도 증대하였다. 베버는 이러한 사회현상과 거대조직에서의 합리성에 주목하여 이를 관료제 이론으로 설명하였으며, 고용되어 용역을 제공하는 화이트칼라 계급을 구분하였다. 20세기 중반 다렌도르프는 자본주의와 공산주의를 모두 산업사회라 규정하고 산업사회 대규모 사업체에서의 권위관계를 중심으로 계급 갈등을 설명하는 이론을 발달시켰다. 정치적 측면을 보면 19세기 말 이후 사회주의 정당들의 발달과 20세기 초반 러시아 혁명은 자본주의 모순의 심화와 더불어 국가정책의 변화를 초래했다. 영국을 제외한 후발 산업 국가들은 자본의 육성에 적극적으로 개입하였고, 20세기 들어 사회보험제도와 생존권 및 노동권 등이 제도적으로 인정되었다. 그리고 국가가 기업합병과 같은 경제문제에 개입하고 공황과 같은 자본주의 모순에도 적극적으로 대처하기 시작하였다. 이에 따라 국가와 자본의 관계를 설명함에 있어 마르크스주의와 다른 다양한 주장들이 형성되었다.

한편 20세기의 자본주의에서 포디즘과 문화산업의 발달은 새로운 사회이론을 탄생시켰다.[2] 독일의 프랑크푸르트학파는 이러한 사회이론의 대표적 형태이다. 이 이론은 전체주의 국가들의 파시즘체제뿐만 아니라 스탈린 체제의 공산사회에 대해서도 비판적이었다. 이 학파는 생산력 증대와 성, 스포츠, 영화와 같은 문화산업의 발달에 주목하였다. 이들에 의하면 20세기에 들어 자본은 노동을 통제할 뿐만 아니라 문화를 통제하여 노동자의 사회에 대한 비판의식은 상실되고 계급의식은 약화되었다. 20세기는 노동과정의 반자동화 형태인 포디즘의 발달로 생산력이 증대할 뿐만 아니라 대중매체의 발달로 대중문화가 발달한 시기이다. 사람들은 포디즘에 기초한 대량생산된 상품을 대중매체의 광고를 통해 소비하고 동시에 라디오와 텔레비전과 같은 대중매체를 통해 대중문화를 즐기기 시작하였다. 이러한 대중문화를 통해 사회성원들은 종속적인 생산관계를 망각하고 대중매체에 매몰되어 생활함으로써 비판의식을 상실하고 있다. 즉 그들에 의하면 현대기술과 자본은 인간의 개성을 무력화시키고, 사회에 대한 비판적 사고력을 상실시켜 사회에 순응하도록 만들고 있다. 그들은 20세기 전반의 암울한 현실에서 대량생산과 대중매체의 발달에 기초한 대중문화를 비판적 관점에서 고찰하였다.

20세기 후반 들어 사회변동에 있어 가장 큰 변화는 1968년 전후의 68혁명과 반도체기술에 기초한 정보사회의 출현이다. 정보사회의 출현에도

2 포디즘과 문화산업에 대한 설명은 조지 리처(한국이론사회학회 옮김)의 저서 『현대사회학 이론과 그 고전적 뿌리』의 5장 '네오 마르크시즘 이론'을 참고하였음.

불구하고 정보사회론자들의 주장과는 달리 자본주의 사회의 불평등은 사라지지 않았다. 갈등론자들은 정보사회가 자본주의를 제거하지 못하는 것처럼 갈등현상은 보편적이고 그 형태가 달라질 뿐이라고 주장한다. 68혁명은 노동문제에 기초한 계급관계에서 인종, 성, 전쟁, 환경 등 다양한 문제에 관심을 가지게 하였다. 20세기 들어 두 번의 세계대전과 인간의 대량학살, 냉전 등으로 비판이론가들은 현대사회의 문제점들에 주목하고 지식과 권력을 비판하였다. 이의 가장 대표적인 이론이 포스트모더니즘과 다문화이론이다. 이들 이론들은 기존의 백인과 남성 중심의 지식에 대해 비판하고 각자의 관점에서 세상을 보는 다양성을 존중한다. 이러한 입장의 대표적인 사회학자가 푸코와 바우만이다. 푸코는 권력이 정치뿐만 아니라 직장, 학교, 군대, 병원 등 일상생활의 다양한 영역에 존재함을 강조하였다. 그에 의하면 교도소에서 한 번에 많은 사람을 감시하는 판옵티콘은 오늘날 우리의 일상생활에 적용되고 있다. 바우만은 유태인 대량학살처럼 현대사회의 합리성의 비합리성을 강조하였다. 합리성의 비합리성은 프랑크푸르트학파에서도 강조되었는데 자본이나 권력 등 특정 목적을 위한 합리성이 집단 구성원에게는 비합리적으로 나타난다는 것이다. 자본의 합리성의 증대는 일반인에게는 정글의 법칙과 스트레스의 결과를 초래하는 것이다. 특정 집단의 목적 합리성이 아니라 모두를 위한 보편적 합리성이 필요하다. 갈등이론의 또 다른 특성은 다양한 관점의 통합이다. 부르디외의 갈등이론을 보면 기능론과 상호작용론의 다양한 관점이 수용된 것을 볼 수 있으며, 사회 희소가치는 인간이 생활하는 다양한 장에서 다르게 작용하고 있다. 그에 의하면 교육의 장은 정치나 경제의 장과 달리 강조하는 희소가치가 다르며, 교육체계는 상징적 폭력이 행사되는 주요 제도이고 권력과 계급관계의 재생산에도 기여한다고 그는 주장한다.

이처럼 갈등론은 마르크스주의와 비마르크스주의로 구분되며, 갈등이론도 갈등이 존재하는 다양한 영역으로 확대되고 있다. 마르크스주의는 마르크스의 사상을 견지하는 입장으로 경제적 영역에 있어 계급갈등을 주요 연구대상으로 하며, 경제영역에서의 계급갈등이 정치나 다른 제도들에 결정적인 영향을 미치고 있다고 주장한다. 그리고 이들은 노동자계급의 정당이 지배하는 계급 없는 사회를 지향하고 있다. 이에 반해 다른 갈등론자들은 경제(돈)와 정치(권력)의 영역처럼 사회 희소가치들의 상호 연관성과 독립성을 강조하며 경제 결정론적 입장을 반대하고 있다. 그리고 현대 갈등이론가들은 갈등현상이 나타나는 모든 영역에서 이론들을 제시하고, 다양한 이론들을 수용하여 갈등이론을 발전시키고 있다. 그러나 갈등론은 갈등문제의 해결에 너무 초점을 맞추는 이상주의적 특성을 가져 경쟁과 갈등으로 사회발전이 이루어지는 현실을 등한시하는 측면이 있다.

3. 미시적 관점

사회의 규모가 커질수록 사회분화 현상도 커진다. 사회가 커지면 지배계급과 피지배계급의 분화가 커지고, 피지배계급은 힘든 육체노동을 맡고 지배계급은 통치를 맡아 사회 희소가치와 여가를 즐긴다. 그러나 사회의 평등을 강조하면서 사회 분업화가 크게 확대된 것은 근대사회 들어서다. 근대사회에 들어 상공업이 발달하면서 인간생활도 크게 변화하였다. 상공업의 발달과 더불어 신분제가 붕괴되고, 동질적인 믿음 공동체도 붕괴되기 시작하였다. 뒤르켐의 주장처럼 동질적인 믿음 공동체인 기계적 연대사회가 이해관계에 기초한 분업적 연대의 유기적 연대사회로 바뀌기 시작했다. 산업화와 도시화가 진행되면서 공동체보다 개인들의 다양한 사고를 존중하는 개인주의가 발달하였고, 개인주의는 이기주의로 쉽게 변화하였다. 사회학자들이 주장하듯이 공동체 사회에서 이익사회로, 친밀한 인간관계에 기초한 일차적 집단에서 이해관계에 기초한 이차적 집단과 인간관계로 변동한 것이다. 20세기 이후 현대사회에 들어 조직생활과 개인주의가 크게 확대되었으며, 이는 상징적 상호작용론을 비롯한 많은 미시적 사회이론들을 발달시켰다.

공동체보다 개인이 강조되는 현대사회에서는 질서와 사회화, 그리고 자아가 주요 관심사이다. 현상학이나 상호작용론은 이러한 주제에 관심을 두고 사회현상을 분석한다. 이들 미시적 관점에 의하면 사회구조는 상호작용에 영향을 미치는 요인인 동시에 결과물이다. 사회구조뿐만 아니라 사람마다 차이가 있는 인성과 자아도 상호작용의 결과물이다. 이들 이론은 사회구조보다 자아와 간주관적 경험세계를 강조한다. 그들은 인간의 행위와 사회질서가 자아와 간주관적 경험세계에 의해 가능하다고 주장한다. 미시적 이론들은 사회구조보다 자아와 간주관적 경험세계를 강조하고 이들을 통해 사회질서를 설명한다. 우리는 사회구조에 직접적으로 영향을 받고 살기도 하지만 태어난 뒤 사회화 과정을 거치면서 형성된 인성과 자아를 가지고 생활한다. 사회화 과정에서 형성된 인성과 자아는 공유된 사회적 특성을 가지며, 우리는 이를 당연시 여기는 세계 또는 생활세계라 한다. 이는 상호작용하는 집단에 따라서 차이가 있다. 우리는 당연시 여기는 생활세계를 가지고 있기 때문에 자연스럽게 상호작용하면서 생활한다. 당연시 여기는 생활세계는 문화나 사회규범처럼 인간 밖에 존재하는 것이 아니라 사회화 과정을 거쳐 학습한 것으로서 인간의 마음속에 존재한다. 한국인이 한국어를 말하고 온돌방을 사용하는 것처럼, 이들 문화는 다른 국민들과 구분되는 문화이지만 한국인에 의해 공유된 간주관적 생활세계인 것이다. 인간은 객관적인 사회구조 속에서 간주관적인 당연시 여기는 생활세계를 가지고 상호작용하면서 생활하는 것이다.

사회학에 있어 미시적 관점으로는 상징적 상호작용론과 현상학, 그리고 이들 이론을 바탕으로 형성된 연극모형과 민속방법론 등을 들 수 있다.[3] 상징적 상호작용론은 인간의 상호작용에 의한 정신과 자아의 형성과정을 강조한다. 쿠울리는 상호작용하는 다른 사람의 입장에서 자기를 볼 수 있는 능력을 자아라 규정하고, 인간관계가 친밀한 일차집단에서의 자아형성을 강조하였다. 그는 인간이 자신을 다른 사람의 입장에서 관찰하고 긍정적으로 평가할 수 있게 하는 부모나 친구집단과 같은 일차집단이 중요함을 강조하였다. 그에 따르면 일차집단은 자긍심을 갖게 하는 사회적 조건인 것이다. 한편 미드는 인간의 자아가 사회화처럼 수동적으로 형

3 이 이론들은 조지 리처(한국이론사회학회 옮김, 2014)의 저서『현대사회학 이론과 그 고전적 뿌리』의 3장 '상호작용론, 생활세계', 6장 '연극모형론과 민속방법론'을 참고하였음.

성됨과 더불어 주체적으로도 형성된다는 점을 강조하였다. 그에 따르면 인간은 다른 사람들과의 지속적인 상호작용에 의해 수동적으로 사회화된 객체적 자아를 가질 뿐만 아니라 상호작용 과정에서 성찰적 행위를 가능케 하는 주체적 자아를 가지고 있다. 그리고 인간의 자아는 성장과정에서 상호작용의 범위가 부모로부터 비롯해서 확대됨에 따라 놀이 단계, 게임 단계, 일반화된 타자 단계로 점차 발달한다. 미드의 객체적 자아와 주체적 자아의 구분은 연극모형론에서 나타난다. 고프만에 따르면 우리는 원하는 것을 추구하고 싶은 지극히 인간적인 자아와 사회가 기대하는 것을 반영한 사회화된 자아의 긴장 속에서 생활한다. 인간이 일반적으로 사회화된 자아를 거부하고 개인적으로 원하는 것에 따라서만 행동하기는 거의 불가능하다. 그리고 다른 사람들과의 상호작용의 과정에 문제가 생길 때 다른 사람이 수용할 수 있는 자아를 드러내기를 원한다. 이 때 인간은 다른 사람들로부터 자신의 역할을 인정받기 위해 인상관리를 하거나 신비화하면서 상호작용하는 것이다.

슈츠의 현상학은 인간이 경험할 수 있는 생활세계를 대상으로 인간이 간주관적으로 당연시하는 세계를 강조한다. 생활세계는 오감으로 지각할 수 있는 객관적 경험의 세계뿐만 아니라 비감각적인 경험세계를 포함한다. 그리고 간주관적인 생활세계는 사회화 과정에서 학습된 유형화된 세계이거나 공유된 의미의 세계를 말한다. 슈츠가 강조하는 생활세계는 개인적인 주관적 세계가 아니라 사회학의 대상이 될 수 있는 간주관적 영역이다. 가핑클의 민속방법론은 슈츠 현상학의 생활세계 개념에 기초하고 있다. 민속방법론은 당연시하는 생활세계를 상호작용 과정에서 의도적으로 깨어 봄으로써 이를 역으로 확인하는 것이다. 이렇게 함으로써 사회구성원들이 일상생활의 상황을 이해하고 대처하는 데 사용하는 상식과 절차 등과 같은 방법들을 분석하는 것이다. 민속방법론은 상호작용 과정에서 생활세계에 문제가 생길 때 사람들이 사회를 이해하기 위해 설명을 제시하는 과정이나 설명관행에 관심이 많다. 사회적 현실의 규칙을 위반해 봄으로써 사회적 질서의 가능성을 밝히려는 것이다. 예를들어 우리는 여행을 할 때 간혹 우리가 처음 경험하는 세계를 만난다. 이때 당연시하는 세계가 아닌 새로운 세계에서 우리는 방향 감각을 잃고, 소통이 어려운 어색한 인간관계 속에서 어렵게 생활한다. 당연시하는 생활세계는 인간에게 자연스러운 질서를 제공하고 있는 것이다.

사회이론들의 발달에도 불구하고 인간의 사회생활을 이해하기는 쉽지 않다. 사회는 기능론과 갈등론의 양면적 모습을 모두 가지고, 인간은 그러한 거시적 구조 속에서 지위들을 차지하고 생활하고 있다. 거시적 구조 위계 및 네트워크에 연결된 집단과 조직에서 개인은 사회적 지위를 차지하고 일과 일상생활을 영위한다. 그리고 이들 집단과 조직의 특성 및 인간의 상호작용은 개인에게 지대한 영향을 미친다. 집단과 조직의 위계와 특성에 따라 사회 희소가치가 차별적으로 배분되며, 이러한 차이에 따라 인간 생활은 상당 부분 달라진다. 그러나 자연환경의 차이처럼 사회환경은 인간 생활에 큰 영향을 미치는 요인이나, 주체는 상이한 환경 속에서 생활하는 인간들이다. 인간들은 상이한 사회환경 속에서 상이한 자아와 역할을 가진다. 그렇지만 사회는 인간이 생활하는 환경이지 살아 판단하는 주체는 아니다. 자연환경이 실재하는 환경인 것처럼 사회환경은 인간이 만든 실재하는 구조이나, 사회 자체가 판단하고 결정하는 주체일 수는 없다. 행위 주체는 그 집단과 조직 속에 존재하는 인간이다. 인간의 사고와 행위는 인간의 비슷한 유전적 특성들에 의해 영향을 받으나 유전적 특성들도 사회 구속성을 피할 수 없다. 본능을 가진 인간의 사회적 행위는 거시적 사회문화적 구조 속에서 자리를 차지하고 역할을 수행하며 상호작용하는 형태들과 연관되어 있다. 그리고 일상생활에서 당연시하는 세계는 자기가 속한 분야(장), 계급, 연령, 성, 사회적 경험 등에 의해 결정된다.

4. 사회이론들의 장단점

사회과학 이론들은 사회를 보는 관점에 따라 다양하게 구분된다. 사회이론들은 인간의 타고난 선천적 욕구(생존, 성, 안정 등), 사회화된 욕구(인성), 사회적 관계, 사회구조 등과 연관하여 인간의 행위를 설명한다. 사회학의 관심은 이들 중에 선천적으로 주어진 욕구보다 사회적으로 형성된 욕구, 인간들의 사회생활에서의 상호작용, 사회구조 등에 있다. 사회는 항상 구조기능론이나 갈등론의 관점 대비와 같은 양면적인 모습을 내재하고 있다. 사회는 거시적 구조로 설명될 수도 있고 미시적인 사회적 관계나 사회화와 자아의 형태로 설명될 수도 있다. 그리고 모든 사회이론들은 사회현상을 설명하는 데 장단점을 지닌다. 사회이론은 특정 관점에서 사회현상을 연구하기에 모든 관점을 다 아우를 수 없다. 그리고 인간들의 행위는 자아가 표출된 것으로, 그 형태의 차이가 일반적으로 집단별 기대치를 중심으로 정상분포곡선처럼 나타난다. 즉 집단별 기대치에 정확히 일치하지 않으므로 사회이론으로 인간행위의 모두를 설명하기는 어렵다. 그렇기는 하지만 사회이론이 사회현상을 설명하는 유익한 도구임은 틀림이 없다. 구조기능론의 관점은 교육현상을 설명함에 있어 교육제도와 타 제도와의 유기적 연계를 파악하는 데 유익하다. 교육현상은 노동시장, 국가 재정, 입법, 행정, 국민의식 등 많은 요인들과 연관되어 있다. 그리고 교육제도는 지위와 역할을 가진 다양한 기관들의 연계로 구성되어 있다. 교육부-교육청-학교와 같은 조직들의 연계가 존재하고, 조직 내에서 교육당사자들은 지위와 역할의 관계로 연결되어 있다. 그리고 사회 성원들은 사회화를 통해 역할수행에 필요한 내용들을 학습한다. 이러한 연계들은 불일치현상으로 정상 상태에서 때때로 벗어나기도 한다. 갈등론의 관점에서 교육현상은 사회 희소가치를 추구하는 사회성원들의 상호작용의 산물이다. 사회구조는 대 사회적 기능보다 사회 희소가치를 추구하는 상호작용의 결과로 형성된 것이다. 사회성원들은 사회계층과 연관된 차별적인 위치에서 출세하기 위해 교육을 받는다. 위계적으로 층화된 교육구조에서 상위학교들에 입학하고 노동시장에서 좋은 직장을 구하기 위해 경쟁하고 갈등하는 것이다. 분명 갈등론은 인간생활과 사회현상에 보편적인 사회 희소가치 추구라는 주요 측면을 취급한다는 장점이 있다. 그러나 문제는 이것이 인간과 조직의 일면적인 모습이지 전부는 아니라는 점이다. 갈등론은 구조기능주의에서 다루는 다른 주요 측면들을 고려하지 못하는 문제가 있는 것이다. 거시적 이론들은 인간의 자아나 상호작용을 상세히 다루지 못하는 문제점을 가진다. 미시적 관점은 자아나 상호작용, 그리고 인간이 당연시하는 주관적인 생활세계를 다룬다. 교육에서 자아형성이나 상호작용, 그리고 학생들의 간주관적인 생활세계는 매우 중요하다. 교육은 지식전달의 기능도 있지만 사회생활에 적합한 문화를 유지하고 학생들을 교육하는 데 관심이 있다. 미시적 관점은 낙인론처럼 상호작용이 잘못되었을 때 형성되는 문제들에도 관심이 많다. 그러나 미시적 이론들은 사회구조적인 분석을 못하는 문제점이 있다.

제4절

사회를 보는 관점과 교육

교육 분야는 전체 사회의 한 영역이므로 교육을 보는 관점도 사회이론들로 설명할 수 있다. 교육영역에도 거시적, 미시적 관점이 적용되고, 기능론과 갈등론의 관점으로 교육계를 설명할 수 있다. 교육에서 거시적 관점의 대상은 사회 전체에 대한 교육영역의 관계와 교육 관련 사회구조가 학교와 학생들에 미치는 영향을 파악하고 그 구조적 특성을 분석하는 것이다. 교육 분야에서 조직은 일선 초등학교와 중등학교, 전문대학을 포함한 대학들과 같은 가장 기본 단계의 조직들에서 시군의 교육청과 도교육청, 그리고 교육부와 관련 정부 기관에 이르기까지 다차원의 다양한 조직과 구조를 가지고 있다. 그리고 이들 조직들이 작동하기 위해서는 법과 규정, 예산과 인사 등의 규칙과 자원에 대한 집행이 필요하며, 이 과정에도 사회 희소자원들을 중심으로 많은 갈등들이 존재한다. 그리고 학교 조직에서 행해지는 교육의 경우에도 다양한 목표 추구의 형태가 존재한다. 학교들은 교육이 사회성원에게 민주의식을 고취하고, 부정의와 사회 불평등의 해소에 기여하는 긍정적 역할을 할 수도 있다. 그러나 현존하는 불평등한 사회구조를 영속시키는 이데올로기를 교육하고 가정의 불평등을 대물림하는 역할을 할 수도 있다. 거시적 관점은 이처럼 학교 관련 재정, 조직, 문화들을 망라하는 교육체계와 전체 사회와의 관계 그리고 이들이 학생들에 미치는 영향들을 분석하는 것이다. 이에 반해 미시적 관점은 교사와 학생들이 직접적으로 경험하는 일상생활에 초점을 맞추고 있다. 학생들은 성인들과 마찬가지로 조직생활을 하고 학교 밖에서 사회생활을 영위한다. 이 과정에서 자아를 형성하고 상호작용하고 당연시 여기는 세계를 가지게 된다. 미시적 관점의 주요 대상은 학교 제도 속에서 행하여지는 다양한 학생들의 상호작용 형태와 당연시 여기는 생활세계이다. 그러므로 교사와 학생들의 상호작용, 학생들 간의 상호작용 형태와 간주관적 생활세계, 교육과정과 학생들과의 관계 등 학생 관련 주요 내용이 미시적 관점에서 취급될 것이다.

1. 교육과 기능론

구조기능론은 산업사회를 전통사회와 이분법적으로 구분하여 전통사회를 신분사회, 농촌사회, 공동체 사회로 규정하고, 산업사회를 평등사회, 도시사회, 이익사회로 규정한다. 산업사회는 전통사회에 비해 과학과 기술 그리고 합리성과 교육이 강조된다. 산업사회는 귀속적 지위보다 성취지위가 강조되는 사회로 사회이동에서 교육이 강조되고, 이러한 사회를 실력사회라 부른다. 실제로 산업사회가 발달함에 따라 학교교육은 초등교육에서 중등교육으로, 중등교육에서 고등교육으로 지속적으로 확대되었다. 구조기능론자들은 교육과 연관시켜 사회계층 불가피론을 제시하였다. 이들에 의하면 사회의 상위 조직들과 지위는 사회적으로 매우 중요하며, 그 지위에 따른 역할을 수행하기 위해 능력과 교육을 요구한다. 그러나 이를 수행할 수 있는 능력과 고등교육을 받은 사람들은 한정되어 있다. 사회는 능력자를 유인하고, 고등교육자가 희생을 감내하도록 하기 위해 사회 희소가치를 이들에게 제공해야 하며 따라서 사회 불평등은 불가피하다. 이러한 교육 중요성에 기초하여 사회이동에서 교육의 역할을 분석한 모델은 블라우와 던컨의 지위획득 모델이다. 이 모델을 보면 부모의 사회경제적 지위의 주요 요소인 교육과 직업에서 부모의 교육이 직업에 영향을 미치고, 이들과 자녀의 교육에 따라 자녀의 첫 직업과 현재의 직업이 영향을 받는다. 즉 교육은 사회이동에서 중요한 수단이다. 혹인의 예외적인 경우와 사회계층의 영향에도 불구하고 사회이동에 대한 교육의 영향은 크다. 그리고 나이가 듦에 따라 과거 직업 경험은 사회이동에 큰 영향을 미치는 것으로 밝혀졌다.[4] 구조기능론에 따르면 학교는 과학과 기술을 교육하는 장이고, 이는 성취지위를 강조하는 산업사회와 부합된다. 산업사회가 발달할수록 과학과 기술의 중요성은 강조되고, 학교조직은 확대되고, 대학과 연구소와 같은 연구기관은 중요시되고 확대된다. 이리하여 교육제도는 오늘날 평생교육으로까지 확대되고 출세와 연관되어 중요시되고 있다.

고등교육이 보편화된 현대사회에서 학교의 대 사회적 기능은 무엇인가? 구조기능론적 관점에 따르면 교육제도에 포함된 모든 기관과 학교들, 이들의 위계적 및 수평적 지위들은 모두 전체 사회를 위한 기능적 역할을 수행하고 있다. 교육은 사회의 축소판이다. 현대사회에서 교육제도는 노동시장구조의 변천에 따라 필요한 노동력을 교육하고 배출하는 기능을 맡고 있다. 현대사회에서 대학은 정부기관뿐만 아니라 연구소와 대규모 사업체 그리고 중견사업체 등에 필요한 인력들을 양성하고 있다. 그리고 일상생활에 필요한 교양과 규범 그리고 기술들을 학생들에게 교육한다. 구조기능론에서 구조와 기능, 선발과 배치, 사회화, 일탈 등은 매우

4 Blau, P.M. & O.D. Duncan(1967), *The American Occupational Structure*, New York: John Wiley & Sons, INC. 5장 'The process of Stratification'과 12장 'Occupational Structure and Stratification System'을 참고.

주요한 개념이다. 모든 현존하는 교육제도와 교육기관들은 그 제도와 조직의 지속적인 존재를 위해 지위와 역할 규범 등을 필요로 하며, 위계적 성격을 포함한 다양한 지위들은 조직을 위해 기능을 수행해야 한다. 결과적으로 기능이 사회 존속과 발전에 긍정적일 때 순기능을 한 것이고 사회문제처럼 부정적일 때 역기능을 초래한 것이다. 이러한 관점의 구조기능론은 교육제도와 조직을 강조하나 제도와 조직의 목표가 누구를 위한 것이고 누구에게 강제적인 것인가는 문제시하지 않는다. 모든 교육 관련 종사자와 학생들은 지위에 주어진 역할을 규범에 따라 행함으로써 대 사회적 기능을 수행하는 것이다. 교육을 강조하나 교육을 받는 학생들이 주체가 아닌 것이다. 구조기능론은 선발과 배치를 강조한다. 이 관점에 따르면 사회는 다양한 기능을 수행하는 위계적인 조직과 지위들이 존재하고, 각 조직과 지위의 위계에 따라 필요한 능력에는 차이가 있다. 학교는 이러한 학생들을 교육하고 선발하여 적합한 자리에 배치하는 데 중요한 역할을 한다. 이 관점에서는 엘리트 학교와 피라미드식의 서열구조가 문제시되지 않는다. 단지 사회문제화되어 결과적으로 역기능을 초래할 때 사회문제가 되는 것이다. 사회화도 마찬가지다. 이 관점에 있어 시민교육은 종교 공동체가 사라지고 종교적 자유가 강조되는 현실에서 이를 대체할 도덕교육을 위해 매우 중요하다. 교육을 통해 시민에게 필요한 도덕교육을 할 뿐만 아니라 사회생활에 필요한 규범을 교육과 사회화를 통해 교육하는 것이다. 그러나 여기서도 질서가 중요할 뿐 도덕과 규범의 특성에 대해서는 문제시하지 않는다. 그러므로 빠르게 변화하는 자본주의와 가부장적인 특성을 지닌 현실 사회에서 교육은 인권과 평등 실현에 역기능을 초래하는 경우가 많다. 마지막으로 이 관점은 학교 조직이나 청소년 사회에서 적응하지 못하여 정상적인 규범에서 벗어난 일탈을 강조한다. 머튼은 하층계급이 자본주의 사회에서 빈곤으로 정상적인 방법으로 생활하지 못하고 일탈을 많이 한다는 아노미이론을 제시하였다. 이 이론은 그 후 학생들의 일탈 행위를 연구하는 데 매우 중요한 역할을 하고 학생들의 학교 부적응을 설명하는 모델로도 사용되고 있다. 그러나 이 이론은 부유층을 비롯한 다른 계층들의 다양한 일탈을 설명하지 못하며, 빈곤층의 일탈을 해결할 수 있는 저항 모형을 일탈로 규정하고 있다. 요약하면 구조기능론은 현존 질서를 수행하고 전체 사회와 교육의 기능적 관계를 밝히는데 중요한 역할을 수행한다. 그러나 사회와 학교 속에 존재하는 사회성원들을 등한시하는 문제점을 지니고 있다. 사회성원들은 대 사회적 기능을 수행하고 더 나은 삶을 위해 끊임없이 사회 희소가치를 추구할 뿐만 아니라 평등과 인권을 갈구하고 있다.

2. 교육과 갈등론

교육제도를 비판적으로 보는 관점은 오랜 역사에서 교육제도의 장기적 존속에도 불구하고 사회 불평등이 영속화되고 있음을 강조한다. 발달된 교육제도에도 불구하고 사회 불평등은 보편적이고 항구적이며, 교육을 통해 시정될 가능성이 희박하다. 갈등론은 이러한 현실을 바탕으로 기능론적 관점을 비판하고 상반되는 교육에 대한 갈등론적 견해를 제시하고 있다. 많은 연구들에 의하면 학업성취도와 부모의 사회계층은 아주 밀접한 연관이 있고, 계층화된 상위권 고등학교와 대학들에는 상위계층 자녀들의 비율이 압도적으로 높으며, 높은 등록금으로 일반 학생들의 진입이 제한되기도 한다. 즉 현대 민주사회라 할지라도 사회계층에 따라 교육정도에 큰 차이가 존재한다. 더 정확히 말하면 사회계층별로 교육정도에서 큰 평균적 차이가 존재한다. 교육정도에 대한 계층별 정상분포곡선처럼 상위계층에도 교육정도가 낮거나 하위계층에서 교육정도가 높은 사람들이 부분적으로 존재하나 계층별 교육정도의 평균치는 차이가 있다.

계층별 교육정도의 차이를 이해하기 위해 교육을 보는 갈등론적 관점과 관련된 이론들을 살펴보면 다음과 같다. 콜린스는 20세기 들어 학교가 급속하게 증대한 것은 기술발달보다는 사회 희소가치를 얻기 위한 경쟁의 결과로 설명한다.[5] 그는 베버의 관점을 따라 다양한 희소자원으로의 접근성을 강조하여, 사회성원들이 돈, 권력, 명예와 같은 사회 희소가치를 더 많이 획득하기 위해 끊임없이 갈등하는 것을 강조한다. 그리고 학력과 명문학교 졸업장은 신분증과 같은 명예에 해당하는 사회 희소가치이다. 그는 이를 획득하는 데 필요한 고등교육을 받고 명문학교를 졸업하려는 경쟁이 교육기간을 연장하고 고등교육기관들을 확대하는 배경임을 강조한다. 그리고 베버의 주장처럼 신분사회에서 유교교육이 교양인 양성을 강조하듯이 명문학교들은 특정 지위문화를 가르치는 장으로 간주된다. 즉 갈등이론은 구조기능론과 달리 학교교육이 사회 희소가치를 추구하는 경쟁으로 확대되고, 불평등한 경쟁으로 사회계층화 현상을 유지하는 방편임을 강조하고 이를 비판한다.

교육에 대한 갈등론 관점들의 발달 계기로 68혁명을 들 수 있다. 68혁명으로 인해 인종, 전쟁, 성, 환경 등에 의한 차별문제가 강조되고 비판이론들에 대한 관심이 증대하였다. 이로 인해 기능론적 관점은 인기를 잃고 근대성을 비판하는 비판이론들이 발달하였다. 미국은 인종차별로 1954년 브라운 판결이 있기까지 인종별로 학교를 비롯한 일상생활에서 공간 분리가 정당화되었다. 그리고 브라운 판결 이후에도 일상생활에서의 분리와

5 콜린스의 교육연한 증대에 대한 갈등론적 입장은 김천기의 저서 『교육의 사회학적 이해』, 6장을 참고하였음(김천기, 『교육의 사회학적 이해』, 학지사, 2013).

차별은 일상적이었다. 인종에 따라 거주 지역이 분리되고 학교도 분리되었다. 이러한 인종차별 현상은 60년대 들어 민권법의 마련과 인종차별 반대운동으로 이어졌다. 콜먼은 인종차별문제가 큰 사회문제인 미국사회에서 인종에 따른 학교 차이를 개선하기 위한 프로젝트를 수행하고 1967년 교육기회의 평등에 대한 연구 결과를 발표하였다.[6] 이 연구는 백인과 흑인 간의 학업성취도의 차이는 학교 요인에 기초한 것이 아니라 인종 간 분리된 계층 차이, 연계된 가정환경의 차이, 도시와 농촌 거주의 차이에 기초한 것이라고 결론지었다. 학업성취의 중요도가 학생을 위한 지출경비, 학교설비, 도서관, 교사의 질, 개인적 배경 중에서 학생들의 가정 배경, 교사의 질, 학교설비 순으로 나타났다. 그리고 도시와 농촌 거주의 인종 간 비교에서는 초·중등의 12년 동안 학업성취도에 있어 지속적으로 도시 거주 백인, 농촌 거주 백인, 도시 거주 흑인, 농촌 거주 흑인의 순으로 나타나 학교보다 가정환경의 차가 중요함을 보여주었다. 학업성취도의 차이는 학교보다 부모의 사회계층 즉 가정적 요인이 더 중요한 것이다. 인종 간 학업성취도의 차이를 줄이기 위해서는 교육기회를 제공하는 것으로는 부족하고 사회 불평등을 줄이는 결과적 평등이 중요하다는 획기적인 결론이다.

보올즈와 긴티스는 1976년과 1986년의 저서를 통해 학교교육이 실패한 이유를 자본주의 경제구조에서 찾고 있다.[7] 학교교육이 자본주의 사회에서의 계급구조와 연결된 대응의 형태를 취하고 있다는 것이다. 먼저 학교교육은 사회를 평등하게 하거나 전인교육을 하는 역할을 하지 못하고,

6 Coleman, James S.(1967), *The Concept of Equality of Educational Opportunity*, U.S. Department of Health, Education & Welfare Office of Education, The Johns Hopkins University..

7 보올즈와 긴티스의 교육에 관한 관점과 잠재적 교육과정에 대해서는 김천기의 저서 『교육의 사회학적 이해』의 1장과 3장을 참고하였음.

상층으로의 사회이동과 성공의 수단으로 사용되고 있다. 그는 사회계층과 학교 구분은 대응되어, 사회계층에 의한 일반 고등학교와 특성화 고등학교의 구분에 따라 잠재적인 교육의 내용이 차이가 있다고 지적한다. 교육제도에서 학교의 층화 현상은 사회계층과 연계된 직업을 위한 활동과 연결되어 있다. 즉 중상위층의 자녀가 다니는 인문계 학교에서는 리더십, 창의성, 자율성을 강조하고, 하위층의 자녀가 많은 특성화 학교에서는 지시, 규칙, 적응을 강조하는 억압적이고 권위적인 잠재적 교육내용을 가지고 있다. 마지막으로 그들은 자본주의와 민주주의의 특성을 강조하는 현 사회에서 교육은 자본주의 교육과 민주주의 교육이 서로 대립하고 있다는 점도 강조한다. 구조기능론처럼 자본주의 사회에서 사적 소유를 바탕으로 경제적 자유를 강조하는 학자들은 교육의 가치를 상층으로의 사회이동과 성공을 위한 수단으로 인식하고, 능력과 선발 그리고 배치에 의한 권력과 소득의 차이를 강조한다. 그러나 갈등론의 관점에서 보면 이러한 사회이동 현상은 부분적인 사회이동의 일면으로 사회 불평등을 정당화하는 이데올로기에 불과하다.

교육과 사회계층화 현상에 관한 많은 연구들에 의하면 교육은 사회계층현상을 반영하고 있는 것이다. 사회계층 현상의 유지를 위한 교육의 기능이 역사적으로 존재하였으며, 인종과 계층에 따라 교육 불평등의 차이가 현재도 존재하는 것이다. 부르디외는 학교를 상징적 폭력을 행사하는 곳으로 규정하였다.[8] 그는 사회를 다수의 사회 희소가치가 다르게 강조되는 다양한 장으로 구성되어 있다고 보고 사회 희소가치와 연계된 자본을 경제자본, 사회자본, 문화자본, 상징자본으로 구분하였다. 학교는 다

8 부르디외의 교육에 대한 설명은 조지 리처의 저서 『현대사회학 이론과 그 고전적 뿌리』의 7장 '현대의 통합이론들'에서 '아비투스와 장'을 참고하였음.

른 자본들과도 연관되지만 문화자본과 밀접한 연관이 있다. 사회계층은 다양한 장과 자본을 고려하여 분류되지만 이들은 학교와 밀접한 연관을 가진다. 그는 학교가 중상류층의 문화를 하층에 강요하는 상징적 폭력을 행사하는 곳이라고 주장한다.

3. 교육과 상징적 상호작용론

교육에 대한 거시적 관점과는 구분된 미시적 관점의 연구들을 살펴보자. 학교는 사회의 축소판이다. 사회발전에도 불구하고 학교에서 학생들의 생활을 보면 사회인들의 생활을 알 수 있다. 학생들의 삶의 질은 낮은 편인데 이는 사회생활에서 성인들의 삶을 닮아 있다. 학생들은 학교에서 공부하고, 학교에서 마치면 학원에서 공부하고, 그 후에 또 집에서 공부한다. 이러한 생활은 대학서열구조와 노동시장 불평등에 기초한 학벌문화와 연관되어 있다. 우리는 이를 당연시 여기는 생활세계의 일부로 삼고 경쟁하고 있다. 상류층이 만든 학벌문화의 이데올로기를 어쩔 수 없이 수용하고 있는 것이다. 유년기에 가정에서 사회화된 자아는 학교생활에서 표출된다. 부르디외는 사회계층에 따라 사회화 과정에서 자아로 형성된 습성을 아비투스라 명명했다. 아비투스는 사회계층, 연령, 성, 집단과 조직 등 다양한 요인들의 영향으로 형성된다. 사회계층에 따라 구분되는 가정에서 부모의 경제, 사회, 문화, 상징 자본은 자녀와의 상호작용 방식과 자아 형성에 매우 큰 영향을 미친다. 콜먼의 지적처럼 부모의 사회계층은 학교교육보다 학업에 더 큰 영향을 미친다. 부모와 자녀의 친밀감과 신뢰성에 기초한 상호작용은 자녀의 자아 발달과 인성 형성에 큰 영향을 미친다. 그리고 자연현상이나 사회현상에 대한 호기심이나 취미 등도 가정에서 부모의 영향으로 유아기에 형성된다. 이렇게 형성된 자아와 인성은 학교생활과 일상생활에서 학생들의 삶의 방식에 영향을 미친다. 학생들은 가정환경과 성적, 인간관계, 생활방식 등에 따라 학교와 일상생활에서 우월감과 자존감을 가지거나 열등감을 가지게 된다. 학생들이 속한 사회계층과 상호작용하는 집단에 따라 비교의 기준으로 삼는 준거집단은 달라진다. 일상적으로 사람들은 행동의 기준으로 삼는 준거집단을 기준으로 비교하여 행복과 불만을 느낀다. 준거집단은 내집단인 경우가 많으나 외집단인 경우도 있다. 그리고 준거집단이 다른 사람들이 같은 공간에 공존할 경우 친밀한 관계를 형성하지 못하면 비교에 의해 우월감이나 열등감을 가지게 된다. 일반적으로 가정의 사회계층은 자아 형성뿐만 아니라 성적이나 학교생활에도 큰 영향을 미친다. 학교생활에 적응하지 못하는 학생들은 일탈행위로 낙인찍히는 경우가 많고, 학교 서열화로 인한 비교는 학생들에게 우월감과 자존감의 주요 요인으로 작용하고 있다. 한국사회는 명문대학 졸업장이 취업과 승진, 선거 등에서 신분증과 같은 역할을 하는 경우가 많다. 많은 사람들은 학벌사회를 당연시 여기는 생활세계에서 살고 있다. 이처럼 우리의 주관적 생활세계와 상호작용의 형태는 자신의 내면적 자아의 표현이지만 사회의 표현이기도 하다.

미시적 이론은 상호작용을 강조하고 자아발달이나 간주관적 세계를 강조한다. 즉 인간행위의 사회 구속성보다 자아나 간주관적 세계의 형성과 상호작용의 형태 등에 초점을 둔다. 미시적 이론은 이들의 형성을 선천적 욕구보다 사회적 특성이 작용한 결과로 본다. 즉 인간에게 사회적 행위의 기초가 되는 자아나 간주관적 세계는 인간의 선천적 욕구와는 구분된다. 선천적 욕구는 사회생활에 중요한 에너지이다. 그러나 선천적 욕구는 사회나 문화를 통해 충족되고 억제된다. 자아나 간주관적 세계는 사회구조나 문화에 의해 구속되고 형성되지만 사회생활에 적합한 삶의 에너지를 제공하고 사회를 판단하고 변화시키는 역할도 한다.

슈츠의 현상학을 보면 각자가 당연시 여기는 생활세계는 직·간접적 경험세계로 제도와 문화와 연관되어 있다. 생활세계는 제도와 문화에 따라 공통적인 부분도 있고 차이가 있는 부분도 있는 간주관적 세계이다. 각자가 가진 생활세계는 마음 속의 세계이나 위계적인 사회제도와 문화들에 기초하고 있다. 우리는 교육제도 속에서 생활함으로써 각자 차이가 있지만 지적, 규범적, 표출적 교육의 목표뿐만 아니라 위계적이고 평가적인 제도와 문화도 생활세계 속에 가지게 된다. 학생들의 생활세계의 차이는 국가는 물론 지역과 사회계층과도 연관되고, 학교에 따라서도 차이가 있을 수 있다. 학교에 대한 교사와 학생들의 인식과 교사와 학생들의 상호작용은 당연시 여기는 생활세계에 따라 달라진다. 우리가 일상적으로 가장 강조하는 교사와 학생관계는 지식을 전달하는 것 외에 교사들의 학생들에 대한 격려와 학생에게 꿈을 심어주는 것이다. 이와 관련된 연구들은 많다. 예로 로젠탈과 제콥슨의 연구는 동일한 성적의 학생들을 우수반과 열등반으로 가짜로 나누어 교사들이 모르게 수업한 결과, 성적 차이가 발생했다는 사실을 보여준다.[9] 교사들의 학생들에 대한 인식에 따라 우수반은 좋게 열등반은 나쁘게 성적의 차이가 나온 것이다. 낙인론의 연구에서도 이러한 결과는 나타난다. 성적이 나쁜 학생을 사례연구 하였는데 학생은 나쁜 성적으로 낙인을 받고 있었고 본인도 그렇게 인식하고 있었다. 낙인론에 따라 학생 스스로의 인식을 바꾼 다음 학생의 성적은 향상되었다. 이와 관련된 이론들로 피그말리온효과와 호손효과가 있다. 피그말리온효과는 그리스 신화에 기초한 것으로 대상에 긍정적인 인식을 가지고 지속적으

9 Rosental, R. & L., Jacobson(1968), *Pygmalion in the Classroom*, New York: Holt, Rinebart & Winston.

로 노력하면 좋은 결과를 가져온다는 것이다. 호손효과는 호손에 있는 공장 연구에서 연구대상이 된 집단에 관심을 보인 것 자체가 생산성과 작업 만족도에 긍정적인 효과를 초래했다는 주장이다. 교육이 학생들에게 민주 사회에서 민주시민으로서 생활하는 데 필요한 교육을 하려면 성적 위주의 평가와 교육보다 학교나 학생에 대한 인식 변화와 피그말리온효과와 같은 사랑에 기초한 교육이 매우 중요하다.

상징적 상호작용론에 의하면 학생들의 인식의 기초가 되는 생활습관(아비투스)이나 자아는 사회적 여건과 자신의 노력으로 형성된 것이다. 사회적 여건에서 학생들이 성장한 가정적 환경, 특히 가정의 사회경제적 지위는 생활습관과 자아형성에 절대적으로 중요한 위치를 차지한다. 부모의 사회경제적 환경뿐만 아니라 부모와 자녀 간의 상호작용의 내용도 마찬가지로 중요하다. 즉 부모가 자녀를 관찰하고 꿈을 주고 신뢰를 가지고 행동하는 것이 매우 중요하다. 아이들이 태어나 말을 배우고 전통음식을 경험하고 부모의 생활습관을 모방하는 것은 학생들의 생활습관과 자아 형성에 절대적인 영향을 미친다. 학생들의 능력은 타고난 재능이고 선호는 기질에 기초한 것일 수 있으나 부모를 통해 학습한 것이 대부분이다. 이처럼 상호작용 과정에서 부모의 자녀에 대한 태도와 내용도 매우 중요하다. 그리고 자아형성 과정에서 학생의 역할도 중요한데 이 과정도 부모를 통해 상당 부분 학습한 것이다. 학생이 일기를 쓰고 하루의 생활을 반성하고 어떻게 자신을 만들어 가야 할지를 고민하고 행하는 것은 주체적으로 자아를 형성하는 과정이다. 이는 학생 스스로 하는 과정이지만 부모가 이러한 행위를 하도록 도움을 줄 수 있다. 자아형성에 있어 내용과 과정의 차이는 하위문화와도 연관되어 있다. 사회계층에서 하층의 경우 부모들의 사회경제적 지위가 낮고 생활환경도 어렵다. 거주환경은 좋지 않고 부모들은 자녀들을 돌보기 어려운 경우가 많다. 이러한 사회환경에서 만들어진 상호작용은 자녀에게 부정적으로 영향을 미치기 쉽다.

학교에 입학해서 생활습관이 나쁘거나 학업에 대한 관심이 부족하면 학교생활에서 적응이 어렵다. 학업에 대한 태도는 부모의 사회경제적 지위와 연관되어 있다. 일부 학생은 학교에 입학하기 전에 학교에서 배울 내용을 학습한 경우가 있으며, 일부 학생은 학교에 입학해도 학업에서 지속적으로 뒤떨어진다. 이러한 것은 가정환경과 연관되어 있다. 가정환경이 어려운 다문화 가정의 경우 많은 이주 엄마들의 부족한 언어 능력은 자녀에게 영향을 미치고 이는 학업 부진으로 이어진다. 빈곤계층의 경우도 결손가정이나 부모들의 관심 부족으로 학업이 부진한 경우가 많다. 이러한 계층 간 차이는 입시 위주의 교육이 강화되는 경우 더욱 심화된다. 학교에서 가정환경이 직접적으로 미치는 차별적 영향은 교육정책에 의해 학생부 기입란에 학부모의 직업 등에 대한 정보를 제외시킴으로써 개선되고 있다. 그러나 성적 차이나 학생들의 태도에 기인한 교사의 인식이 학생들에 미치는 영향을 차단하기는 어렵다. 그리고 입시 위주의 교육이 강조되는 사회에서 교육과정과 교사와 학생들의 관계도 교육문화에 따라 변화한다. 즉 입시 위주의 교육에서 강조되는 간주관적 세계와 교육문화가 존재하는 것이다. 입시에서 강조되는 주요 과목을 잘하는 학생들은 공부를 잘 하는 학생들이고 우수한 학생으로 분류된다. 그러나 입시 위주의 수업으로 실질적인 교육과정은 본래의 목적을 상실하고, 암기식 중심의 경쟁 수업으로 전인격적인 교사와 학생의 인간관계는 변형된다. 입시 위주의 교육은 초등학교 과정에서 일부 계층을 중심으로 학교 밖에서 시작되며, 중학교를 거쳐 고등학교의 경우 입시 위주의 교육으로 학교의 층화와 교육과정의 왜곡이 심화된다. 그리고 고등학교로 갈수록 학생들의 삶의 질은 매우 낮아지나 명문대학 진학이란 명목으로 입시위주 교육은 당연시되어 있다. 공부에 관심 없는 학생들은 점차 많아지고 일부는 일탈자로 분류된다. 교사들도 마찬가지다. 교사들은 교육을 하는 과정에서 어려움을 겪거나 교육문제로 고민하는 경우가 많다. 이러한 요인에는 구조적이거나 개인적인 요인 외에 학교에 공부하기 싫어하는 학생들이 있고, 학부모의 지나친 간섭이 있다.

공부하기 싫은 학생들은 공부나 규칙적인 학교생활에는 관심이 없고 놀이나 성적 매력, 성숙함 등에 관심이 많아 학교에서 일탈이 많고 저항적이다. 영국 학자 윌리스에 의하면 이들은 사나이로 명명된다.[10] 공부는 범생이들이나 하는 것으로 공부에는 관심이 없고 자신들의 일탈문화를 형성한다. 이들은 익살과 잡담 그리고 약탈적 행위뿐만 아니라 싸움과 폭력과 같은 반사회적 행위로 저항하고 우월성을 얻으려고 한다. 그리고 그들의 자존심 훼손에 민감하게 반응한다. 이러한 문화는 그들이 몸담게 되는 노동현장문화와 유사성을 가지며 이들의 사회계층의 특성과도 대응하고 있다. 이들은 학교생활에 적응하지 못하고 자신들만의 또래집단인 일차집단을 형성하고 학교집단 및 사회집단과 갈등을 경험하면서 긴장 속에서 즐거움을 찾아 생활한다. 그리고 그들의 행동이 방해 받거나 자존심이 훼손될 때 갈등적 행위를 자주 한다. 이런 환경에서 교사와 학생과의 관계는 불신과 갈등관계로 형성되기 쉽다. 상호작용에 있어 좋은 교사는 사나이들의 반학교 문화를 이해하여 갈등을 피하고 신뢰관계에서 교육할 수 있는 사람일 것이다. 교사들이 겪는 어려움은 학교생활에서 문제 학생지도에 대한 학부모의 지나친 개입이다. 질서를 깨거나 규범에서 벗어난 일탈행동은 당연히 지도의 대상이다. 입시 위주의 지식교육이 강조되는 현실에서 일부 학부모들은 교사의 학생지도를 문제시한다. 그리하여 학부모 개입의

10 윌리스의 사나이에 대한 설명은 그의 저서 *Learning to labor: How working class kids get working class jobs*를 번역한 김찬호 외 옮김(2004)의『학교와 계급재생산』을 참고하였음(김찬호·김영호 옮김,『학교와 계급재생산』, 이매진, 2004) .

증대로 정상적인 교사의 역할이 위축되고 있다. 교사의 역할은 입시 위주의 교육으로 인성교육이 아닌 지식 전달 교육으로 변질되고 있다. 초·중등학교는 지식전달이나 진학뿐만 아니라 민주시민교육이란 교육의 목표를 실현하는 장이어야 할 것이다.

제3장 사회와 교육

제1절

사회의 축소판인 교육

한국은 20세기 후반에 들어 다른 국가들에 비해 매우 빠르게 경제성장을 한 대표적인 국가이다. 그리고 80년대 후반 이후 민주화 과정을 거치면서 빠르게 민주주의가 발달한 국가이기도 하다. 오늘날 한국사회는 급속한 경제성장으로 생활의 모든 면들이 과거와 비교할 수 없을 정도로 나아졌다. 한국은 세계 10대 경제대국이 되었고, 평균 국민소득도 3만 달러로 높아져 국민들은 과거에 비해 물질적으로 풍족한 생활을 누리고 있다. 급속한 경제성장으로 외형적으로 많은 발전을 보여주고 있으며 높은 임금으로 이주노동자의 숫자도 지속적으로 증가하고 있다. 그리고 90년대 중반 들어 민주적 제도 개편으로 사회 전반에 있어 큰 개선이 있었다. 인권 강화, 남녀 불평등 제도 개선, 금융과 토지거래 실명제 등 많은 가부장적 제도와 적폐 제도의 개선이 이루어졌다. 그러나 경제성장과 민주적 제도 개선에도 불구하고 아직 한국사회는 많은 문제점을 지니고 있다. 정치와 경제 분야를 비롯한 사회 전반에 있어 중앙 집권적 권력과 권위적인 권력이 팽배해 있다. 권위적 권력으로 높은 지위에 특혜가 주어지거나 일상생활에서 삶이 피폐화되어 있다. 경제규모나 국민소득은 매우 커지고 높아졌으나 소득 불평등 현상은 심화되고 있으며, 예산에서 복지부분의 비율은 다른 선진국가들에 비해 매우 낮은 편이다. 그리고 성공과 목표 달성만을 강조하고 과정을 등한시하여 조직생활에서 권위적이고 도구적인 인간상이 만연해 있다. 이러한 사회적 특성들은 한국의 '빨리 빨리' 문화와 결부되어 효율적인 측면도 있으나 국제통계에 따르면 다른 선진 국가들에 비해 높은 자살률과 낮은 행복지수, 긴 노동시간과 높은 산업재해 비율 등의 문제점들을 보여주고 있다.

교육에서도 이러한 변화는 나타나 물질적 교육환경은 크게 개선되었다. 경제성장과 더불어 수많은 학교들이 설립되었으며 학교의 교육시설도 크게 개선되었다. 그리고 학교의 사회적 조건도 부분적으로 크게 개선되었다. 초·중등학교에서 학급당 학생 수와 교사당 학생 수는 매우 적어졌으며, 대학교육은 대중교육이 되어 대학진학률은 세계적으로 가장 높은 선두 국가들에 속하게 되었다. 학교 민주화와 학생 인권의 강조로 학교 체벌은 대부분 사라지고, 교육과정이 개선되어 권위적이고 일방적인 교육방식도 많이 줄어들었다. OECD가 주관하여 많은 국가들의 만 15세 중등학생들을 대상으로 한 읽기, 수학, 과학 학업성취도가 포함된 PISA 성적도 매우 높은 편이다. 이러한 물리적, 사회적 조건의 개선에도 불구하고 한국 교육은 입시 위주 교육, 과다한 사교육비, 청년실업, 고등교육의 사학의존, 학력사회, 대학서열화 등 많은 문제들을 안고 있다. 많은 문제들은 사회문제와 연계되어 있어 교육 분야만의 자체적 노력으로 개선이 어려운 문제들이다. 그리고 이들 교육문제들은 다시 사회문제에 악영향을 끼치기도 한다. 그 예로 높은 사교육비와 자녀 교육을 위한 부모들의 과도한 노력과 스트레스는 오늘날 맞벌이 부부의 증가 추세와 더불어 한 자녀 갖기 추세로 인구 절벽이라는 매우 심각한 사회문제를 야기하고 있다. 그뿐만 아니라 오늘날 청년실업문제는 큰 사회문제로 부각되고 있다. 대기업과 중소기업의 양극화현상은 교육에도 영향을 미쳐 많은 청년들은 대학 졸업 후 임금이 높은 대기업과 안정적인 공무원 생활을 원하고 있으며, 일반대학도 직업을 위한 준비과정으로 전락하고 있다. 그리고 수도권 집중화 현상처럼 인기 대학의 서울 집중화 현상도 심화되고 있다.

이처럼 교육문제들은 사회현상들과 연관되어 있으나 교육 내적으로 해결해야 할 큰 교육문제가 존재한다. 교육의 수단화 현상과 대학서열화 문제이다. 한국 대학서열화 문제를 국토가 넓은 국가의 주나 성과 비교하여 무시하는 사람들도 있다. 그러나 대학서열화는 과도한 사교육비, 교육 수단화, 과도한 공부시간 등 많은 교육문제의 주범이다. 현실 교육은 지·덕·체의 전인교육 추구라는 목적보다 사회에서의 성공을 위한 도구로 인식되고 있다. 이러한 인식은 학생과 학부모뿐만 아니라 교육기관에도 만연해 있다. 좋은 학교와 대학은 사회 희소가치를 잘 성취할 수 있게 하는 학교이다. 사회에서 권력과 돈을 많이 가진 회사 CEO, 국회의원, 고위 관료, 의사, 변호사 등을 많이 배출하는 대학이 좋은 교육기관이다. 이들 대학에 성적이 좋은 학생들이 집중되고 있으며, 대학의 평가기준과 관계없이 수능성적이 높은 대학이 좋은 대학이다. 이러한 기준에서 대학은 피라미드 구조로 서열화되어 있다. 대략적인 서열구조를 보면 서울대를 비롯한 서울 명문대학으로 평가된 대학들이 정점에 있고, 서울에 있는 많은 대학들이 있고, 지방 거점 국립대학들이 있고, 지방 사립대학들이 있다. 그리고 로스쿨, 의대 또는 전문 의대, 약대 등 전문교육기관들이 별도의 구조를 가지고 있다. 모든 학부모와 학생들은 이러한 대학서열구조를 인식하고 학생 시절에 끊임없는 경쟁을 하고, 이는 사회계층과 밀접한 연관을 가지고 있다. 이러한 교육구조는 학교에서의 경쟁을 과열시키고 있으며 학업을 입시 지옥으로 대체하고 있다.

이러한 현상은 다른 국가들에서도 부분적으로 나타나고 있다. 그러나 한국 피라미드 형식의 대학서열화 현상은 다른 국가들과도 구분된다. 한국은 다른 국가에 비해 중앙 집중화 현상이 심하고 교육열이 매우 높고 대학서열화가 피라미드식으로 형성된 대표적인 국가이다. 구조적으로 한국에서 서열화 현상이 분산되어 있지 않고 지나치게 하나의 통일된 단일구조를 가지고 있다. 이러한 현상은 한국사회의 중앙 집중화 현상과 밀접한 연관을 가진다. 한국에서는 모든 사회 희소가치가 서울을 비롯한 수도권에 집중되어 있고, 이와 관련하여 많은 사회문제들이 존재하는데 이들 사회문제들이 교육문제와 연관되어 있다. 이로 인해 인기 좋은 대학에 가기 위한 경쟁은 매우 치열하며 높은 사교육비와 경쟁에 의해 학부모와 학생들은 극심한 스트레스를 받으면서 살고 있다. 한국 학생들의 공부시간은 매우 길다. 초등학생과 중등학생들은 학교에서 공부를 마치면 다시 학원과 과외로 공부를 시작하며 이들의 공부는 매우 길게 이어진다. 이들의 공부는 그들의 잠재적 능력을 고려하거나 좋아하는 교과목을 보충하는 것이 아니라 더 나은 학교에 진학하기 위한 것이다. 그래서 일부 학생들은 학교가 생활에 불필요한 지식들을 암기만 시키는 장소라고 불평한다. 학생 자살률은 세계에서 가장 높은 편에 속하며 학생들의 생활을 걱정하는 일부 학부모들은 학생들을 조기 유학시키기도 한다. 이로 인해 생긴 말이 입시지옥이다. 이는 한국의 사회발전과 더불어 교육발전에도 불구하고 교육이 사회에서 성공하기 위한 도구로 전락하여 입시경쟁이 지나치게 치열한 데서 비롯된 결과이다. 문제는 과도한 경쟁 속에 명문대학 입학의 정당성을 제공하는 줄서기 경쟁에 너무 많은 시간 낭비와 희생을 감수해야 한다는 것이다. 생활세계의 식민화도 문제이다. 교육에 관여하고 있는 대부분의 사람들은 입시 위주의 교육으로 발생한 문제들에 문제를 제기하지 못하고 순응하며 생활하고 있는 것이다. 입시 위주의 교육이 싫거나 자신의 잠재력을 개발하고 추구하려는 많은 사람들이 비적응자나 일탈자로 분류되고 있는 것이 현실이다.

다른 문제는 사학의 지나친 비대현상이다. 특히 고등교육의 사학 비중은 너무 높다. 전문대학에서 일부 도립대학을 제외한 대부분이 사학이고,

일반대학의 1/4 정도만 국공립대학이다. 정부는 중등교육의 평준화를 계기로 중등 사학에 인건비와 시설유지를 위한 지원을 하고 있으나 고등교육에 대해서는 방기하고 있다. 증대하는 고등교육을 사학에 맡겨 사학은 비리의 온상이 되어 있다. 전문대학은 중견사업체를 위한 직장인을 양성하는 중요한 역할을 맡고 있으나 등록금은 비싸고, 많은 경우 족벌체제로 운영되며, 국가는 이를 방기하고 있다. 피라미드식의 대학서열화 문제 못지않게 교육정책에서 등한시되고 있는 전문대학에 대한 적극적인 국가 지원정책이 절실히 요구된다. 이유는 첫째, 중견기업들의 인력을 육성하는 기관이 전문대학이므로 중소기업 육성을 위해 국가 지원정책이 필수적으로 요구된다. 둘째, 전문대학은 일반 대중을 위한 교육기관이다. 그러나 등록금이 지나치게 비싸다. 학부모들은 맞벌이와 비싼 등록금 그리고 삶의 질을 이유로 자녀출산을 제한하고 있다. 전문대학에 대한 국가의 실효성 있는 정책과 지원이 절실하다. 교육은 사회의 축소판이다. 국가는 고등교육을 내팽개치고 있다고 하여도 과언이 아니다. 이러한 고등교육문제의 해결 방법은 대학이 설립 목적에 맞게 운영되도록 국가가 적극 지원하는 것이다. 지방에 명문대학들이 육성되어야 하며, 전문대학은 전문 직업인 양성이란 설립 취지에 맞게, 국가가 중견사업체와의 연계를 지원하고 학부모의 등록금 부담을 덜기 위해 적극적으로 지원해야 할 것이다.

제2절

사회구조와 교육

사회란 인간이 사회생활을 하면서 만들어 놓은 제도와 구조 그리고 비공식적인 유형화된 상호작용의 형태들을 일컫는다. 사회는 집단과 조직들로 구성되고 이들이 연결된 상호작용의 유형화된 망을 사회구조라 한다. 사회는 인간, 집단과 조직, 이들의 연결망인 사회구조의 형식을 띠고 있다. 그리고 정치, 경제, 교육 등에서처럼 분야별로 구분된 사회구조와 규범 그리고 문화를 통칭하여 제도라 한다. 사회는 상호 기능적으로 연계되었을 뿐만 아니라 권력, 재력, 위신 등의 사회적 희소가치가 복잡하게 연결되어 있는 망이기도 하다. 사회구조와 조직은 효율성을 위해 만들어지기도 하고 외부로부터 모방되기도 한다. 구조와 조직운영의 방식은 집단의 특성을 반영한다. 구조와 조직운영 방식이 전제적인가, 권위적인가, 민주적인가는 집단의 특성과 연관이 있다. 특정 개인이나 소수의 권력 형태가 조직운영의 특성을 나타내고 사회구조의 특성에 영향을 미친다. 사회구조와 조직은 공적 영역과 사적 영역으로 구분된다. 공적 영역은 공무원의 경우처럼 중앙집권적인 관료제적 특성을 가지나 사적 영역에 비해 정년이 보장되고 노동시간이 짧고 노동강도가 낮은 편이다. 사적 영역은 직업이나 자본의 규모에 따라 큰 차이가 있으나 대규모 조직일수록 관료제적 특성이 강하다. 관료제 조직은 대규모 조직일 때 분업과 위계서열, 능력과 공적 의사소통을 기반으로 효율성을 추구한다. 그리고 사적 영역은 개인이나 집단적 소유로 권위적 특성을 가지고, 노동강도나 통제가 강하고 노동시간도 긴 편이다. 사조직의 이러한 부정적 특성은 노사갈등을 수반하며 노동 관련법에 의해 제한되고 있다. 이에 반해 공적 조직은 피라미드 사회구조의 상위에 위치할수록 권력이 집중되는 특성을 보이나 민주사회에서 장이 선거에 의해 선출되거나 능력으로 선정되고 재임 기간이 정해져 여론에 민감한 특성을 가진다. 그리고 이러한 조직운영 방식은 그 사회의 역사적 특성들과 밀접한 연관을 가지고 있어 사회적 특성을 반영한다. 아래에서는 정치 조직에 대해 간략히 살펴보고 다음으로 일반 사회구조와 조직의 변화에 대해 살펴보자.

자본주의 사회에서도 권력과 밀접한 관련을 가진 정치제도는 다른 제도들에 매우 중요한 영향력을 행사하고 있다. 정치제도에서 정당의 성격은 사회 전반에 매우 큰 영향을 미친다. 정치제도에서 중요한 정당의 성격은 정당 형성의 역사 및 사회환경에 따라 매우 큰 차이가 있으며, 정당은 사회계층별로 지지도에서 차이가 존재한다. 정당 형성과 당원 선출이 일반 사회성원의 생활에 기초해 아래로부터 형성된 조직인가 아니면 권력을 가진 상층계급으로부터 형성된 조직인가는 사회의 성격에 매우 큰 영향을 미친다. 대부분 민주주의가 발달한 국가들의 경우 정당의 조직형태가 민주적이고 시민단체와 같은 하위조직에 밀접히 연결되어 있는 경우가 많다. 이러한 결과에 따라 정치구조는 평등지향모형, 혼합모형, 억압모형 등의 형태로 구분할 수 있을 것이다.[11] 평등지향모형은 탈권위적인 복지사회처럼 민주주의가 발달한 사회에서 일반적이며, 억압모형은 정부가 사회성원에 대

11 이 구분은 송호근의 저서 『한국의 노동정치와 시장』의 저서에서 6장 '한국노동시장 구조변화'에 나오는 조합주의형, 이중모형, 억압모형의 구분을 바꾸어 사용한 것임 (송호근, 『한국의 노동정치와 시장』, 나남, 1991).

해 억압적이고 사회 희소가치가 불평등한 독재사회를 말한다. 혼합모형은 평등모형과 억압모형의 중간적 형태이나 실질적 형태는 다양하다고 할 수 있을 것이다. 서구의 경우를 보면 노동계급의 주도권이 강한 북구의 국가들에서 평등지향 모형이 발달하였으며, 이들 국가들에서 피지배계층은 노동조합에 기초하여 통일된 조직체계를 가지고 이를 정당조직과 연결시켜 평등지향 사회를 구현하고 있다. 노동조합은 이익집단에 기초한 조직이나 노동3권이 제도적으로 보장될 때 활성화되고 법에 기초한 조직이다. 그러므로 노동조합에 기초한 노동조직이나 각종 시민단체가 어떠한 성격을 가지는가는 한 국가의 성격을 결정짓는 데 매우 중요하다. 과거 공산사회의 경우 고위 공산당원들은 초기의 목적과는 달리 사회체계가 유형화됨에 따라 그들만의 이익을 위한 과두제체제로 변질하였으며 이는 구소련의 붕괴과정에서 구체적으로 드러났다. 즉 평등사회를 실현하기 위해서는 일과 일상생활에서 피지배계층을 망라하는 보편적이고 통합된 체계적 조직이 필수적으로 요구된다. 어떤 체계이든 피지배계층의 참여와 이해관계를 반영할 수 있어야 하며, 지배계층에 대해 항상 비판을 할 수 있어야 민주사회라 할 수 있을 것이다.

산업 사회는 급속한 기술발달에 따른 후기 산업사회로의 변동으로 조직에 큰 변화를 가져왔다. 경쟁자본주의 이후 19세기 말에 들어 시작된 독점자본주의는 거대조직인 관료조직을 보편적 형태로 만들었다. 베버에 의하면 거대한 모든 조직은 관료제의 경향이 있다고 지적했다. 관료제는 국가 행정조직만을 의미하는 것이 아니라 모든 거대조직을 의미하는 개념으로 사용되었다. 정치, 경제, 종교와 교육의 모든 영역에서 규모가 커지면 조직의 효율적인 운영을 위해 관료제적 조직운영이 발생한다는 것이다. 사회나 사회구조는 이러한 조직과 집단들의 연결망인 것이고 이를 운영하는 규범과 문화를 가진다. 사회구조나 조직이 커지면 지위와 역할의 복잡화로 위계제와 분업은 불가피하며, 지위와 역할에 관련된 모든 일처리는 조직에서 만든 규범체계에 기초하고 문서의 형태로 의사 전달이 되며, 일은 능력에 의해 평가되고 공적인 것과 사적인 것은 구분된다. 관료제는 조직에서 일에 필요한 도구들을 제공하고 개인의 사적인 일들을 제한한다. 자본주의 사회가 발전하면서 이해관계와 효율성을 극대화하기 위해 인간의 행위는 목적을 가장 빨리 달성하려는 실천적 합리성과 규범을 강조한 형식적 합리성이 지배적인 형태로 변화된다. 이러한 세속적인 이해관계에 기초한 합리성의 강조로 인간에 있어 감정적이고 전통적인 행위나 가치 지향적 행위는 등한시되고 이해관계에 기초한 합리적 행위가 보편화되고 있다. 이러한 행위 유형의 변화는 관료제의 발전과 밀접한 연관을 가진다. 즉 조직 생활을 하는 동안 효율성을 극대화하기 위한 조직설계와 감시는 극대화되고, 모든 사적인 감정이나 가치 그리고 전통적인 생활방식은 조직적인 합리성에 의해 억제되어야 한다. 이러한 형태의 효율성에 대한 강조에도 불구하고 관료제는 권력의 집중, 지나친 형식화에 의한 의사 결정의 지연, 비인간화 등 많은 문제점을 노출하였다. 관료제 조직은 오늘날 사회에서 보편적인 형태로 직장생활에 있어 조직성원들의 삶의 질을 결정하는 중요한 요인이다. 특히 관료제의 위계조직에서 고용자와 피고용자의 관계는 매우 중요하다. 고용자는 직장의 노동과정과 임금결정의 결정권을 가지고 피고용자는 결정권이 없어 갈등적 관계에 있다. 독일의 경우 이러한 억압적이고 갈등적 관계를 해결하기 위해 비스마르크시기에 일찍이 공동결정법의 기초를 마련하였다. 의사 결정에 노동자의 대표나 그들이 위임한 사람이 참여하는 것이다. 이러한 형태는 오늘날 산업민주주의로 연결되며 조직의 민주화를 위한 논의의 초석이 되고 있다. 이러한 조직의 민주화는 선진 자본주의 국가들에서 국가별로 다양한 형태로 존재한다.

20세기 후반 자동화기술의 급속한 발달과 신자유주의의 강조는 관료제 조직의 변화를 초래하였다. 컴퓨터 기술의 급속한 발달에 의해 자동화된 유연적 생산방식과 인터넷에 의한 생산과 시장의 빠른 연결망은 단순 생산직 인구의 감소, 전문직 및 3차 산업 종사 인구의 급속한 증가와 더불어 조직구조에 있어 큰 변화를 가져왔다. 과거 피라미드식의 관료제 구조는 더 위세서열이 낮은 팀조직과 네트워크형조직으로 바뀌었다. 이러한 변화는 관료제 조직의 권력집중과 비인간화 등의 단점을 보완하기 위한 목적보다 변화된 사회환경에서 관료제가 지향하는 효율성을 실현하기 위한 것이다. 즉 관료제의 단점인 비인간화 문제를 해결하기 위해 수평적 조직으로 변화시킨 것이 아니라 빠르게 변화하는 환경에서 형식화와 위계제에 의한 의사 결정 과정의 문제점을 보완하고 소비시장과 조직운영 과정에서의 요구를 반영하기 위한 것이다. 후기 산업사회에 강조되는 새로운 조직형태는 자본주의에 있어 생산관계의 변화를 의미하거나 노동과정의 인간화를 의미하는 것은 아니다. 오히려 수많은 조직성원의 정보들이 조직에 축적됨으로써 사용자는 노동자에 대한 수많은 정보를 가지고 이들을 생산과정에 활용하고 있다.

이러한 것은 일상적인 소비생활에서도 적용된다. 오늘날과 같이 소비가 보편적인 소비사회에서는 사용자는 개인에 관한 기본적인 정보뿐만 아니라 소비과정에 대한 수많은 정보를 수집하고 활용하고 있다. 소비자가 현금대신 신용카드로 물건을 사고 소비생활을 하면 사용자는 소비자가 무엇을 어떻게 소비를 하였는지에 대한 정보를 축적하며 소비자는 많은 경우 이러한 정보에 대한 이용 동의를 한다. 이러한 현상은 인터넷 상의 다양한 영역에서 회원 가입으로 일상적으로 이루어지고 있다. 개인들의 정보를 축적하는 것은 소비사회에서 큰 재산이고 권력이다. 이들 재산과 권력은 사용자에게 집중되고 있으며 일반인을 더 쉽게 조종하는 것도 가능하게 만들고 있다. 감시와 통제에 대한 이론은 최근에 만들어진 것은 아니다. 근대사회에 들어 감시를 위한 판옵티콘 현상은 교도소나 정신병원과 같은 감시조직에서 산업체와 학교와 같은 거대조직으로 그리고 일상적인 정치생활과 소비생활로 확대되고 있는 것이다. 물론 판옵티콘 현상만이 일반적인 것은 아니다. 반대의 네옵티콘 현상도 발생하고 있다. 모두가 서로 정보를 가지고 감시할 수 있는 측면도 증대된 것이다. 사회성원들은 인터넷에 축적된 지식들을 바탕으로 모든 사람에 대한 정보를 쉽게 접할 수 있게 되었으나, 일반적으로 지배자나 사용자에 비교할 수 없다. 오직 기대할 수 있는 것은 민주주의 사회뿐이다. 판옵티콘에 대항하는 네옵티콘 현상은 민주주의 사회에서만 크게 확대될 수 있다.

교육은 사회의 축소판이다. 교육 분야도 청와대, 교육부, 도교육청, 시군교육청, 일선 학교의 중첩적 위계적 구조를 가지고 있다. 교육자치제가 이루어지고 있으나, 교육기관들의 위계적 구조로 예산, 교육행정, 교육과정 등 많은 것들이 중앙에서 결정되어 아래로 하달된다. 그리고 지자체의 교육 조직들도 중첩적 위계구조를 가지고 있다. 중앙정부는 교육에 관한 주요 제도 개선과 정책들을 결정하고 실행하며, 교육문제의 해결을 위해 노력한다. 그러나 해결되지 않는 문제가 대학서열구조와 입시 위주 교육이다. 한국의 교육조직 특히 대학조직은 단일 피라미드식의 구조를 가지고 있는데 이는 과외와 입시 위주 교육을 강화하는 주범이다. 교육 이념과 목표를 추구하기 위해 몇 차례의 교육개혁이 있었으나 과외와 입시 위주의 교육문제는 해결되지 않았다. 몇 차례의 교육개혁은 모두 위로부터의 교육개혁이었으며 교사와 학교가 중심이 되는 교육개혁은 아니었다. 가장 성공한 대표적인 개혁은 사교육과 입시 위주 교육을 탈피하기 위한 1968년 중학교 무시험 진학정책과 1974년부터 실시한 고교평준화정책이다. 이러한 교육개혁은 사학들의 반대에도 불구하고 학교교육을 정상화하고 과외문제와 교육격차를 해소하는 큰 계기가 되었다. 그 외 1980년 교육문제를 해결하기 위해 대학본고사 폐지와 졸업정원제가 포함된 '교육정상화와 과열과외 해소방안'이 있었으나 실패하였다. 정부는 급속한 산업화에 의한 교육확대와 1980년대 후반 민주화와 세계화로 교육개혁을 위해 1995년 5·31교육개혁을 발표하였다. 그러나 많은 분야의 교육개혁에도 불구하고 근본적인 문제인 피라미드식 대학서열구조 개선에 대한 노력은 찾아볼 수 없었다. 신자유주의 정책으로 오히려 현 구조에서 경쟁을 심화시켜 부작용을 강화하는 측면도 있다. 교육조직들은 관료제의 조직형태를 가지고 있으며, 특히 규모가 큰 조직에서 관료제의 특성은 크다. 예를 들어 교육부, 교육청, 종합대학의 경우 규모가 크며 관료제로 운영되고 있다. 모든 행정은 규범에 기초하고, 위계제와 분업의 형태를 이루고 있으며, 행정은 공문으로 처리되고, 공적인 것과 사적인 것이 명확히 구분되고, 시험에 의해 채용되고 능력과 경력에 기초하여 승진한다. 그러나 사립학교 조직의 경우 채용과 조직운영에서 인맥에 기초한 전근대적 형태를 완전히 탈피하지 못하고 있다. 즉 족벌체제가 사학 비리의 온상이 된 것이며 이는 지금도 계속되고 있다. 20세기 후반 민주화와 신자유주의로 학교 조직은 기본적으로 관료제의 형태를 유지하고 있으나 사회 전반적인 조직형태의 변화가 있었다. 90년대 교육개혁은 민주화와 더불어 신자유주의 영향을 반영하고 있다. 기존의 예산 배분은 신자유주의의 영향으로 학교별 평가에 기초하여 배분되며, 학교운영위원회가 설치되고, 학급의 운영방식 등이 변화하였다. 그리고 신자유주의의 영향으로 중등교육의 평준화정책도 변화되었다.

교육 분야에 있어 비공식적인 구조로 교육에 결정적인 영향을 미치는 교육구조는 피라미드식의 대학서열구조를 들 수 있다. 대학서열구조는 노동시장에 있어 사회 희소가치에 기초해 형성된 것으로 전반적인 교육에 지대한 영향을 미치고 있다. 대학서열구조에서 정점에 있는 대학들은 노동시장에서 최고의 자리인 대기업 CEO, 고위 관료, 국회의원 등에 있어 압도적으로 높은 수치를 보이는 대학이고, 수능성적이 높은 학생들이 입학하는 학교이다. 즉 수능성적, 대학서열구조, 노동시장구조에서 최고 자리의 순환구조가 한국의 교육을 결정한다고 해도 과언은 아니다. 이러한 순환구조는 동문으로 연결된 사회자본을 바탕으로 학벌사회를 만들고, 학부모와 학생의 희생을 강요하고, 학생들의 삶을 피폐시켜 입시지옥이라는 말을 낳고 있다. 조기교육, 높은 사교육비, 명문 고등학교 입학, 방과 후 수업과 야간 자율학습 등 많은 한국 교육의 폐단이 피라미드식 대학서열구조에 연결되어 있는 것이다. 그러나 이는 사회계층 현상과 연계되고 동시에 사회 희소가치를 얻기 위한 경쟁과 연결되어 쉽게 개혁되기 어렵다. 한국 교육의 폐단이란 분화된 노동시장에서 좋은 자리를 위한 출세 경쟁이란 점에서 다른 국가들과 비슷하다. 그러나 중앙집권적 사회특성과 피라미드식 대학서열구조로 학부모와 학생들은 명문대학에 입학하여 출세하기 위해 긴 줄서기 경쟁을 하면서 돈과 인생을 낭비한다는 점에서 차이가 있다. 교육이 본연의 교육 목적을 잃은 것이다. 여기서 돈과 인생의 낭비란 입시교육에 기초한 암기 위주 교육에 기인한 것으로, 사회생활에 필요한 교양교육과 토론교육, 미래사회에 필요한 창의적 교육을 불가능하게 만들고 있는 점을 지적한 것이다.

다른 문제는 교육이 지나치게 사교육 시장에 의존한다는 점이다. 한국의 경우 다른 국가들에 비해 5명 이하의 전근대적인 영세사업체가 많다. 이러한 점은 대기업 위주의 급속한 발전에 기인한 것인데 결과적으로 노동시장에서의 노동조건이나 임금의 불평등 현상을 초래하였다. 이와 마찬가지로 한국에서의 사교육 시장은 매우 크다. 이는 높은 교육열과 교육 연한의 확대 그리고 급속한 인구증가 등과 연관이 있다. 그리고 출산율이 감소하는 현재에 학원을 중심으로 한 사교육 시장 존속은 입시 위주의 교육이나 청년실업문제와 연관되어 있다. 우리는 도시 지역사회에서 학생들이 하교 후에 다니는 많은 학원들을 목격할 수 있다. 마찬가지로 사립학교들도 매우 많다. 이들 중에서 초·중등의 사립학교들은 의무교육과 평준화정책으로 상당 부분 공영화되어 있다. 그러나 고등교육에서 사립학교는 교육부의 인가와 규제하에 있으나 학교 경영과 교원의 임금 등에서 보면 완전 민영화되어 있다. 여기에 구조적인 교육문제가 존재한다. 이미 지적한 대로 전문대학은 중견사업체를 위한 전문 인력을 양성하는 곳인데 거의 대부분은 사립이고 등록금도 매우 비싸다. 국가가 재정적 이유로 전문 인력 양성을 사학에 맡기고 학부모에게 높은 등록금을 부담시키고 있는 것이다. 사학의 비대 현상은 일반대학에서도 마찬가지다. 일반대학의 3/4 이상이 사립이다. 그리고 조직의 운영에서 사학은 설립자의 족벌경영으로 비리가 많고 학교 운영이 비민주적인 곳이 많다. 그리하여 현 정부 들어 고등교육법의 대학평의원회 시행령을 마련하고 있으나 적용 대상과 의사 결정 방식에 벌써 논란이 많다.

제3절

인구변동과 교육

한국의 인구는 급속히 변화하고 있다. 연도별 출생아 수를 보면 지속적으로 증가하여 1971년에 102만 4천 명으로 가장 많았다. 출생아 수는 그 이후 조금씩 감소하였는데 1982년 84만 8천 명의 출생아 수는 1984년 67만 4천 명으로 극감하였고, 그 이후 조금씩 감소하였다. 2000년 63만 4천 명이던 출생아 수는 2002년에 49만 2천 명으로 극감하였고, 그 이후 조금씩 감소하여 2005년에는 43만 5천 명으로 감소하였다. 그리고 비슷한 출생 수를 유지하다 2017년에 35만 8천 명으로 감소하였다.

표3-1. 연도별 학령인구

연령 연도	계	0세	7세	13세	16세	19세	24세
1995년	45,637,184	701,698	625,658	840,267	784,538	785,913	949,493
2000년	47,534,117	598,035	722,563	623,479	706,719	841,314	781,547
2005년	48,683,039	432,539	657,726	714,831	626,900	636,832	836,230
2010년	49,879,812	436,502	493,812	678,671	711,559	668,590	635,607
2015년	50,951,719	422,183	481,709	526,638	628,798	694,601	667,572

통계청, 「인구통계조사」, 국가통계포털(KOSIS).

이러한 추이를 바탕으로 지금의 평균 결혼 연령과 합계 출산율을 고려하여 장래 인구를 예측할 수 있다. 이에 따르면 1984년 이후 70만 명 미만으로 극감한 인구가 결혼하여 자녀를 가지는 2010년대 후반 그리고 2000년대 초반 50만 명으로 미만으로 극감한 인구가 결혼하는 2030년대 중반에 인구가 극감할 것으로 예상된다. 연도별 인구를 보면 모든 학령인구에서 변화는 있지만 지속적으로 감소하고 있다. 2015년 초등학교 1학년에 해당하는 인구는 48만 1천여 명이고, 중학교 1학년은 52만 6천여 명, 고등학교 1학년은 62만 8천여 명이다. 그리고 대학 1학년에 해당하는 연령의 인구 수는 69만 4천여 명이고 군대와 대학을 마치고 사회로 진출하는 24세는 66만 7천여 명이다. 즉 인구 수가 지속적으로 감소하여 학교 급별 학생 수가 지속적으로 감소하고 있음을 알 수 있다. 이러한 사실은 인구감소에 따라 장래 생산연령층 인구의 감소와 부양인구비율의 증대라는 매우 중요한 부정적 측면이 있지만 학급당 학생 수가 적어져 교육조건이 자연적으로 개선될 수 있음을 의미한다.

표3-2. 연도별 학급당 학생 수

연령 연도	2000년	2005년	2010년	2015년	2016년
초등학교	35.75	31.84	26.62	22.61	22.36
중학교	38.01	35.30	33.83	28.91	27.40
고등학교	42.67	32.69	33.73	29.90	29.31

교육부, 한국교육개발원, 「교육통계연보」, 교육통계서비스.

인구의 감소에 따라 학급당 학생 수는 지속적으로 감소하고 있다. 2000년 35명이던 초등학교 학급당 학생 수는 2016년 22명으로 감소하였고, 중학교는 38명에서 27명으로, 고등학교는 42명에서 29명으로 감소하였다. 즉 정부는 예산의 증액 없이 학급당 학생 수를 선진국 수준으로 줄일 수 있게 된 것이다. 인구의 급속한 감소를 고려하면 2005년 약 43만 명으로 극감하여 태어난 인구가 초·중등학교에 진학하는 한 세대 내에 학급당 학생 수는 선진국과 유사한 수준으로 감소할 것이다. 그리고 대학은 2020년경에 입학정원 미충원 현상을 경험할 것이다. 학급당 학생 수의 감소는 수업방식과 내용에 큰 변화를 가져올 수 있다. 학생 수의 감소는 일방적 설명 위주의 수업에서 교사와 학생이 상호작용하는 수업을 가능케 하며, 수업에서 있어 학생에 대한 교사의 지도를 강화할 수 있는 여건을 마련하는 것이다. 인구 감소와 더불어 경제성장과 민주주의가 성숙된다면 물리적인 교육 여건은 크게 개선될 것이다.

표3-3. 국가별 교사 1인당 학생 수

국가	초등학교(교사 1인당 학생 수)			중등학교(교사 1인당 학생 수)		
	1990년	2000년	2010년	1990년	2000년	2010년
한국	36	32	21	28	21	18
일본	21	21	18	17	14	12
캐나다	16	17	–	14	–	–
미국	–	15	14	–	15	14
독일	–	15	13	–	14	13
영국	20	19	18	–	15	10

「OECD교육지표」, 교육통계서비스.

인구의 감소에 따라 학급당 학생 수가 감소하는 것은 교사 1인당 학생 수가 감소하는 것을 의미한다. 한국의 경우 교사 1인당 학생 수는 크게 감소하고 있으나 아직 선진국에 비해 높은 편이다. 일본의 인구 감소에 따른 교사 1인당 학생 수의 감소는 한국의 미래를 보여주는 예이다. 교사 1인당 학생 수의 감소는 교사와 학생의 친밀한 상호작용을 통해 교육의 질을 높일 수 있는 여건을 마련할 것이다.

제4절

기술발달과 교육

대중매체의 발달은 인간사회에 큰 변화를 가져왔다. 가장 큰 변화는 대중사회의 출현이다. 대중사회는 산업사회의 발달로 많은 사람들이 도시를 중심으로 모여, 그들의 사회문제에 관심을 가지면서 유사한 일상생활을 살아가는 사회를 말한다. 유럽에서 금속 인쇄술의 발달로 인쇄술은 일찍이 발달하였으나 19세기 말까지 사회적 여건은 대중사회가 출현하는 데 성숙되어 있지 못했다. 18세기 후반 프랑스나 미국의 시민혁명에도 불구하고 시민사회의 발달은 19세기 중엽까지 성숙하지 못하였다. 산업혁명 이후 산업사회의 발달과 더불어 도시인과 노동계급이 급속히 증대하였다. 시민사회발달은 사회운동, 대중 정당, 보통 선거권, 노동권과 생존권의 보장 등의 결과이다. 시민사회의 성숙을 위해 선거권 획득을 위한 차아티스트운동과 사회주의운동이 있었고, 19세기 후반에 대중 정당들이 설립되고, 노동권과 생존권과 같은 노동자를 위한 기본적인 여건들이 논의되고 마련되기 시작하였다. 이 무렵 유럽에서는 노동자를 비롯한 일반 성인들에게 선거권이 주어지고 이들을 위한 정당이 만들어졌으며 산업체에서 단체교섭과 단체행동이 많아지면서 20세기 초에 노동권이 제도화되었다. 그리고 독일에서는 오늘날 사회보험에 해당하는 초기 형태의 법들이 19세기 말 비스마르크시대에 마련되었다. 모든 국민을 대상으로 한 대중교육도 이 무렵에 초등교육을 중심으로 시도되었고, 19세기 말에는 대중을 위한 중등교육도 발달하였다. 산업사회가 발달하면서 모든 사람들이 문자를 익히고 사업체에 고용되어 일하는 형태가 보편화되면서 여기에 적합한 교육이 필요했던 것이다.

대중사회의 출현에 영향을 미친 요인이 많으나, 가장 큰 요인은 방송국의 출현이다. 라디오와 TV는 19세기 말에 발명되고 교통과 통신을 위한 기술이 발달하였으나 방송국이 생긴 것은 1920년대이다. 20세기 들어 도시화가 급속도로 진척되고 벨트 컨베이어(belt conveyor)를 바탕으로 대량생산 체제가 확대되었는데 방송을 통한 광고에 의해 대량소비가 가능하게 되었다. 즉 도시화와 대량생산, 대중매체의 발달로 대중소비가 가능한 대중사회가 이 시기에 출현하게 되었다. 방송국의 출현으로 대량소비가 가능해졌을 뿐만 아니라 많은 사람들은 대중매체를 통해 뉴스와 드라마, 스포츠나 음악 등의 대중문화를 즐기게 되었다. 대중스포츠의 발달은 19세기 후반 들어 급속히 진전되었는데 이는 도시화와 피고용자의 급속한 증대와 도시 집중, 그리고 산업체와 생활에서의 합리화 현상의 증대 등과 연관이 있다. 산업화, 도시화, 관료제화, 교육의 대중화, 교통과 통신 발달은 매우 밀접한 연관이 있다. 이러한 다수의 요인들로 대중사회가 출현하게 되는데 이 중에서도 방송국의 출현에 기초한 대중매체의 발달은 매우 중요한 역할을 하였다고 할 수 있다. 대중사회는 라디오와 TV를 통해 청소년들의 대중문화를 발달시켰고 대중교육을 가능하게 만들었다. 대중사회에서 가장 대표적인 교육형태는 학교를 통한 대중교육이다. 대중교육은 대중사회의 발달로 초등학교에서 중등학교로 그리고 20세기 중반 이후에는 대학으로 확대되었다. 이러한 현상은 민주사회의 발달과 기술발달의 결과이다.

대중사회는 20세기 중반 이후 반도체 기술의 발달로 변화하기 시작하였는데 특히 1980년대 이후 반도체 기술에 기초한 인터넷 기술의 발달로 크게 변화하였다. 인터넷 기술은 컴퓨터를 방송과 통신에 결합시켜 정보사회를 출현하게 하였다. 정보사회는 문자뿐만 아니라 시청각의 다양한 자료들을 손쉽게 만들고 전달하는 것을 가능하게 하였다. 그리하여 방송국과 같은 거대 사업체에 의해 일방적으로 전달되던 다양한 정보가 다양한 사업체들에 의해 만들어지고 소비되는 형태로 변화되었다. 정보사회는 인터넷 백과사전 및 수많은 정보들과 지식들을 언제나 접할 수 있게 만들고 있으며 필요한 정보를 인터넷을 통해 묻고 답을 들을 수 있게 하였다. 이러한 대표적인 예로 위키피디아 백과사전, 수많은 인터넷 강의, 유튜브를 통한 수많은 정보들을 들 수 있다. 이러한 교육환경의 변화는 교사가 지식을 독점하여 권위를 가지고 일방적으로 강의하는 방식에 변화를 가져오고 있다. 일방적 수업은 수많은 인터넷에서의 지식과 시청각 자료들의 활용을 통해 학생이 적극적으로 참여하는 탐구나 토론식 수업형태로 바뀌어가고 있다. 그리고 4차 산업혁명이라 불리는 인공지능 시대는 가상현실을 실제와 같이 경험하는 것을 가능케 하여 이를 교육에 적극적으로 활용하는 새로운 교육방식이 등장할 것이다. 이러한 교육환경의 변화는 교수법과 같은 교육방법에도 변화를 가져오고 있다. 오늘날 중등학교와 대학에는 인터넷 강의가 많아지고 있으며, 대학에는 공식적으로 인터넷 강좌가 개설되고 있다. 온라인 대중 공개강좌 형태인 MOOC는 미국의 명문대학 유명교수 강의를 쉽게 접할 수 있게 만들었으며 일부 대학에서는 이들 강좌를 공식적으로 인정하고 있다. 그리고 이러한 형식은 다양한 국가로 확대되어 한국에서도 MOOC 형식의 온라인 대중 공개강좌를 시도하고 있다. 이러한 추세는 교육의 공적인 영역과 사적인 영역 모두에서 지속적으로 확대될 것이다. 기술발달에 의한 교육형식의 변화는 점차 암기식 위주의 지식전달 교육에 대한 강조를 축소하고 실용적이고 창의적인 지식에 대한 교육을 확대시킬 것이다. 그리고 자동화로 소비사회가 발달하고 민주주의가 더 발전한다면 여태까지의 평가 중심의 교육에서 덜 강조되었던 정서교육과 규범교육도 더욱 더 강화될 것이다.

민주시민교육을 강조하는 학교교육에서 민주시민사회를 유지하고 개인의 행복을 지켜주기 위해 정서교육과 규범교육은 필수적이다. 산업사회가 발달할수록 사회는 인간들 간의 공동체의 신념과 종교에 기초한 결속이 깨어지고 사회나 직업적 분업으로 서로 연결되는 유기적 연대의 사회로 변화하고 있다. 즉 공동의 신념사회가 붕괴됨에 따라 사람들은 정서적으로 혼돈 상태인 아노미 상태에 빠지기 쉬우며 개인의 이익을 우선시하는 사회로 바뀌고 있다. 이처럼 집단 중심의 정체적 생활이 붕괴되고 개인 중심의 이동적인 생활이 보편화된 현대사회에서 '고독한 군중'이라는 대중사회를 표현하는 말은 더 현실화되어 가고 있다. 그리고 발달된 산업사회는 여전히 자본을 가진 자가 중심인 자본주의 사회이자 인간이 만든 인공물과 기술사회가 인간에게 장단점을 모두 가지는 위험사회이다. 즉 일부 권력자가 사회의 모든 정보를 가지고 감시하고 통제할 수 있는 교도소와 같은 판옵티콘의 사회이자 모든 사회성원들이 쉽게 권력자의 생활을 볼 수 있는 네옵티콘의 사회이다. 그러므로 민주 시민사회를 위해 규범교육은 더욱 더 강조되어야 하며 정서교육도 과거보다 더 강화되어야 한다.

제4장 노동세계와 교육

제1절

고등교육의 발달과 문제

노동시장과 교육은 매우 밀접한 연관을 가진다. 학부모와 학생들은 학생들의 장래 안정된 좋은 일자리를 위해 교육을 시키고 받는다고 한다. 사회마다 차이가 있지만 노동시장에서 사람들이 선호하는 일자리는 높은 수입, 권력, 명예 등이 주어지는 것에 한정되어 있다. 한국의 경우 학생들은 의대나 로스쿨 등과 같이 돈과 권력으로 연결되는 대학의 선호도가 높으며, 대기업과 공기업에 더 많이 취업할 수 있는 대학과 학과들을 선호한다. 이러한 현실에서 한국 고등교육의 발달, 노동시장의 구조, 오늘날 큰 사회문제가 되어 있는 청년실업을 살펴보는 작업은 매우 중요하다.

고등교육은 중등교육을 마친 후의 교육과정을 말한다. 근대교육으로서 우리나라의 고등교육은 19세기 말에 비롯되었으나 일제하에서 억압되었다가 해방과 더불어 시작되었다고 볼 수 있다.[12] 19세기 말 문호개방 시기에 고등교육기관은 중등교육기관과 구분이 명확하지 않았으나 1884년 배재학당과 이화학당을 시작으로 많은 기독교계 사학들이 설립되었다. 1894년 후 정부가 설립한 관학으로는 한성사범학교, 법관양성소, 농상공

12 고등교육의 발달에 관한 내용은 각년도 '교육통계 연보' 및 인터넷 자료(인터넷 교육통계서비스 포함)들과 김정인의 저서『대학과 권력』을 참고하였음(김정인,『대학과 권력』, 휴머니스트, 2018).

학교가 있었다. 일제 시기에는 기존의 사학들이 폐지되고, 관학들은 재한 일본인과 소수 한국인을 대상으로 일본어 교육을 중심으로 하는 기관으로 변화하였다. 고등교육기관은 1919년까지 6개의 전문학교가 존재하였고, 36년까지 경성제국대학과 관립 및 사립전문학교가 있었으며, 45년까지 20개 정도의 전문학교가 있었다. 해방과 정부수립 이후 고등교육은 대학의 이름을 가지고 양적으로 급팽창하기 시작하였다. 미군정 학무국은 6-3-3-4제의 미국식 교육제도를 도입하고 국립서울대학교설립안을 발표하였다. 이 안은 경성제국대학 후신인 3개 학부와 일제 때 만들어진 9개 전문학교를 통폐합하여 종합대학을 만드는 것이었다. 정부수립 후 교육법은 고등교육기관을 종합대학과 단과대학으로 구분하였으며, 1961년 2년제 교육대학, 1963년에는 2년제 초급대학제도를 만들었다. 그리고 1970년에는 2-3년제의 전문대학제도를 만들었고, 1977년에는 기존의 5년제 전문학교를 전문대학으로 통일하였다.

해방 후 고등교육기관의 확장으로 고등교육을 받은 학생 수는 크게 증대하였다. 1945년 8천 명 미만이던 학생 수는 사학의 팽창으로 크게 증가하여 사립대학 1960년 총 정원은 53,921명, 재적 82,407명으로 크게 증가하였다. 이러한 고등교육기관과 수요자의 증가는 고등교육자의 실업문제와 사학 영리화 등의 사회문제를 일으켜 정부는 대학생 정원령을 제정하고 정부통제를 강화하였다. 그리고 산업화에 맞추어 이공계 대학들을 육성하였다. 70년대에 들어 정부는 고등교육에 대한 개혁을 단행하여 한국방송통신대학과 한국과학기술원(KAIST)을 설립하고 전문대학 체제를 마련하여 인식을 향상시키려 노력하였으며, 80년대에 들어서는 한국방송대학과 교대를 4년제로 승격하고 일과 학업을 병행할 수 있는 개방대학제도를 만들었다. 그리고 90년대에 들어서는 기존의 개방대학을 변경하여 국립 8개를 포함한 19개의 산업대학을 설치하였다. 현재 이들 대학은 과학기술대학으로 명칭을 변경하여 일반대학으로 편입되었으며, 한국과학기술원 외에 광주, 대구경북, 울산 과학기술원이 생겼다. 그리고 기존의 직업훈련원을 중심으로 제조업 중심의 산업인력 양성을 위한 기능대학을 만들었고 1997년 다기능 기술자 양성을 목적으로 기능대학법을 제정하였으며, 2006년 기존의 기능대학과 직업전문학교를 통합하여 고용노동부 산하에 전국 8개의 2년제 폴리텍대학을 운영하고 있다.

한국의 대학교육은 해방 이후 엘리트 교육단계에서 한국인의 높은 교육열과 산업화로 인한 경제발전으로 1980년대 동일 연령층 15% 이상이 대학진학자인 대중화단계에 진입하였으며, 2000년에는 고등교육기관 취학률이 52.5%로 2000년 이후에 대학 취학률이 50%를 넘어서는 대중교육단계에 들어섰다. 고등학교 졸업자의 대학 진학률과 동일 연령층의 취학률은 계속 증가하여 2010년에 취학률은 69.3%로 최고에 도달하였으며, 그 후 높은 등록금과 높은 실업률로 인해 조금 떨어졌으나 아직 높은 대중교육단계에 있다. 지금 대학교육의 외형적인 문제는 90년대 중반 이후 급격하게 증가한 대학과 출생률 급감으로 인한 청소년의 감소에 있다. 즉 대학 증가와 학생공급 감소로 불균형이 초래된 것이다. 대학 재학생의 수는 1980년 61만 3,566명에서 1990년 160만 4,518명으로 2000년에는 313만 4,112명으로 20년 동안 급증하였으나, 그 이후 조금 증가하다 2010년 중반부터 감소하고 있는 상태에 있다.[13] 출생률의 급감으로 낮아지기 시작한 출생 인구는 2005년에 최저로 43만 5천 명까지 낮아졌는데 2022년경에 이들 청소년들이 대학에 진학할 것이다. 이때가 되면 처음으로 대학 정

13 이 수치는 「2016 교육통계분석 자료집」의 8쪽 연도별 개항에서 전문대학과정과 대학 과정의 학생 수를 합친 것임. 그리고 표 4-2의 고등교육 학생 수와도 조금의 차이가 있음.

원보다 대학 입학자가 부족한 현상이 발생할 것이다. 대학 진학률도 다른 국가들에 비해 매우 높은데 청년실업도 큰 문제가 되어 대학 수요가 감소될 것으로 전망된다.

표4-1. 고등교육기관의 변화

구분 연도	고등교육기관	전문대학	일반대학
1980년	213(56/157)	128(36/92)	85(20/65)
1990년	224(40/184)	117(16/101)	107(24/83)
2000년	319(42/277)	158(16/142)	161(26/135)
2010년	324(39/288)	145(9/136)	179(30/152)
2017년	327(44/283)	138(9/129)	189(35/154)

교육부, 한국교육개발원, 「교육통계연보」, 교육통계서비스.
• 고등교육기관은 일반대와 전문대만의 통계. (국공립/사립)

고등교육의 변천에 대한 이해를 위해 전문대학의 정비가 끝난 80년대 이후 대학 및 대학생 수의 변화를 살펴보면 다음과 같다. 대학의 변화를 보면 전문대학과 일반대학에는 큰 차이가 있다. 전문대학은 약 35년 동안 수가 조금 증대했지만 일반대학은 2배 이상 증대하였다. 전문대학은 2000년까지 증가하다 이후 감소하고 있다. 일반대학은 증가하다 1990년대 들어 급격히 증대하였는데 이는 이 시기의 대학설립 준칙주의와 연관이 있다. 대학설립 준칙주의로 대학 설립이 크게 자유롭게 된 것이다. 국공립과 사립대학의 수를 비교하면 전문대학에서 국공립은 일반대학으로 전환되어 크게 감소하였고, 각 도에서 도립 전문대학이 설립되어 명맥을 유지하고 있다. 1980년에 전문대학과 일반대학에서 사학의 비는 각각 2.5배와 3.2배 정도였지만 2017년 그 비는 14.3배와 4.4배로 사립대학이 크게 증가하였다. 대학별로 보면 국공립은 전문대학에서 크게 줄었고 일반대학에서 1.5배 증가했다. 사립은 1980년에 비해 전문대학에서 1.4배 일반대학에서 2.4배 증가했다. 이는 국가가 대학교육의 대중화 시대를 맞이하여 그 수요를 감당하지 못하여 사학에 크게 의존하였음을 보여준다. 국가는 경제성장과 민주화에 따른 고등교육 수요의 증대를 사학에 맡기고 국공립의 경우 국립대학의 형태만을 변형시켜 전문대학을 일반대학으로 승격시키는 정책을 추진한 것이다. 이는 전문대학 교육을 상당 부분 등록금에 의존하는 사학에 맡김으로서 일반 대중을 고려한 직업교육과 고등교육정책이 부재하였음을 의미한다. 이는 1990년대 교육개혁의 목표와는 달리 신자유주의 정책으로 국가가 일반 대중을 위한 구체적인 직업교육이나 일반 고등교육 정책에서 실패하였음을 나타낸다. 역으로 교육개혁은 교육부가 모든 대학을 평가하여 예산을 배분하는 권력기관으로 변신하는 기반이 된 것이다. 중등교육은 평준화정책에 의해 준공영화되었음을 고려할 때 고등교육은 실질적인 수요가 증대하고 취업과 직접적으로 연관되어 있음에도 불구하고 교원의 임금이나 시설 지원 면에서 완전 사립재단에만 맡겨진 것이다. 많은 사립대학들의 영리주의식 경영에 기초한 부정부패를 고려할 때 고등교육에서의 제도적 개선이 요구된다. 동시에 이는 서민 가정을 위한 고등교육의 정책이 부재함을 의미한다. 고등교육의 시학화는 피라미드식 대학서열구조하에서의 입시 위주의 교육과 더불어 한국교육의 대표적인 병폐로 존재하고 있다.

고등교육 학생 수를 보면 1980년 56만 8천 명에서 2017년 현재 311만 명으로 5.5배 증가하였다. 특수대학을 제외한 전문대학과 일반대학 학생 수를 보면 전문대학은 약 15만 명에서 67만 명으로 4.9배 증가하였고 일반대학은 약 40만 명에서 205만 명으로 5.1배 증가하여 일반대학 학생의 증가 속도가 빨랐다. 이들을 성별로 보면 여자는 매우 빠르게 증가하였는데 전문대학은 1980년 3만 9천 명에서 2017년 현재 27만 8천 명으로 7배 증가하였고, 일반대학은 9만 명에서 약 83만 명으로 9.3배 증가하여 일반대학 여학생의 증가 속도가 빨랐다. 고등교육에서 여학생의 급속한 증가는 경제성장과 민주화의 영향으로 자녀 수의 급속한 감소와 여성 노동력의 증대 그리고 남녀평등 사고의 발달에 기초한다.

표4-2. 고등교육 학생 수의 변화

구분 연도	고등교육 학생	전문대학 학생	일반대학 학생
1980년	568,055	151,199(39,883)	402,979(90,634)
1990년	1,604,818	323,825(119,345)	1,040,166(296,129)
2000년	3,249,713	913,213(339,233)	1,644,398(596,389)
2010년	3,327,525	767,087(304,846)	2,028,841(778,186)
2017년	3,110,994	677,721(278,246)	2,050,619(839,929)

교육부, 한국교육개발원, 「교육통계연보」, 교육통계서비스.
• 고등교육 학생 수는 특수대학생들을 포함하고 대학원생은 제외. (여학생 수)

이들을 연도별로 살펴보면 전문대학의 학생 수는 2000년까지 급속히 증가하였으나 이후에 계속 감소하고 있으며 일반대학 학생 수는 2010년까지 급속히 증가하다 정체내지 조금 증가하는 형편이다. 여기서 전문대학의 학생 수가 감소하고 일반대학의 학생 수가 증대하는 현상은 주목해야 한다. 이는 대기업과 중소기업의 극심한 임금 차이가 존재하는 현실에서 일반대학들이 취업을 위한 학과로 특성을 바꾸고 있는 것과 학생들이 일반대학을 선호하는 현상에 따른 것이다. 그러나 청년실업이 심각한 현실에서 일반대학의 증대는 재고되어야 할 것이다. 그리고 90년대 중반 이후 급격히 감소하여 2005년 최저에 이른 출생 인구가 2023년에 대학에 입학하기에 더 이상 일반대학 학생 수의 증가를 기대하기 어렵다. 그뿐만 아니라 청년실업문제로 일반대학의 전체적인 정원감원이 요청되고 있다. 이러한 전반적인 고등교육 인구의 변화를 고려할 때 더 현실성 있는 고등교육 정책과 고등교육제도의 변화가 요청된다.

표4-3. 대학의 현황

구분	일반대학 189(35)			전문대학 138(9)		
수도권	서울38(4)	인천3(1)	경기29(1)	서울9	경기31(1)	인천3
충청권	대전11(3) 세종1	충남13(2)	충북10(3)	대전4 세종1	충남6(1)	충북5(1)
경북권	대구3(2)	경북18(2)		대구7	경북16(1)	
경남권	부산12(3)	경남10(3)	울산2(1)	부산9	경남10(2)	울산2
전라도	광주10(2)	전남10(3)	전북9(2)	광주6	전남9(1)	전북9(1)
강원· 제주권	강원8(2)	제주2(1)		강원9(1)	제주2	

교육부, 한국교육개발원, 「교육통계연보」, 교육통계서비스.

지역별 대학 수를 보면 수도권에 70개(37%)의 일반대학과 43개(31%)의 전문대학이 있고, 비수도권에 119개(63%)의 일반대학과 95개(69%)의 전문대학이 있다. 수도권은 인구에 비해 낮은 비율인데 이는 수도권에서의 고등교육기관 설립 억제정책에 따른 것이다. 지역별로 보면 충청권에 일반대학과 전문대학이 각각 35개(18.5%)와 16개(11.5%)가 있고, 경북권에 21개(11.1%)와 23개(16.7%), 경남권에 24개(12.7%)와 21개(15.2%), 전라권에 29개(15.3%)와 25개(17.4%), 강원권에 8개(4.2%)와 9개(6.5%)가 있다. 지역별로는 충청권에 일반대학의 비율이 높고 경상권과 전라권에 전문대학의 비율이 조금 높은 편이다. 이러한 지역별 대학분포에도 불구하고 지역의 많은 고등학교 졸업생들은 서울 소재 지역의 대학으로 진학하여 수능성적에 기초한 대학서열구조를 보인다. 피라미드식의 대학서열구조는 대략적으로 서울대를 정점으로 SKY대학, 서울 소재 일반대학, 지방 거점 국립대학, 지방 국립대학, 지방 사립대학, 전문대학의 순서의 구조를 가지고 있다.

이러한 구조를 가진 고등교육의 문제점을 살펴보면 다음과 같다. 고등교육은 중등교육과는 달리 노동현장과 밀접한 연관을 가지고 있다. 전문대학은 노동시장에 필요한 전문 인력을 양성하는 것을 목표로 하고 있으며, 일반대학도 진리를 탐구하는 상아탑의 전통을 가지고 있으나 실질적으로 고위 전문직을 비롯한 전문 인력을 양성하는 교육을 하고 있다. 일반대학 교육은 진리탐구나 엘리트를 양성하는 교육에서 전문적인 지식탐구를 바탕으로 교양인이나 전문 인력을 양성하는 기관으로 변화한 것이다. 기술의 급속한 발달로 사회변화를 주도하는 전문기술자를 양성하는 대학의 역할은 크게 강조되고 있다. 사회변화에 따라 대학의 형태와 역할이 크게 변화하고 있는 것이다. 현재 고등교육은 양적인 팽창보다 질적인 개선이 무엇보다 우선적으로 요구된다. 지난 반세기 동안 고등교육은 급성장하여 양적인 발전을 이루었다. 그러나 고등교육은 내용적으로 많은 문제들을 지니고 있다. 먼저, 한국 고등교육은 사립대학에 지나치게 의존하고 있다. 정부는 사립대학들을 인수하여 사립대학의 비율을 줄이거나 공영제 방식으로 운영하여야 한다. 일반대학 189개 중에서 35개(18.5%)만 국공립이며 전문대학 138개 중에서 9개(6.5%)만 국공립이다. 국공립대학의 비율이 지나치게 낮고 그 비율도 1980년대 이후 지속적으로 축소되어 온 것이다. 즉 고등교육에 대한 수요가 급증하는 시기에 국가가 예산 부족으로 고등교육을 방기한 것이다. 이러한 형편에서 사립대학은 90년대 교육개혁 이후 대학설립 준칙주의로 크게 증대하였는데 많은 사학의 경우 설립자의 전횡으로 부정부패가 심화되어 있는 형편이다. 이러한 사립대학 이사장들의 전횡을 막을 수 있는 실효적인 사립학교법의 개정과 실천이 요구된다. 즉 사립대학의 투명한 경영과 민주적 운영은 위한 제도적 마련이 필요하다. 2017년의 정권교체로 대학의 방만한 운영을 개선하기 위해 대학평의원회 제도가 마련되었으나 이는 의사결정의 형식면에서 중등학교의 학교운영위원회보다 못할 것으로 예상된다. 그리고 사립대학의 경우 모든 예산이 등록금에 대부분 의존하여 일부 지방대학의 경우 전임교수들이 높은 교육을 받고도 일반 교원보다 낮은 임금을 받고 열악한 교육환경에 처해 있는 실정이다. 이러한 점들과 학력인구의 감소를 고려할 때 경쟁력이 있는 사립대학들을 중심으로 공영제를 운영하거나 국공립으로 전환하는 제도 개선이 필요하다.

둘째, 대학서열화 구조의 해체가 필요하다. 대학서열화 구조는 명문대학 진학을 위한 지나친 경쟁으로 입시 위주의 교육을 조장하여 중등교육 특히 고등학교 교육을 크게 훼손하고 있다. 그리고 학생들은 대학서열화에 기초한 입시 위주의 교육으로 매우 억압적인 일상생활을 영위하고 있다. 입시 위주의 암기식 교육과 공부는 명문대학 진학을 위해 앞줄에 서는 것을 보장받는 것이다. 인생에서 경쟁은 불가피하지만 지나치게 소모적인 경쟁을 부추기는 것이다. 고등학생들의 공부시간은 가장 길어 한국의 과거 산업화 시기의 최장시간 노동시간을 연상하게 한다. 중학생과 초등학생들의 학원 과외와 긴 공부시간도 문제이다. 정보화 시대에 들어 학교에서 어렵게 암기하는 대부분의 것들은 인터넷에서 쉽게 찾을 수 있는 것들이다. 피라미드식의 대학서열구조에 기초한 입시 위주의 교육을 해체하기 위해 국립대학 네트워크를 비롯한 몇몇 대안들이 제시되고 있다. 특수목적 대학들을 제외한 모든 국립대학들에서 서열구조의 해체가 필요하다. 사립대학이 많은 한국의 경우 국립대학통합네트워크 방식의 운영과 예산

지원이 필요하며, 특정 대학에 대한 재정적 특혜를 줄이고 지방 국립대학을 정책적으로 육성할 수 있는 제도적 개선이 요구된다. 이러한 제도적 개혁은 민주시민교육을 등한시하고 입시 위주 교육으로 왜곡된 중등교육을 상당 부분 개선할 것이다.

셋째, 전문대학 교육을 국가 주도로 개혁하는 것이다. 전문대학은 전문직업인 양성을 목적으로 설립된 대학들로 서민 자녀들의 취업과 밀접한 연관을 가지고 있다. 중등교육은 평준화로 사립학교 교원에 대해서도 정부가 월급을 지급하고 시설들을 보수, 유지시키고 있다. 그러나 한국의 세계 최저의 출산율은 좀처럼 변화할 기미를 보이지 않는다. 이의 상당 부분은 높은 교육비에 기초하고 있다. 서민들의 높은 교육비를 줄이고 교원의 신분을 보장하여 전문대학을 국가가 지원하는 정책이 필요하다. 현재 전문대학들은 대부분 사립으로 등록금이 비싸고 학업에 필요한 시설들도 부족하다. 서민들은 전문대학을 졸업하기 위해 높은 등록금을 지불해야 하며, 대기업이나 중견기업에 진입할 수 있는 학과들에 들어가기 어렵다. 산업 현장의 인력 양성에 경쟁력이 있는 전문대학들을 공영화하여 적극적으로 지원하는 정책이 필요하다.

넷째, 대학교육과 대학원교육의 내실화가 필요하다. 대학교육은 고등학교와 대학의 학과를 비교할 때 지나치게 세분화되는 경향이 있다. 고등학교에서는 거의 모든 교과목을 학습하였으나 대학에서는 자기가 속한 학과의 교과목을 중심으로 수강한다. 예로 사회과는 고등학교 교과목의 주요한 한 분야이다. 그러나 자기가 속한 학과 중심의 교과목은 너무 세분화되고 특화되어 많은 경우 교양이나 진로와는 큰 괴리가 있다. 그래서 교과목이 대학원과 같이 특화된 형태로 존재하고, 응용학과가 아니면 취업과 연관되지 못하는 경우들이 매우 많다. 이러한 문제점은 과거에도 지적되어 개선하려는 시도가 있었다. 그러나 학과 중심의 교육과정과 학생활동, 학과 이기주의 등으로 실패하였다.

대학원교육의 경우 수업과 운영에 있어 내실화가 필요하다. 대학원의 인가가 쉬워지고 보편화되면서 한두 명의 대학원생으로 운영되는 학과들이 만연되어 있고, 직장인들의 일반대학원 진학이 용이해져 실질적으로 교육과 내용에 부실을 초래하고 있다. 대학원생이 지속적으로 적게 입학하는 학과들은 정리할 필요가 있다. 지금도 평가에 기초해 대학별로 학과들을 통제하지만 집중과 육성정책이 필요한 것 같다. 그리고 일반대학원과 특수대학원은 명확히 구분할 필요가 있다. 일반대학원은 공부만을 목적으로 하는 학생들을 위한 과정이고, 특수대학원은 특정 목적으로 직장인을 포함한 일반인들을 대상으로 하고 있다. 그러나 현실에서 이러한 구분은 명확히 지켜지지 않는 경우들이 많다. 마지막으로 대학교육이 대중화 단계를 넘어 보편화 단계에 들어서면서 대학원생들의 취업문제가 부각되어 있다. 대학에서 박사 학위자들에 대한 수요가 정체되고, 대학원에 대한 인기가 감소함에 따라 대학원생의 정원을 채우지 못하는 대학들이 증가하고 있다. 여기에 출생률 감소로 인한 청년층의 축소를 고려할 때 효율적이고 내실 있는 대학원 운영을 위한 제도적 개편이 필요하다.

정리하면 고등교육은 지난 20세기 후반 동안 엘리트교육에서 대중교육으로 외형적으로 빠르게 변화하였다. 그러나 내용적으로 지나치게 사학에 의존하여 높은 교육비와 전횡적 운영의 문제를 안고 있다. 이러한 문제들은 지속적으로 지적되었음에도 불구하고 재정 및 지배구조와 연결되어 해결에 어려움이 존재한다. 그리고 피라미드식 대학서열구조는 중등교육을 크게 왜곡하고 있으며 국민들에게 과다한 사교육비와 불필요한 경쟁의 강요로 학생들의 일상생활을 핍박하고 있다. 그리고 일반대학의 백화점식 학과 운영과 대학원의 방만한 운영도 문제이다.

제2절

노동시장과 교육

산업사회에 들어 인간은 신분적 구속에서 해방되었으나 생을 영위하기 위해 노동력을 구매하거나 판매해야 했다. 인간은 자유로운 존재가 된 대신에 스스로 생계를 유지해야 하였다. 자본주의 사회의 기본 원리는 생산수단의 소유 여부와 노동력의 판매이다. 생산수단이 있는 자본가는 노동력을 구매하여 생산을 통해 이윤을 얻고 생산수단이 없는 사람은 노동력을 제공하고 그 대가로 임금을 받아 생계를 영위한다. 그러나 노동력은 다른 상품과 달리 인간과 분리할 수 없고 노동력이 계약되면 인간은 노동하는 동안 구속된 존재가 된다. 그래서 노동력은 노동시간과 밀접한 연관을 가지며, 노동조건과 노사관계는 노동자에게 지대한 영향을 미친다. 그리고 노동력은 노동시간뿐만 아니라 노동력의 질에 따라 큰 차이를 가진다. 노동력의 질은 노동력의 계약을 통해 직업을 결정하는 데 결정적인 영향을 미친다. 노동시장이란 다양한 노동력이 거래되는 추상적인 장소이며, 인간이 고용되고, 노동력을 가지고 승진이나 임금인상을 위해 지속적으로 계약이 이루어지는 장소이다. 자본주의 사회에서 자본은 확대재생산을 위해 노동력을 필요로 하고, 이들의 결합에 의해 생산이 이루어진다. 노동자는 자본이 없기 때문에 노동력을 제공하고 그 대가로 임금을 받는다. 즉 임금 노동이 발생한 것은 사유재산권이 존중되는 자본주의 사회와 밀접한 연관이 있고, 노동력이 계약에 의해 구매되기 때문에 우리는 이를 노동시장이라 부른다. 노동시장에서 이루어지는 노동력의 특성을 알기 위해 우리는 전체 인구를 생산 연령층 인구와 비생산 연령층 인구로 대별하고, 생산연령층인구를 경제활동인구와 비경제활동인구루 구분한다. 경제활동인구는 일을 할 의사가 있는 사람들로 취업자와 실업자로 구분되고, 취업자는 산업별, 직업별, 사업체 규모별, 종사상 지위별 등 구분 방식에 따라 다양하게 구분된다. 그리고 이들 구분에 따른 취업형태는 시대에 따라 지속적으로 변화하고 있다. 산업별 구조를 보면 초기 산업사회에는 1차 산업이 지배적이었고, 산업사회가 발달함에 따라 2차 산업과 3차 산업이 크게 증대하였다. 그러나 후기 산업사회에는 2차 산업이 정체되거나 줄고 3차 산업이 압도적으로 높은 형태로 변화하여, 오늘날 3차 산업은 다시 3차, 4차 5차 산업으로 분류되기도 한다. 이러한 산업구조의 변화에 가장 큰 영향을 미친 요인은 기술발달이다. 20세기에 들어 어셈블리라인에 기초한 반자동화 형태인 포드주의는 대량생산을 가능하게 하였다. 그리고 20세기 중반 이후의 자동화기술은 인간 노동력을 기계로 급속히 대체하여 제조업의 인구 비율을 감소시키고 3차 산업 인구를 크게 증대시켰다. 그래서 20세기 후반의 후기 산업사회는 정보사회와 소비사회로 불리기도 한다.

한국의 노동시장의 특성과 교육과의 관련성을 파악하기 위해 경제활동인구를 산업별, 직업별, 규모별, 종사상 지위별로 살펴보면 다음과 같다.[14] 한국의 경제활동인구는 2018년 3월에 2천 781만 1천 명이고 취업자는 2천 655만 5천 명이다. 먼저 이들을 종사상 지위별로 보면 비임금근로자가 664만 4천 명(자영업자가 561만 8천 명)이고, 임금근로자가 1천 991

14 아래 통계는 인터넷 국가통계포털(KOSIS) 사이트의 국내통계 주제별 고용통계의 2018년 3월 자료임. 그리고 이 장의 교육 외의 다른 통계들도 국가통계포털(KOSIS) 국내통계를 이용하였음.

만 명(상용고는 1천 367만 9천 명)이다. 이들을 규모별로 보면 1인~4인이 953만 3천 명이고, 5인~299인이 1천 451백만 9천 명이며, 300인 이상은 250만 3천 명이다. 즉 300인 이상 대규모 사업체에 종사하는 인구는 전체 취업자의 9%정도이다. 산업별로 보면 3차 산업에 종사하는 인구가 대부분이고 다음으로 제조업에 종사하는 인구가 많으며, 농림어업의 1차 산업에 종사하는 인구는 극히 적다. 직업별로는 사무직에 종사하는 인구가 가장 많고, 다음이 전문직, 다음이 장치 기계조작 및 조립종사자 순이다. 노동시장에서의 임금은 정규직이 비정규직에 비해 2배가 조금 못되는 정도로 높으며, 사업체 규모가 클수록 임금이 높다. 직종별 임금을 보면 관리직이 압도적으로 높고, 다음이 전문직, 다음이 사무직의 순이며, 관리직에서는 공공 및 기업 고위직이 가장 높고, 전문직에서는 법률행정 전문직이 높다. 산업별로는 전기 가스 증기 및 수도 사업이 가장 높고, 다음이 금융 보험업, 다음이 전문 과학 기술 서비스업 순이다.

이러한 노동시장의 특성을 고려할 때 대학생이 선호하는 직장은 직장 안정성이 높고 동시에 임금이 높은 직장일 것이다. 이들 직장은 공기업과 대기업이며, 정규직으로 관리직까지 승진할 수 있는 직장일 것이다. 청년실업은 일자리 부족이 아니라 좋은 일자리 부족에서 초래되는 것이다. 즉 영세 중소기업들을 비롯한 다수 노동시장은 많은 저임금 노동자를 필요로 하며 노동력이 부족하여 이들을 이주노동자로 채우고 있다. 그러나 고등학교 이상의 교육을 받은 청년들은 이들 일자리를 원하지 않는다. 이들은 첫 직장으로 더 안정적이고 높은 임금의 일자리를 찾고 있다.

제3절

청년실업과 현황

1. 청년실업의 개념

청년실업을 알아보기에 앞서 청년의 개념을 살펴보면 다음과 같다. 청년이란 정신적 태도를 강조한 개념으로 결혼이나 대학 졸업 등의 구분 기준에 따라 나이의 적용이 다양하다. 청년이란 활동이 왕성한 남성을 의미하는 개념이었다. 그러나 오늘날 청년이란 남녀 구분 없이 젊은이를 의미하는 개념으로 사용되며, 어린이와 성인 사이의 연령층을 의미한다. 청년이란 생산연령층인 15세 이상의 인구로 어린이뿐만 아니라 소년과도 구분된다. 어른의 개념은 결혼 시기와도 연관되며 평균 결혼 연령은 점차적으로 높아졌다. 1990년에 결혼 연령이 여자는 25.6세 남자는 28.3세였는데, 2015년에 여자는 30세 남자는 32.6세에 이르고 있고, 독신자도 빠른 추세로 증가하고 있다. 따라서 청년이란 15세에서 24세, 15세에서 29세의 연령층을 의미하며, 극히 일부 학자들은 15세에서 34세로 확대되어야 한다고 주장한다.

고등학생과 대학생의 경우 대부분의 학생이 만 15세에서 24세에 해당하며, 이는 협의의 청년이라 할 수 있다. 고등학생은 만 15세에서 17세, 전문대학생은 18세에서 19~20세, 대학생은 18세에서 21세, 군복학생은 만 23세에서 24세, 졸업을 연기한 경우 24세 이상일 수 있다. 일반적으로 청년은 만 15세에서 29세로 대학 졸업 이후 여자는 22세부터 남자는 24세부터 취업을 준비하거나 취업하여 사회생활을 시작하고 결혼한다. 그러나 광의로 청년은 취업 준비나 교육기간의 연장, 사회와 문화적 문제 등으로 인한 결혼 연령 연장과 독신자의 증대를 고려하여 만 30세에서 34세 청년층을 포함한다.

청년 시기에 있어 취업교육은 매우 중요하다. 교육은 한편으로는 인성 발달이나 교양인 양성을 목표로 하고, 다른 한편으로는 사회적으로 필요한 역할과 관련된 지식인과 기능인을 양성하는 것이다. 후자의 측면에서 청년 시기는 매우 중요하다. 교육은 사회적으로는 사회가 정상적으로 작동하는 데 필요한 일자리에 적합한 사람을 양성하여, 사회가 필요한 사람을 선발하는 터전을 마련케 한다. 개인적으로 교육은 개인이 사회의 불평등한 지위체계와 연관된 사회 희소가치를 획득하기 위한 준비과정이다. 공교육은 사회적 불평등을 개선하는 것을 외적 목표로 하나, 실질적 기능은 사회적 특성에 따라 차이가 존재한다. 즉 계층이 고착되거나 불평등한 계층체계에서 상승 이동을 위한 수단의 측면이 실질적으로 훨씬 더 강조되기도 한다.

표4-4. 고교 및 대학 진학률

구분	고등학교 진학률(취학률)	대학 재학생 수 고등교육기관 학생 수	대학 진학률(취학률)
1980	84.5(48.8)	647,505	27.2(11.1)
1990	95.7(79.4)	1,691,429	33.2(36.8)
2000	99.6(89.4)	3,363,549	62.0(52.5)
2010	99.7(91.7)	3,644,158	75.4(69.3)
2015	99.7(92.5)	3,608,071	70.8(67.5)

교육부, 한국교육개발원, 「교육통계연보 2017」, 교육통계서비스.

청년실업의 문제를 파악하기 위해 공급의 측면인 고등교육에 대해 살펴보자. 오늘날 한국의 경우 대학진학률은 매우 높다. 고등학교는 취학률이 증가하여 90%를 넘어섰고, 대학의 경우 취학률은 지속적으로 증가하여 2010년에 거의 70%까지 도달하였다가 그 후 조금 감소하고 있다. 고등학생들의 대학 진학률도 계속 증가하다 2010년 75%로 최고에 이른 후 조금 감소하였다. 대학 진학을 목적으로 하는 일반계 고등학생의 대학진학률은 계속 증대하여 2005년 무렵 88.3%로 최고를 보였다가 특목고나 자사고 등의 영향으로 감소하였으나 80%를 넘고 있다. 이처럼 한국의 대학 진학률과 취학률은 세계 다른 국가들에 비해 높다. 경제가 성장하고 대학생도 급격히 증대하였는데, 왜 대학교육을 받고도 취업을 못 하는가? 1997년 한국의 IMF 이후부터 이태백이란 말이 유행하였다. 즉 20대의 태반이 백수라는 말이다. 이는 이 시기에 구조조정과 취업대란으로 생긴 말이다. 그러나 IMF 이후에도 대학생 수의 급속한 증가와 대기업과 중소기업을 중심으로 한 노동시장의 분절현상으로 청년들의 취업대란은 항시적인 사회문제가 되었다. 오늘날 많은 대학 졸업자들이 몇 년씩 학원을 전전하거나 아르바이트를 하며 취업을 준비하는 것은 다반사가 되었다. 이러한 현상은 한국만의 특이한 현상은 아니다. 정도의 차이는 있지만 고등교육이 보편화되고 자동화로 생력화 현상이 심화되는 현실에서 청년실업은 자본주의가 발달한 국가들에서 보편적인 현상이다. 자본주의가 발달한 국가들에서 청년 시기는 좋은 일자리를 차지하기 위한 취업탐색의 기간이므로 높은 청년실업은 취업준비 기간과 높은 연관이 있을 것이다. 평균 실업률과 비교해 보면 청년실업률은 국가 간 차이가 존재하지만 대부분의 국가에서 높게 나타나고 있다. 이것은 현대적 현상으로 과거와 통계를 비교할 때 더 명확해진다. 과거와 비교하면 고등교육기관은 증대하였는데 고등교육에 적합한 노동시장은 확대되지 않았다. 자본주의가 발달한 모든 국가들에서 20세기 후반 자동화 현상에 의해 제조업 종사자는 정체되었고 3차 산업부분은 급속히 확대되었다. 일부 전문직이 증대하였으나 불안정한 비정규직 노동은 산업화와 더불어 감소하다 자동화와 더불어 급속히 증대하였다. 이러한 상황에서 20세기 중반 이후 대학교육은 동일 연령층의 대다수가 받는 대중교육이 되었는데 이것이 주요 원인이다. 즉 고등교육은 증대하였는데 좋은 일자리가 극히 한정되어 있기 때문으로 볼 수도 있다. 한국에는 지금 백만(2015년 98만 6천 명)에 가까운 많은 이주노동자들이 저임금으로 노동하고 있다.[15] 저임금 노동이 부족한데 동시에 실업과 청년실업이 문제이다. 이는 분명 노동시장의 구조문제와 연관이 있다. 대중교육시대에 많은 대학 졸업자를 위한 사회환경으로서 노동시장구조가 대학 졸업자의 기대를 충족하지 못하는 것이다. 청년실업 문제를 해결하기 위해 노동시장 구조의 개선이 요구되는데 대기업이나 공기업과 유사한 임금을 가진 중소기업들의 육성이 필요하다. 구체적인 청년실업의 대책을 논하기에 앞서 청년실업의 현황과 원인에 대한 더 정밀한 분석이 필요하다. 그리고 실업이란 일을 할 생각과 능력이 있음에도 불구하고 일자리를 얻지 못한 상태로 조사기간 중에 일자리를 찾고 있으면서 1시간이라도 수입이 있는 일에 종사한 사람은 취업자이고 그렇지 못한 사람은 실업자이다. 그러므로 취업자에도 많은 불안정취업자가 포함되어 있다.

15 통계청, 「2015년 외국인고용조사결과」, 사회통계국 고용통계과, 2015.

2. 학생과 청년실업의 현황

1) 청년실업의 배경

표4-5. 청년층의 비율

연도	인구	청년15~19세	청년20~24세	청년25~29세
1990년	42869	10.4(15.2/8.2)	10.1(65.3/5.1)*	10.1(65.3/5.1)*
1995년	45093	8.6(11.2/8.2)	9.7(66.0/4.1)*	9.5(66.0/4.1)*
2000년	47275	8.0(12.0/14.5)	8.2(57.7/9.9)	9.2(70.3/6.0)
2005년	48782	6.2(9.1/12.5)	6.4(57.2/9.9)	7.8(73.6/6.4)
2010년	49554	7.1(6.9/11.9)	6.3(48.9/9.5)	7.8(73.3/7.0)
2015년	51529	6.3(8.8/10.6)	6.9(51.6/10.5)	6.1(75.1/8.8)

통계청, 「경제활동인구」, 국가통계포털(KOSIS).
※20~29세. (경제활동참가율과 실업률).

연도별 청년인구의 변화를 살펴보면 전체 인구에서 청년층이 차지하는 인구 비율은 연령급별로 차이가 있지만 지속적으로 감소하다 2005년 이후 정체되어 있다. 그리고 이러한 추세는 인구통계를 볼 때 당분간 지속되나, 합계 출산율이 감소한 시기에 출생한 아동이 청년이 되는 2015년 이후부터 감소할 것이다. 즉 고령화 현상에 의해 인구는 지속적으로 증가하나 70년대 이후 출산율이 감소하였고, 90년대 중반 이후 합계 출산율이 급격히 감소하였다. 이로 인해 14세까지의 비생산연령층의 비율은 급격히 감소하였고 청년층의 비율도 감소하고 있다. 청년인구의 감소와 고학력화 현상에 따라 15~24세 청년층의 경제활동참가율은 감소하였다. 특히 고등학교 진학률의 증대와 90년대 교육개혁 이후 대학진학률의 증대로 15~24세까지의 경제활동참가율은 2010년까지 계속 감소하였다. 그리고 15~19세까지의 실업률은 10%이상으로 높은 편이나 2000년대 이후 대학진학률의 증대로 감소하였다. 25~29세의 실업률은 평균 실업률에 비해 높은 편이며 지속적으로 증대하고 있다. 그러나 2010년 이후 대학 진학률이 감소하고 있는 현실을 고려하면 이들 수치도 조금 변화할 것이다. 청년실업에서 지적해야 할 점은 실업률에 있어 취업을 준비하는 많은 청년을 제외한 것이다. 청년들은 학교를 졸업하고 첫 직장을 매우 신중하게 선택한다. 첫 직장이 장래 직장생활과 사회생활의 상당 부분을 결정하기 때문이다. 그리하여 원하는 직장에 들어가기 위해 일정 기간 구직을 포기하고 공부를 하는데 이 기간은 취업률에 포함되지 않는다. 이러한 잠재된 실업자를 포함하면 청년실업률은 매우 높아진다.

청년실업의 현황을 분석하기 위해 노동시장에 있어 공급과 수요의 요인을 살펴볼 필요가 있다. 먼저, 공급의 측면을 보면 고등학교와 대학 진학 및 취학률의 큰 변화를 들 수 있다(표4-4). 80년대 50%를 밑돌던 취학률은 2000년 이후 90%를 넘어서 대부분의 학생들이 고등학교를 진학하고 있으며 이러한 경향은 더 증대할 것이다. 15세에서 19세의 청년들의 노동시장 공급은 대학 진학과 군 입대로 매우 제한적이다. 대학 취학률을 보면 1980년 10%를 조금 넘던 취학률은 2000년에 50%로 급증하였고 2015년에 65%를 넘어서고 있다. 즉 24세까지의 청년들 중에서 90년 이전에는 고등학생에서, 2000년 이후에는 대학생에서 비경제활동 인구가 크게 증가하였다.

이러한 공급의 변화는 경제성장 및 산업구조 조정과 연관이 있다. 90년에 5천 불을 넘어선 국민소득은 2000년에 만 불을 넘었고, 80년대 후반 노동집약적 경공업의 산업구조를 조정하고 첨단산업을 육성하였으며, 90년대 후반 IMF 이후 대자본의 소비산업은 급속히 확대되었다. 이러한 현상과 더불어 고학력화 현상은 심화되었다. 그러나 고임금을 제공할 수 있는 중견 사업체들은 크게 증가하지 않았고 다수의 영세 중소사업체에 저임금의 단순노동을 제공하는 이주노동자가 크게 증대하였다. 이러한 변화는 2000년대 이후 15~19세 청년들의 높은 실업률과 연관이 있다. 청년들은 산업구조의 변화와 생활수준의 향상으로 단순노동을 기피하고 대학 진학을 선호하고 있다. 그리고 증대한 대학생은 적절한 일자리의 부족으로 졸업 후 취업을 위해 경쟁을 하면서 공기업 및 대기업의 일자리는 물론 과거 고등학교 졸업자들이 취업한 하위직 공무원에도 직장안정성과 연금 등을 고려하여 취업 경쟁을 하고 있다. 즉 청년들은 고학력화 현상으로 현재 고임금 일자리와 정규직 일자리를 차지하기 위해 치열하게 경쟁하고 있다.

둘째, 노동시장에 있어 노동시장구조와 노동에 대한 수요 변화 측면이다. 수요 변화를 알기 위해 산업사회의 발달과 노동시장 분절현상을 살펴보자. 산업사회의 발달을 중심으로 보면 1980년대 후반 산업구조의 고도화로 저임금의 많은 단순노동에 의존하던 사업체들은 해외로 이주하거나 이주노동자의 저임금 노동에 의존하였다. 산업구조 고도화는 첨단산업의 육성을 의미하는 것으로 자동화를 수반한다. 자동화란 노동력을 기계로 대체하는 것을 의미하며 산업화가 발달한 국가들에서 20세기 후반 들어 제조업에 종사하는 인구는 정체되거나 감소하였다. 즉 산업사회가 발달함에 따라 지속적으로 좋은 일자리가 제조업에서 증대하지 않는다는 사실이다. 이러한 현상은 3차 산업에서도 나타나고 있다. 금융을 비롯한 많은 산업영역에서 단순노동은 자동화되었으며, 3차 산업의 급속한 확대에 따라 자동화가 어려운 일자리에 단순노동의 비정규직 일자리가 크게 증대하였다. 산업발달과 더불어 90년대 들어 신자유주의는 자본을 가진 사람들의 경제적 활동의 자유를 크게 확대하여 대자본에 큰 자유를 부여하였다. 사업 분야에서의 대기업과 중소기업의 하청관계는 중견기업의 증가에도 불구하고 동시에 많은 저임금 중소기업을 확대시켰다. 그리고 체인점과 대형

마트 등을 비롯한 대자본의 서비스업 진출은 자영업을 위축시키고 한국사회에 많은 비정규직 일자리를 양산하였다.

노동 수요에 영향을 미치는 다른 한 요인은 차별적 임금에 기초한 노동시장 분절현상이다. 대표적인 것은 대기업과 중소기업의 분절이다. 대기업과 중소기업은 노동조건과 임금에 있어 큰 차이가 존재한다. 한국의 대기업들은 고임금을 지불할 수 있으며 대부분 노동조합도 발달되어 있다. 이러한 현상은 한국의 산업화 과정에서 기업별 노동조합의 발달과 연관되어 있다. 대기업은 고임금을 지불할 여건이 마련되어 있으며 기업별 노동조합이 발달되어 대기업 종사자는 높은 임금을 받고 있다. 그러나 중소기업은 수직적 위계의 하청 형태로 존재하여 임금과 노동조건에서 차이가 많다. 특히 규모가 작은 영세 중소기업은 고임금을 지불할 능력이 낮으며 노동조건도 열악하다. 즉 대기업과 중소기업은 노동조건과 임금에서 분절되어 있으며 대기업으로 직장 이동도 어려워 분절되어 있다. 이러한 현실에서 학력이 높아진 청년들은 대기업과 정규직 일자리를 원하고 있다. 그러나 그러한 좋은 일자리는 한정되어 있기에 청년실업은 불가피하다.

셋째, 청년실업이 높은 것은 첫 직업을 가지는 것을 매우 중요시한다는 사실과 연관되어 있다. 첫 직업이 평생의 직업을 좌우할 수 있다는 판단 때문이다. 실질적으로 한국사회에서 노동 이동의 경직성은 매우 높은 편이다. 공무원과 공기업은 정년이 보장되며, 대기업도 구조조정이 있으나 정년이 있다. 이러한 일자리를 첫 직장으로 얻는 것은 평생 일자리와 연결될 수 있는 것이다. 그리하여 청년들은 첫 직장을 좋은 직장에서 시작하길 원하며 몇 년씩 직장을 얻기 위해 준비하고, 그래서 청년실업은 다른 연령층에 비해 높다. 이러한 현상은 자본주의가 발달된 국가들에서 정도의 차이는 있으나 공통적으로 나타나는 현상이다. 즉 노동시장에서의 불평등이 심하고 직장 이동이 제한적일수록 첫 직장을 좋은 곳에서 시작하려는 경쟁은 심화될 것이다.

이상의 내용을 정리하면 청년층은 15~24세 또는 15~29세 연령으로, 15~24세의 실업률은 외환위기 직전에 6% 수준을 유지하다가 외환위기와 함께 급증하여 1998년에는 무려 16%에 육박하였다. 이후 실업률은 점차 하락하고 있으나 10%에 근접할 정도로 높은 수준을 유지하면서 사회문제가 되었다. 이에는 출생률 저하나 고학력화 현상들이 크게 영향을 미치고 있다.

1995년에 약 95만 명이던 24세 인구는 20년 뒤인 2015년 약 67만 명으로 줄었으나 청년실업은 큰 문제가 되었다. 이 시기에 인구 감소가 없었으면 고학력화 현상으로 인해 청년실업은 감당할 수 없는 사회문제가 되었을 것이다. 이주노동자의 증가를 고려하면 청년실업은 고학력화 현상과 연관이 있다. 90년대 중반 이후 대학설립이 용이해져 대학생은 크게 증가하였고 그 정점은 2005년과 2010년 사이로 약 80%가 넘는 인문계 고졸자가 대학에 진학하였다. 이로 인해 대학생을 위한 노동시장이 확대되어야 하는데 한국의 현실은 그렇지 못했다. 즉 90년을 전후한 산업구조의 개편과 대학의 증가로 90년대 중반까지 증가하던 고등학교 졸업자의 취업률은 줄고 전문대학과 4년제 대학의 취업률은 증가한 것이다.

80년대 후반 산업구조조정으로 노동집약적 단순노동은 급속히 사라지고 기술집약적 산업이 발달하였으나 자동화로 제조업 종사자는 90년대 들어 정체하고 3차 산업인구가 급격히 증가하였다. 그리고 90년대 후반의 IMF로 인해 직장 불안정성이 증대하면서 대기업이나 공기업은 물론 하위 공무원에서의 많은 정규직 일자리가 대졸자의 지원 대상이 되었다. 국민소득의 증가와 고학력화로 단순노동직은 이주노동자로 채워졌다. 청년들의 연령별 실업률은 교육정도를 막론하고 점차 높아지고 있다. 이는 청년들의 경우 국민소득이 높아짐에 따라 눈높이에 맞는 직업을 구하기 위해 탐색과 준비 기간이 길어지고 누적현상이 심화된다는 의미이다.

2) 청년 취업과 실업

표4-6. 졸업 후 취업률

	고등학교	전문대학	4년제 대학
	계(여성)	계(여성)	계(여성)
1980년	37.9(42.4)	50.3(44.5)	73.0(55.2)
1985년	42.1(49.4)	57.2(49.9)	52.1(31.7)
1990년	51.0(60.2)	71.8(68.2)	55.0(39.7)
1995년	69.3(74.3)	74.2(70.9)	60.9(50.0)
2000년	66.1(69.7)	79.4(78.2)	56.0(53.4)
2005년	52.3(57.0)	83.5(82.6)	65.0(62.3)
2010년	27.6(32.4)	85.7(85.6)	67.4(65.3)
2015년	34.3	69.5(70.0)	64.4(62.4)

교육부, 한국교육개발원, 「취업통계연보 2017」, 교육통계서비스.

졸업 후 취업 현황을 알기 위해 학교 급별 취업률을 살펴보면 다음과 같다. 고등학생의 취업률은 1990년대까지 지속적으로 증대하였으나, 대학교육이 보편화된 시기와 더불어 취업률도 낮아지고 있다. 이는 이주노동자의 초기 형태인 산업연수생 제도의 도입과도 연관이 있을 것이다. 이에 반해 전문대학 졸업자의 취업률은 지속적으로 증가하다 2015년에 감소하였고, 4년제 대학생의 취업률도 80년대 중반부터 2000년까지 낮았으나 2005년 이후 조금 증대하였다. 이러한 현상은 취업하는 학생들의 학력이 높아지고 있음을 의미한다. 국민소득 증대로 단순노동이나 비정규노동이 이주노동자로 채워지고, 고학력화 현상으로 안정성이 높은 공무원과 같은 정규직이나 전문 인력에 고학력자의 취업이 집중되고 있음을 의미한다. 즉 과거 고졸자가 하던 많은 정규직 일을 대졸자가 대체하고 있는 것이다. 전체적으로 보면 고등학교 졸업자의 취업률은 90년대 중반 이후 크게 감소하였으며, 고학력화 현상으로 4년제 대학의 경우 취업률은 80년의 73%이후 크게 낮아졌으나 2005년 이후 다시 증가하여 65%정도의 수치를 보여주고 있다. 그리고 일반대학의 경우 성별로 보면 여성의 취업률이 80년을 제외하면 지속적으로 증가한 것으로 나타났다.

표4-7. 청년의 취업현황

산업별			직업별		
구분	전체	청년	구분	전체	청년
농림어업	1,435(5.4)	24(0.7)	관리자, 전문가	5,689(21.5)	999(30.2)
제조업	4,532(17.1)	621(18.7)	사무 종사자	4,559(17.2)	845(25.5)
사회간접, 기타서비스	20,483(77.4)	2,668(80.5)	서비스, 판매종사자	5,850(22.1)	754(22.8)
-건설업	1,840 (7.0)	106(3.2)	농림어업 숙련종사자	1,336(5.1)	18(0.5)
-도소매, 음식숙박업	5,955(22.5)	860(26.0)	기능, 기계조작 종사자	5,532(20.9)	470(20.9)
-사업,개인, 공공서비스	9,614(36.3)	1,350(40.7)	단순노무 종사자	3,485(13.2)	228(6.9)
-전기,운수, 통신,금융업	3,074(11.6)	352(10.6)			
합계	26,450(100)	3,313(100)	합계	26,450(100)	3,313(100)

통계청, 「고용 2016년 5월 자료」, 국가통계포털(KOSIS). •백분비는 계산. 단위 천 명(%).

청년 취업을 산업별로 보면 전체 산업별 구성비와 대체로 유사하다. 3차 산업에서 사업, 개인 및 공공서비스업이 가장 높고 다음이 도소매, 음식숙박업이다. 비교하면 청년의 경우 3차 산업 비율이 80.5%로 전체 비율(77.6%)보다 조금 높다. 3차 산업은 4개 부분이 있는데 청년 취업자에서 사업, 개인 및 공공 서비스업이 40.7%이고 도소매, 음식숙박업이 26%로 이들 비율이 66.7%를 차지한다. 그 다음이 제조업으로 18.7%이고 다음이 3차 산업의 전기, 통신, 운수, 금융업으로 10.6%이다.

청년 취업을 직업별로 보면 관리자와 전문가가 30.2%로 가장 높고, 다음이 사무 종사자(25.5%), 서비스와 판매 종사자(22.8%), 기능 및 기계조작 종사자(20.9%)이고 단순노무종사자는 적고(6.9%), 농림어업 숙련 종사자는 거의 없다. 즉 전문직, 사무직, 서비스와 판매직, 기술직이 대부분이고 단순노무직이나 농림어업직은 적다.

표4-8. 산업별, 직업별 정규직 비율

산업별	정규직(비율)	직업별	정규직(비율)
농림어업	51(39.5)	관리자, 전문가	3,559(76.4)
제조업	3,378(85.9)	사무 종사자	3,537(83.9)
사회간접, 기타서비스	9,754(62.7)	서비스, 판매 종사자	2,039(56.7)
-건설업	704(48.2)	농림어업 숙련 종사자	32(59.3)
-도소매, 음식숙박업	2,429(65.5)	기능, 기계조작 종사자	2,900(73.1)
-사업, 개인, 공공서비스	4,901(60.8)	단순노무 종사자	1,115(35.6)
전기, 운수, 통신, 금융업	1,720(73.5)		
합계	13,183(67.2)	합계	13,183(67.2)

통계청, 「고용 2016년 8월 자료」, 국가통계포털(KOSIS). •백분비는 계산, 단위 천 명(%).

청년 취업자들은 보수가 높고 직장이 안정적인 일자리를 갖기를 원한다. 이러한 일자리를 구분할 수 있는 기준은 대기업과 중소기업의 구분이나 정규직과 비정규직의 구분일 것이다. 여기서는 자료 구입이 용이한 정규직과 비정규직 자료를 기초로 보수 및 안정성을 비교해보자. 통계청 2016년 8월 자료에 따르면 정규직의 평균 근속기간은 89개월이고 월 평균 임금은 279만 5천 원이다. 이에 반해 비정규직은 평균 근속기간이 29개월이고 임금은 149만 4천 원이다. 이뿐만 아니라 취업시간은 33.2시간으로 정규직의 40.5시간에 비해 짧으나 연금과 건강 및 고용 보험, 퇴직금 가입률, 상여금 수당, 시간 외 수당, 유급 휴가 수혜비율 등에서 2배 이상의 차이를 보이고 있다. 청년들은 당연히 비정규직보다 정규직에 취업하기를 원할 것이다. 산업별 그리고 직업별 정규직의 비율을 보면 위 표와 같다. 평균으로 보면 정규직은 전체의 67.2%이나 이보다 높은 영역은 산업별 구분에서 제조업과 전기, 운수, 통신, 금융업 영역이고 직업별로 보면 사무직, 관리 및 전문직의 영역에서 높다. 청년 취업률이 높은 3차 산업의 사업·개인·공공서비스업과 도소매·음식숙박업에서 정규직비율은 평균보다 조금 낮다.

일치되는 통계가 없으나 청년들의 첫 일자리 근로형태를 보면 취업유경험자(4,121천명) 중에 계속 근무 가능한 취업자는 2,390천 명으로 58%에 지나지 않는다.[16] 이들은 산업별 그리고 직업별 영역들에서 정규직 그리고 더 보수가 높은 직장에 취업하기를 원할 것이다. 그러나 한국의 경우 대기업과 중소기업의 임금 차이가 심하고 정규직과 비정규직의 임금 차이와 작업안정성에 큰 차이가 있고 이러한 차이는 입시 위주의 대학입학 경쟁으로 연결되고 있다. 정부는 청년실업 문제를 해결하기 위해 동일 노동에 동일 임금을 지불하기 위해 중소기업 육성과 비정규직의 처우 개선을 위한 정책을 통해 구조적 문제를 우선적으로 해결해야 할 것이다.

16 통계청, 「고용 경제활동인구」, 국가통계포털(KOSIS), 2016.

표4-9. 청년층의 학력별 취업경로

구분	청년	고졸 이하	대졸 이상
취업유경험자	4,121(100)	1,434(100)	2,687(100)
신문·잡지	1,242(30.1)	541(37.7)	700(26.1)
공개시험	862(20.9)	75(5.2)	786(29.3)
가족·친지	822(19.9)	406(28.3)	416(15.5)
학교(학원)	367(8.9)	112(7.8)	255(9.5)
직장근무자소개	342(8.3)	142(9.9)	200(7.4)
특별채용	105(2.5)	22(1.5)	83(3.1)
그 외	382(9.3)	135(9.4)	247(9.2)

통계청, 「고용 2016년 5월 자료」, 국가통계포털(KOSIS).
•백분비는 계산, 단위 천 명(%).

청년들의 취업 경로를 보면 학력에 따라 차이가 존재한다. 고졸 이하는 신문잡지와 가족친지가 압도적으로 높은 비율을 차지하고 대졸 이상은 공개시험, 신문잡지가 가장 높은 비율을 차지하고 다음이 가족·친지이다. 이는 대졸자의 경우 대기업이나 공무원 등과 같은 안정적이고 보수가 높은 직장에 많이 지원한다는 의미이다. 유사한 통계자료들을 보면 이직 경험자들에서 이직 이유는 보수와 근로시간 등의 근로 여건 불만족이 48.6%로 압도적으로 높은 비율을 차지하고 있는 데서도 알 수 있다. 그리고 청년들의 취업에서의 전공 일치 여부는 일치가 48.2%로 약 반 정도를 차지하여 취업과 연계된 교육과 학과 개설이 요구된다. 즉 청년들은 대부분 대학교육을 받고 있으며 이를 바탕으로 단순노무직이 아닌 일자리에 취업을 하고 있으며 진리탐구나 교양뿐만 아니라 취업 목적으로 대학에 진학하고 있다. 그러므로 종합대학의 순수학문을 전담하는 학과 외에는 사회의 노동시장 구조에 적합한 학과 개편이 요구된다.

표4-10. 2016년 OECD 국가 청년실업률 비율

국가	한국	일본	독일	미국	캐나다	프랑스	영국	네덜란드	덴마크
2016	10.7	5.2	7.0	10.4	13.1	24.6	13.0	10.8	12.0
국가	호주	스페인	이태리	그리스	터키	멕시코	칠레	유럽연합	OECD
2016	12.7	44.5	37.8	47.4	19.5	7.7	15.7	18.7	13.0

OECD Labour Force Statistics: OECD Data, Youth unemployment rata.

국가별 청년실업률은 15세에서 24세까지의 실업률을 표시한 것이다. OECD회원국 전체 청년실업률은 2016년 13%이며 유럽연합 28개국의 평균은 18.7%이다. 모든 국가들에서 청년실업률은 전체 실업률에 비해 높은데 이는 청년들이 첫 직장을 준비하는 과정이 신중하다는 것을 의미한다. 전체적으로 보면 제조업이 발달한 일본과 독일에서 청년실업률이 낮으며 남유럽과 동유럽 국가들에서 청년실업률은 매우 높다. 한국은 OECD 평균이나 선진국에 비해 높지 않은 편이나 일본과 독일에 비해 높은 수치를 보여주고 있다. 그래서 고등학교 및 대학을 포함한 학교로부터 직업세계로의 더 효율적 이행을 위한 교육과 지원 제도가 필요하다.

제4절

청년실업의 원인과 대안

1. 청년실업의 원인

청년실업의 원인에 대한 접근 방법은 다양하다. 접근 방법은 기술발달에 따른 노동시장구조 변동, 노동공급과 노동수요 측면에서의 접근, 구조적 접근과 개인적 접근 등 다양하다. 먼저 기술발달은 취업과 실업에 큰 영향을 미쳤다. 산업화의 진척은 많은 일자리를 도시에 만들어 이촌향도 현상을 심화시켰으며, 대규모 사업체의 증대는 비정규직의 많은 일자리를 정규직으로 변경시켰다. 그러나 산업사회가 고도로 발달하면서 자동화 기술의 발달은 2차 산업에 종사하는 인구의 비율을 정체 또는 감소시켰다. 그리하여 많은 일자리는 3차 산업에서 생겼으나 전문직과 더불어 많은 비정규직의 증대 현상을 초래하였다.

후기 산업사회의 기술발달에 따른 노동시장 구조의 변화를 보면 극소전자기술(ME) 혁명에 따른 자동화 기술발달은 고용 없는 성장을 유발하였다. 자동화는 노동의 유연화를 초래하였는데 기술과 조직의 유연화, 노동의 질과 양적 측면의 유연화를 동시에 가져왔다. 여기에 한국경제는 IMF 관리 시기를 거치면서 신자유주의 경제정책을 급속히 도입하였다. 이러한 현상으로 주주의 이익이 기업실적 판단의 최우선 과제가 되고, 투자

자를 고려하여 혁신적 투자와 위험을 감수하는 투자를 회피하였다. 그리고 노동시장의 양적 유연화 정책과 IMF 이후 재벌 대기업의 구조조정으로 대기업 노동자수가 감소하고, 창업, 분사, 아웃소싱의 확대 등으로 중소기업의 수가 급증하였으며, 대기업과 중소기업이 종속적 하청체계를 맺는 한국적 상황과 급증한 중소기업 간 과다 경쟁으로 인해 중소기업의 어려움이 크게 증대되었다. 이러한 현상은 자본의 효율성의 전제 아래 전체 사업장의 노동강도를 강화시켰을 뿐만 아니라 대기업과 중소기업의 임금과 노동조건의 차이를 심화시켜 좋은 일자리를 제한하였다. 중소기업을 비롯해 증대하는 3차 산업의 비정규직 일자리는 청년들이 기피하였고 이주노동자로 채워졌다. 제조업이 발달한 독일과 일본의 경우처럼 건실한 중소기업을 육성하여 임금과 노동조건의 격차를 줄이는 정책이 필요하다. 즉 산업구조 고도화와 청년 인구의 감소에도 불구하고 좋은 일자리는 한정되어 있기 때문에 청년들의 과다 경쟁으로 취업은 늦어지고 이러한 상황은 청년실업을 증대시키는 요인이 되고 있다.

청년실업에 대한 많은 연구자들은 청년실업의 원인을 수요측면과 공급측면으로 나누어 설명한다. 수요 측면에는 산업구조의 변화에 따른 자동화와 낮은 고용창출, 경제성장의 둔화에 의한 신규 채용의 억제, 경력자 선호와 상시 구조조정과 같은 기업의 인력정책 등이 있다. 수요 측면의 요인으로 먼저 산업구조의 변화를 들 수 있다.(표 4-4) ME혁명을 통한 반도체 기술의 발달과 유연적 기술의 발달은 자동화를 통한 생력화 현상의 강화로 고용 없는 성장을 초래하였다. 기업 일자리의 감소는 고용 없는 성장, 자본기술집약적 산업구조가 고도화됨에 따라 고용창출의 감소로 이어지고 있다.

이러한 경향은 각종 통계 수치에서 나타나고 있다. 대졸자가 주로 취업하기를 원하는 30대 대기업 집단, 공기업, 금융산업 등 괜찮은 일자리는

2000년 이후 정체하거나 조금 증가하였다. 그리고 300인 이상 사업체의 상용근로자 고용자 수는 IMF 이후를 제외하면 큰 변동 없이 증감을 되풀이 하면서 조금씩 증가하고 있다.[17] 그러나 소규모 사업체와 중소기업의 경우 저임금과 열악한 노동조건으로 생산직의 인력부족 현상이 나타나고 있다. 우리나라에서 양질의 일자리는 전문직, 민간대기업, 공공부문의 사무·관리직으로 대표되며, 채용 관행은 신규 졸업자의 채용에서 경력자의 채용으로 변화하여 신규 채용의 감소 현상이 두드러지고 있다.

이는 한국 노동시장의 특성과 연관이 있다. 노동시장의 특성을 보면 기업규모별 고용형태별 노동시장의 분절현상은 임금과 노동조건에서 나타나며, 규모가 클수록 임금이 높고 임금상승률도 높다. 이러한 차이는 종사상 지위별 차이에도 나타나 상용직은 고임금 비중이 많고 임시직 특히 일용직은 저임금 비중이 매우 높다. 즉 저임금 계층은 임시고와 일용고에 집중되어 있다. 이에 따라 취업을 준비하는 청년층은 저임금이나 비정규직 취업으로 잦은 이직을 하여 실업 또는 비경제활동인구에서 저임금이나 비정규직의 악순환을 반복하고 있다. 그리고 대기업들은 경력이 있으면서 능력이 인증된 경력자를 채용에서 선호하며, 시장환경의 변화에 적응하기 위해 조직개편과 구조조정을 하는 경향이 강화되고 있다. 이러한 방법에 의한 성장은 노동력의 수요를 줄임으로서 신규로 채용되어야 하는 청년들에게 취업준비 기간을 늘리거나 실업현상을 심화시키고 있다. 그리고 대기업과 중소기업 간 임금 및 노동조건의 큰 차이는 대기업에의 취업준비를 늘

17 30대 기업 신규채용은 인터넷자료에 의하면 2011년 증가한 이후 매년 차이는 있으나 12만 명 내외에서 정체된 상태이고, 300인 이상 고용자는 매년 8월 수치로 2005년 1,888천 명 2010년 1,944천 명 2015년 2,404천 명 2017년 2,466천 명으로 조금씩 증가(인터넷 통계청 국가통계포털의 국내통계 주제별 '종사자규모별 근로형 태별 취업자' 자료임)하였다.

리고, 중기업들에서 청년들의 이직현상을 높이고 있다. 특히 기술발달과 생활수준의 향상에 따른 3D업종의 기피로 노동집약적 제조업의 해외이전과 저가상품의 수입증대는 제조업 부문의 일자리를 줄이거나 해외이주노동자의 증대를 초래하고 있다. 이러한 대기업의 일자리 감소, 중소기업의 취약한 근무환경, 경력직 위주의 채용구조는 청년실업문제를 부추기고 있다.

공급 측면에는 대학설립 준칙주의에 의한 대학급증과 대학 개혁 지연, 대학서열화와 학벌선호, 3D업종이 많은 중소기업 기피현상, 청년근로의식 등이 있다. 청년들의 직업관을 보면 청년들은 미취업 사유로 임금, 복지, 근로조건의 미흡을 압도적으로 많이 들고 있다. 희망 직업은 대기업, 사회공공서비스업, 전문기술직으로 민간대기업, 공기업, 의사와 변호사를 중심으로 한 전문직, 고급공무원을 비롯한 공무원 등에 집중되어 있다. 이러한 원인은 정규직의 실제 임금, 구직자들이 원하는 임금, 비경제활동인구의 의중임금과 직종 간 노동조건의 차이에서 비롯된다.

노동시장구조와 더불어 공급에 크게 영향을 미치는 요인은 한국의 높은 교육열로 인한 대졸자 인력공급의 증가이다. 학교는 사회에 필요한 일자리를 준비하는 장이기도 하고, 사회의 차별적 일자리를 위해 치열하게 갈등하는 장이기도 하다. 한국사회의 높은 교육열은 부모가 자녀의 교육에 재정적으로 무한 책임을 지는 풍습을 만들었다. 그러나 이는 사교육문제와 고등교육 확대 현상을 가져왔으며 교육활동에 수반되는 비용에 대한 무관심 또는 몰이해를 조장하여 독립성을 저해하고 청년실업에 일조하고 있다. 한국의 교육현상은 높은 교육열의 결과로 공교육이 개인적 성공을 위한 장으로 존재하는 것을 정당화하는 왜곡된 결과를 보이고 있다. 고등교육기관을 비롯한 학교는 국가 및 교육 관련자들에게도 출세를 위한 도구적 장소로 간주되고 있다.

오늘날 청년층의 중소기업 및 비정규직 기피현상은 생활수준의 향상과 고등교육의 증대와 더불어 노동시장의 기업규모별 분절이나 고용형태별 분절에서 비롯된 것이다. 내가 싫어하는 것을 청년들에게 강요할 수 없다. 해결책은 대학교육의 내용을 노동시장구조에 맞게 개혁하고, 대기업과 중소기업 간 하청구조 및 중소기업의 임금과 노동조건을 개선하여 청년들의 이직과 실업현상을 줄이는 것이다.

2. 청년실업의 해결 방안

청년실업에 관한 분석을 종합하면 다음과 같다. 1990년대 이후 15세에서 24세 사이의 청년실업률이 높았으나 25세 이상의 청년실업율도 빠르게 증가하였다. 그 이유는 청년의 기대 수준에 적합한 일자리가 부족하기 때문이다. 즉 고등학교 취학률이 2000년 이후 90%를 넘어서고 2005년에서 2010년까지 인문계 고등학교 졸업자들의 전문대나 4년제 대학 진학률은 약 80%전후였다. 청년실업률이 높은 것은 대학진학률의 증대로 대졸자는 빠르게 증대하였으나, 대졸자들이 희망하는 고임금과 직장안정성이 보장되는 일자리는 대기업과 공기업 등 노동시장의 일부에 한정되기 때문이다. 그리고 일부지만 신규 고졸자의 신규 취업률은 높으나 잦은 이직으로 실업률이 높다. 이는 노동시장의 분절현상에 의해 중소사업체의 일자리가 임금과 노동조건 등에서 열악하기 때문이다. 이러한 문제를 해결하기 위해 정부와 사업체 그리고 교육기관의 다차원적인 노력이 요구된다.

먼저, 정부는 양질의 일자리를 늘리는 정책을 펴야 할 것이다. 지금까지의 경험에 의하면 인턴제도와 같이 입직을 높이기 위한 정책은 우리나라 청년실업을 줄이는 데에 그다지 효과적이지 못하였다. 이보다는 이직을 낮추기 위한 적극적 정책이 효과적일 수 있다. 먼저 건실한 중견기업들을 육성하는 정책이 필요하다. 이는 제조업이 발달한 독일과 일본의 사례를 통해 알 수 있다. 그리고 3차 산업의 지속적인 증가를 고려할 때 적극적인 문화산업의 육성이 요구된다. 즉 전통적인 생활문화를 IT산업이나 BT산업에 접목하고, 소비산업과 관광산업의 증대에 따른 관련 정책들도 필요하다. 이러한 정책과는 별도로 청년실업을 낮추기 위해 대기업과 중소기업 간의 임금 및 노동조건의 격차 완화, 그리고 노동시간 감소를 통한 대규모 사업체의 고용증대, 비정규직의 억제와 차별축소 등에 대한 정부의 장기적인 신중한 정책이 요구된다. 이 외에 정부는 청년 구직자를 위한 사회적 일자리 창출, 복지 사회안전망 구축, 중소기업 취업자에 대한 지원, 중등 직업교육의 활성화와 제도화 등에 대한 대책을 강구해야 한다.

둘째, 정부의 정책에 대한 사업체의 적극적인 협조가 필요하다. 대기업과 중소기업의 간격을 좁히기 위해 대기업과 중소기업의 상생이 필요하다. 대기업은 고임금이 보장되고 노동시간이 긴 경우가 많다. 그러므로 고임금 대기업의 노동시간을 통제할 필요성이 있다. 고임금 대기업의 노동시간에 대한 통제는 일자리를 확대시킬 뿐만 아니라 노동자와 가족의 삶의 질을 향상시키는 데도 기여할 것이다. 그리고 기술발달과 합리화로 대기업은 고용 비중이 감소하고, 중소기업의 고용 비중은 증대하고 있다. 이는 대기업이 많은 관련 사업들을 외주하는 것과 관련이 있다. 그러므로 수직적 하청형태가 보편적인 현실에서 대기업의 중소기업 보호를 위한 사회적 책임 이행이 요구된다.

셋째, 산업 수요에 부응하는 대학운영체제 구축이 필요하다. 대학은 진리를 탐구하는 아카데미에서 비롯되었다. 그러나 오늘날 대중화된 대학은 진리를 탐구하는 장소이자 사회생활에 필요한 응용기술을 교육하는 장소이기도 하다. 그래서 오늘날 대학에는 순수학문 분야뿐만 아니라 응용학문 분야 그리고 취업 연관 학과들도 많다. 정보사회에 들어 산업체의 연구소와 같은 대학의 연구 역할은 강조되고 있다. 그뿐만 아니라 산업체에 필요한 전문 인력의 양성도 과거 고등학교 교육에서 대학으로 옮겨져 많은 전문대학들이 이 역할을 담당하고 있다. 그리고 최근에는 전문대학들도 일반대학으로 많이 바뀌어 일반대학에 전문인력 양성과 관련된 학과들이 크게 증가하였다. 이러한 사회적 추세에 맞추어 순수학문과 응용 및 기술 학문을 중심으로 대학들을 구분하고 구조 조정할 필요가 있다. 실업문제를 해결하기 위해서는 전문인력 양성 대학과 학과들을 중심으로 사회와 기업이 요구하는 인력 양성을 위한 대학운영의 유연화, 기업이 원하는 교육과정의 도입, 산학협력의 활성화, 사내대학 활성화 추진, 대학의 취업지원 기능 강화 등이 요구된다. 그리고 서민들의 교육비 부담을 줄이고 사회에 필요한 전문 인력을 양성하기 위해 사립 중심의 전문대학을 국공립으로 변경하거나 공영제로 전환하여 활성화하고, 전문대학과 특성화 고등학교의 지원 정책이 훨씬 더 강화되어야 한다.

제5장 사회 불평등과 교육

제1절

사회 불평등과 사회계층

인간의 삶에 있어 불평등은 어디에서 비롯되는가? 모든 생명체에 있어 불평등은 존재한다. 공통적인 것은 태어날 때부터 주어진 선천적 불평등이 존재한다는 것이다. 모든 생명체는 환경적, 신체적, 유전적 차이를 가지고 살아간다. 동물을 보면 함께 똑같이 태어난 새끼도 신체적 차이가 존재한다. 이러한 차이는 타고난 선천적 차이이다. 인간도 생명체이기에 이러한 타고난 선천적 차이는 존재한다. 그러나 동물에게서 볼 수 없는 인간만이 가진 차이도 존재한다. 인간은 다른 동물과 달리 자연에 적응하는 과정에서 토지를 점유하고 지속적으로 도구를 발달시키고 사회를 확대시켜 왔다. 이러한 과정에서 사회 희소가치는 불평등하게 가족제도를 통해 자녀에게로 상속되었다. 이는 다른 동물에서 볼 수 없는 인간만의 독특성이다. 인간은 선천적인 차이뿐만 아니라 사회계층적 불평등 속에 있는 부모에서 태어난다. 선천적 불평등인 유전적 불평등보다 사회적인 불평등은 인간에게 훨씬 더 큰 영향을 미친다. 사회계층의 차이는 능력의 차이보다 사회적 갈등의 결과물인 경우가 많다. 이는 개인적인 유전적 차이의 결과이기보다는 집단적 갈등의 결과물이 영속화된 것이다. 신분계급의 차이는 신체적 힘의 차이나 타고난 재능의 차이가 아니라 부모가 어떤 신분인가에 의해 결정되는 것이다. 이처럼 타고난 사회 불평등은 삶의 기회에 있어 매우 중요하다.

사회 불평등은 인간이 사회생활을 하면서 형성한 사회 희소가치가 사회성원들에게 불평등하게 배분된 현상을 말하고, 이러한 사회현상을 사회계층이라 말한다. 사회계층은 사회계급과 많은 경우 같이 사용되나 계층과 계급의 의미는 차이가 있다. 사회계층과 사회계급은 불평등의 차이를 설명하고 강조한다는 점에서 동일하다. 가장 큰 차이는 계급은 지배와 피지배와 같은 관계적 개념이고 계층은 상층, 중층, 하층과 같은 불평등을 기술하는 개념이다. 이외에도 계급은 많은 경우 마르크스주의의 계급 개념처럼 경제적 개념이고 실천적 개념이다. 이에 반해 계층은 다양한 사회 희소자원을 통칭하는 개념이고 불평등을 알리는 서술적 개념이다. 역사 구분으로 사회계급을 보면 지배계급은 대부분의 경우 육체적 노동에서 면제되어 있다. 전통사회에서 지배계급은 승려, 통치자, 무사와 같은 역할을 맡은 계층이었다. 그리고 농업, 상업, 공업에 종사하는 사람들은 평민이었고, 노비나 노예와 같은 최하층 신분이 존재하였다. 사회 희소가치는 역사에 따라 큰 차이가 존재하나 근대사회 이후 사회성원들이 보편적으로 추구한 대표적인 사회 희소자원은 돈, 권력, 명예 등이다. 인간은 자연 상태에서 자연적 환경이나 유전적 특성의 차이에 의해 삶을 살았으나 정착생활을 시작하면서 사회를 형성하고 사유재산을 중요시 여기고 이를 상속하게 되었다. 인간은 다른 동물들과 달리 정착생활을 하고 사회를 만들면서 부모의 재산을 자녀들에게 상속하는 특성을 가지게 되었다. 루소는 주인이 없는 땅에 인간이 울타리를 치면서 사회 불평등은 시작되었다고 말한다. 인간은 사회 속에서 태어날 때 사회 희소가치의 배분에 기초해 층화된 사회계층에서 부모들이 속한 위치에 따라 서로 다른 삶을 살게 된다. 그래서 타고난 유전적 특성뿐만 아니라 부모의 사회계층에 따라 사회 불평등이 영속화된다. 이러한 인간 사회의 특성에 의해 사회 희소가치를 추구하려는 인간들의 경쟁과 갈등은 보편적인 사회현상이 되었고, 사회 불평등을 시정하려는 사회적 또는 개인적 노력들도 존재했다. 사회 희소가치를 가진 사람들은 힘든 육체적 노동에서 면제되었으며 노동의 결과물을 향유하였다. 노동의 결과물은 생산수단을 소유한 소유자의 몫이 되었고 일부는 노동을 하는 사람의 생존 유지비와 국가 세금으로 이전되었다. 사유재산을 많이 소유한 귀족이나 자본가들은 육체노동에서 면제되었으며 사유재산을 관리하는 일에 집중하였다. 사유재산이 적거나 없는 사람들은 육체적 노동을 하였으나 역사적으로 시기에 따라 그들의 삶의 특성은 큰 차이가 있었다. 이들은 근대 이전 사회에서 노예나 노비, 농노나 평민이었고 육체적 힘든 일들을 맡아 하였다. 이들 대다수는 제도적인 교육에서 제외되었고 교육은 사유재산을 가진 자의 전유물이 되었다. 근대사회에 들어 이들은 많은 자유를 얻었으나 경제적으로 가진 것이 적어 계약 노동을 하여 생존하는 존재가 되었다. 사회적 분업 발달로 직업이 분화되고 노동이 복잡해짐에 따라 사회 희소가치의 배분 차이도 매우 다양해졌다. 노동을 위한 다양한 교육들도 직업과 노동이 분화됨에 따라 학교교육이 담당하게 되었다. 산업과 민주주의의 발달로 20세기를 전후하여 초·중등교육은 크게 확대되었고, 20세기 중반 이후에는 대학교육도 대중교육이 되었다.

현재 사회계층과 계급 개념은 마르크스와 베버의 계급과 계층에 대한 설명에 기초한다. 마르크스의 계급론은 19세기 서구 자본주의를 분석하면서 사적 소유에 기초한 생산 관계를 중심으로 계급을 자본가와 노동자 그리고 구중산자, 극빈자로 구분하고, 노동계급과 구중산층 그리고 극빈자층의 순환적 이동을 강조하였다. 신분제도가 사라졌으나 재산이 없는 사람들은 생존을 위해 노동을 하여야 하고 재산이 있는 사람들은 이익을 위해 자본과 생산수단을 투자하였다. 산업자본주의가 발달한 사회에서 가장 중요한 계급 관계는 자본가와 노동자 관계인 것이다. 산업혁명 이후 기계화로 숙련공은 줄어들고 노동자는 기계화와 분업으로 단순노동자로 동질화되는 현상이 증대하였다. 그리고 마르크스 사후 기업 조직이 거대해지면서 고용되었으나 노동을 통제하는 신중산층이 증대하고 이 개념이 마르크스주의자들을 중심으로 새로이 구분되어 사용되고 있다. 한편 20세기 전후를 배경으로 베버는 사회 희소가치를 재력, 권력, 위신을 대표적인 형태로 들고 이들과 연관시켜 계급, 정당, 지위집단으로 계층현상을 구분하였다. 그는 계급보다 광의 개념인 사회계층이란 개념을 사용하였고 이들을 재력집단, 권력집단, 위신집단으로 구분하였다. 그에게 있어서도 계급은 중요한 개념인데, 재력집단과 관련된 계급을 시장에서 재화와 용역을 처리할 수 있는 능력에 따라 구분하였다. 거대 사업체가 증대하면서 화이트칼라의 신중산층은 용역을 처리할 수 있는 능력에서 노동자층과 분리되었다. 베버의 전통을 이어받은 파킨은 사회적 폐쇄 즉 자원과 기회에의 접근의 제한을 강조하였다. 사회적 폐쇄에는 기업의 의사 결정 과정에의 차단과 특권적 지위에의 접근 차단의 형태가 대표적이다. 의사 결정에의 차단은 생산관계에 기초해 경영이나 주주총회 참여에 대한 자격 제한을 말하며, 특권적 지위에의 차단은 졸업장과 자격증에 의한 제한을 말한다.[18] 오늘날 명문학교 졸업장은 과거의 신분증과 같이 특권의 형태로 사용되는 경우도 많으며, 사회 희소가치와 연결된 자격증은 평생 특권을 유지시킬 수 있다. 사회계층구조는 이러한 사회 희소가치가 불평등하게 배분되어 있는 사회구조를 말한다. 이는 계급구조일 수도 있으나 일반적으로 다양한 사회 희소가치를 포함한 계층구조를 말한다. 계급구조는 다양한 계급 관계에 기초한 사회구조를 포함하나 일반적으로 경제적 측면을 강조한 노동시장에서의 관계적 사회구조를 의미한다. 반면에 계층구조는 돈, 권력,

18 파킨의 사회적 폐쇄 개념은 김천기(2013)의 저서 『교육의 사회학적 이해』 6장에서 가져와서 사용하였음.

위신 등의 사회 희소가치에서 연속적 층화구조를 의미하나 교육, 소득, 직업 지위를 고려한 사회경제적 지위 개념을 기초로 직업별 층화구조로도 많이 표현된다.

제2절

사회이동과 교육

사회계층 현상에서 사회이동은 교육과 밀접한 연관이 있다. 사회이동은 사회계층의 위계에서 개인이나 집단의 지위 변동을 의미한다. 사회이동에는 구조적 이동과 개인적 이동이 있다. 구조적 이동은 사회변동에 따른 사회 전체 계층구조에 있어 변동을 의미한다. 예로 빈곤층이 많은 사회에서 중간층이 많은 사회로 변동한 것은 구조적 이동이다. 직업이 미분화된 사회에서 산업화로 직업이 다양하게 분화된 사회로 변화하는데 이 경우 구조적 이동도 일어난다. 대중사회에서 대중매체의 발달로 연예인이나 프로스포츠인의 명성이 높아지는 것도 구조적 이동의 한 형태이다. 개인적 이동은 사회계층구조 내에서 개인의 사회이동으로 세대 내 이동과 세대 간 이동으로 구분된다. 사회계층 현상은 모든 사회에서 보편적 현상이나 사회에 따라 정도의 차이가 있다. 역사적으로 보면 사회계층에 중요한 재력이나 권력을 결정하는 요인은 다양하다. 이들은 개인적 능력이나 환경적 조건과 연관이 깊을 것이다. 그리고 개인적 능력은 가정이나 학교 그리고 사회에서의 사회화나 교육을 통해 이루어질 것이다. 근대 이전 국가들은 상위층을 중심으로 사회 통치와 심신 수련을 위한 교육제도를 가지고 있었다. 이 시기에 종교, 정치, 군사, 노동 등의 일들은 사회계층에 따라 구분된 경우들이 많으며 노동을 위한 교육은 도제적 방식이나 개별적인 형태로 이루어지는 경우가 많았다. 산업사회로 변화함에 따라 노동에서 신분제적 장벽은 사라졌으나 사회 희소가치의 차별적 배분에는 변함이 없었다. 그리고 사회계층구조의 위계에서 특정 신분으로의 이동을 제한하는 신분제도는 사라졌으나 계층적 차이는 보편적으로 존재하고 있다. 이러한 현상은 고등교육이 보편화된 현대사회에서도 마찬가지이다. 사회이동은 부모와 자녀 사이의 사회이동인 장기적인 세대 간 이동과 한 인간의 생애에서 이루어지는 단기적인 세대 내 이동으로 구분된다. 세대 내 사회이동과 세대 간 사회이동은 모두 현대사회에서도 보편적이다.

사회계층구조는 위계적 구조를 가지고 있다. 사회계층구조에서 상위 5%정도의 최상층은 일반적으로 전체 재산의 많은 부분을 차지하고 있다. 그리고 이 상층은 개인적 노력이 아닌 상속에 의해 구조화되어 있는 경우가 대부분이다. 그러므로 대부분의 사회에서 최상층으로의 수직적 사회이동은 매우 희박하다. 대부분의 사회이동은 화이트칼라와 블루칼라의 중간층에서 이루어진다. 대부분의 청소년들의 경우 희망은 중상류층인 전문직으로의 사회이동이다. 중상류층으로의 진입은 의대, 로스쿨, 일부 특성화 대학들처럼 높은 소득이나 권력을 얻을 수 있는 대학들에 진학하거나, 명문대학을 거쳐 대기업에 취직하여 관리직으로 승진하는 경우 진입이 가능하다. 그 외의 방법은 재산가인 부모의 도움으로 관리자나 고용주가 되거나 자영업으로 성공하는 경우이다. 즉 사회이동에서 최상층으로의 이동은 매우 제한적이고 고등교육을 통해 전문직이나 관리직으로 진입하여 중상류층이 되는 것이 일반적으로 기대할 수 있는 사회이동이다. 재산이 없는 사무직과 노동자층의 경우 교육을 통한 세대 간 직업 변경으로 사회이동은 빈번한 편이다. 특히 지속적인 경제성장으로 사무직이나 전문직이 크게 증대하는 경우 세대 간 상승 사회이동은 구조적 사회이동으로 자연적으로 이루어진다. 부모의 사회계층은 교육에 큰 영향을 미치지만 재산이 적은 경우 교육은 사회이동의 중요 수단인 것이다. 그러므로 교육을 통한 세대 간 사회이동은 기술직이나 사무직 그리고 전문직에서 많이 이루어진다.

오늘날 선진 국가들에서 대학진학률은 매우 높다. 20세기 중반 이후에 대학교육은 대중교육이 되어 고등교육은 상위계층의 전유물에서 벗어났다. 그리고 교육을 통한 사회이동의 열망도 매우 높아졌다. 구조기능론의 사회학자들은 20세기 교육의 확대 현상에 기초해 현대사회를 실력사회로 설명한다. 교육을 통한 사회이동을 강조한 것이다. 이들은 실력사회로 규정한 현대사회에서 사회 불평등 현상을 당연시한다. 이들의 논리를 보면 사회에는 기능적으로 중요한 자리들이 존재하고, 이들 자리는 교육을 많이 받은 능력이 있는 사람들에 의해 채워져야 한다. 그리고 고등교육을 많이 받기 위해서는 많은 노력과 희생이 수반되기 때문에 이들을 더 많은 사회 희소가치로 유인해야 한다. 그래서 사회계층 현상은 불가피하고 사회계층은 능력에 따라 구조화된다는 것이다. 이러한 주장에 반대하는 갈등론의 사회학자들이 있다. 이들에 의하면 사회에 중요한 일자리의 중요도는 명확히 정하기 어려우며, 교육을 위한 노력과 희생은 상당 부분 부모의 몫이다. 그리고 중요한 일을 위한 다양한 유인 요인이 있어 구조기능론의 주장은 불평등사회를 정당화하는 논리라는 것이다.

이러한 교육 관련 사회계층 논쟁은 상업이 중시되고 과학과 연관된 노동이 경제적 부를 생산하는 현대사회에서 적합하다. 그러나 기능론적 주장은 교육의 역사적 특성을 등한시하고 있다. 역사와 더불어 사회계층 현상은 존재했고 교육은 노동에서 면제된 상위층의 몫이었다. 그리고 고등교육이 보편화된 오늘날에도 교육을 통한 사회이동은 한계가 있다. 오늘날에도 최상류층이 되는 것은 교육보다 상속에 의한 요인이 크며, 중상류층으로 연결되는 의대, 로스쿨 등을 비롯한 전문 교육은 전문직의 자녀들의 비율이 높고, 단순 노동의 일자리에는 교육 수준이 낮은 하위 계층의 자녀들이 많다. 실력사회라기 보다 교육이 사회이동의 한 요인으로 작용하는 것이다. 오늘날 선진 국가들에 보편적인 프로 세계에서 많은 연봉을 받는 선수들이 압침의 모습처럼 극히 일부 있듯이 빈곤자가 교육을 통한 최상류층으로 사회이동 하는 것은 극히 한정되어 있다. 즉 최상류층에의 진입은 극히 제한적이고 넓은 중위층 내의 이동이 일반적이며 최하위층의 사회이동도 제한적이다. 중위층에 있어 사회이동은 대기업이나 공기업 등의 고소득 정규직 노동, 중견 기업이나 일반 공무원 등의 적정 소득 정규직 노동, 다양한 소득 형태를 가진 근대적 형태의 자영업, 저소득의 비정규직과 영세자영업 등에서의 이동 등으로 분류된다. 그리고 이들 이동은 직장 내 이동과 직장 간의 이동으로 구분할 수 있을 것이다.

사회이동에 대한 이해를 위해 구조적 이동과 순이동을 구분할 수 있다. 구조적 사회이동은 사회변동에 따른 사회계층구조의 변동을 말한다. 예로 국민소득이나 교육수준이 상승하여 전체 국민의 사회경제적 지위가 향상된 경우는 구조적 사회이동으로 볼 수 있다. 순이동은 총 사회이동에서 구조적 사회이동을 제외한 개인의 사회이동을 말한다. 사회이동은 산업사회가 되면서 크게 증대하였다. 산업사회가 발달하면서 처음에 제조업에 종사하는 인구가 크게 증가하였고 20세기 중반 이후에는 서비스업에 종사하는 인구가 크게 증가하고 있다. 이러한 노동시장 구조의 변화는 교육인구의 변화와 연계되어 있다. 19세기 중반 이후에 초등학교가 급증하였고 20세기 전후에는 중등학교가 크게 확대되었으며 20세기 중반 이후에는 대학의 고등교육이 크게 확대되었다. 그리고 고등학교와 대학교육은 노동시장의 성격과 밀접하게 연관되어 있어 산업사회가 발달하면서 학교에서의 학과 명칭과 교육내용도 대응하여 변화하고 있다. 그리고 오늘날에는 과학과 생산의 연계성이 증대하면서 산학협동이나 대학이나 산업체 소속 연구소의 중요성이 크게 증대하고 관련 대학원도 확대되고 있다. 이러한 노동시장구조의 변동은 교육구조의 변동을 수반하고 동시에 구조적 사회이동을 가져온다. 그러나 불일치 현상도 존재한다. 교육수준은 향상됨에도 불구하고 전문직과 비정규직의 비율은 동시에 증가하고 청년실업도 증대하고 있다. 즉 사회계층구조에서 중간층이 양극화되는 현상도 가정된다. 좌우간 20세기 이후 교육의 중요성이 확대되면서 사회이동에 있어 교육의 매개 역할이 확대된 것이다. 부모의 사회경제적 지위가 자녀의 교육을 결정하고 자녀의 교육이 자녀의 사회경제적 지위를 결정하는 경향이 높아진 것이다. 이러한 현상은 현대사회를 실력사회로 규정하는 논리로 이어져 왔다. 이는 1940년대 이후의 사회계층 불가피론 논쟁과 블라우와 던컨의 지위획득 모형으로 나타나고 있다. 이들 모두 매개 요인으로 교육을 강조하고 있고, 교육을 강조한 실력사회를 강조하고 있다. 그리고 이러한 입장은 교육의 확대를 산업사회의 기술발달과 전문화 현상과 연관해 설명하고 있다.

분명 현대 교육은 과거 도제의 형태로 행하여지던 많은 훈련을 교육제도의 영역으로 수용하였고, 과학과 생산의 결합에 따라 생산의 많은 활동은 고등교육기관을 확대시키고 있다. 그러나 대중고등교육이 현실화된 상태에서 과잉교육에 대한 논의도 지속적으로 활성화되고 있다. 고등교육을 전인교육이 아닌 사회적 수요를 충족하기 위한 직업교육으로 볼 때 대학교육은 이미 과잉교육인 것이다. 많은 대학 졸업자들이 취업을 못하고 있으며 고등학교 졸업자를 수용하는 일자리에 몰려 경쟁하고 있다. 콜린스가 지적한 것처럼 고등교육의 확대는 노동시장의 필요성에 의하기보다 재력, 권력, 지위를 얻기 위해 교육을 한 결과이기도 하다. 더 나은 사회 희소가치를 얻고 행복한 삶을 보장받기 위해 고등교육을 받고 경쟁하는 것이다. 그리고 사회계층 논쟁에서처럼 사회 희소가치를 누릴 수 있는 직장의 취업이 개인의 노력만으로 이루어지는 것도 아니다. 이들 자리에의 취업은 명문대학 및 부모의 사회경제적 지위와 연관되어 있다. 즉 부모의 사회경제적 배경이 자녀에게 경제자본, 사회자본, 문화자본으로 연결되며, 이를 통해 자녀는 학업성취도뿐만 아니라 가치와 태도에 있어 장점을 가지며 진학과 취업에 유리할 수 있다. 가족환경과 분위기가 성장과정의 사회화에 영향을 미치고, 교육을 위한 경제적 뒷받침이 되는 것이다. 그리고 이러한 가족 배경은 자녀의 학업성취도, 명문대학과 특성화대학 입학뿐만 아니라 주택 구입이나 자영업 지원과 같은 사회생활에도 영향을 미친다. 모두 사회이동에 있어 교육의 중요성을 강조하는데 교육이 개인적 노력뿐만 아니라 가족적 배경과 밀접한 연관을 가지고 있는 것이다.

사회이동의 범위는 개방사회임에도 불구하고 한정되어 있다. 사회이동은 산업화가 고도화되어 대규모 사업체가 일반화되고 고등교육이 대중화됨에 따라 20세기 이전과는 큰 차이를 보여주고 있다. 사회이동에 있어 교육의 중요성이 증대한 것이다. 20세기 초반 소로킨은 폐쇄명제와 완충지역명제를 발표하였는데 사회이동은 폐쇄명제처럼 중간 부분에서의 이동이 대부분이고 극단에서의 이동이 적다. 극단에서의 사회이동에서도 특히 최상층으로의 이동은 극히 제한적이다. 그리고 완충지역명제처럼 중간 부분에서의 사회이동이 많은데 육체노동과 정신노동 영역 간의 세대 간 사회이동이 많다. 이러한 소로킨의 주장은 이후 많은 학자들에 의해 연구되었다.[19] 이러한 연구들은 사회이동에 있어 대규모 사업체에서의 피고용 경영자, 엘리트 집단에의 진입, 성취지위의 중요성, 성별 사회이동 등의 논의로 발전하였다. 세대 내 사회이동의 경우 첫 직장은 매우 큰 의미를 가진다. 청년실업이 높은 것은 이와 연관이 있다. 과잉교육이 보편화된 현실에

19 소로킨의 사회이동에 대한 논의는 에젤의 『계급사회학』의 제5장 '계급과 사회이동'(스테판 에젤 지음, 신행철 옮김, 『계급사회학』, 한울, 2001)과 양춘 외의 『현대 한국사회의 계층구조』의 제3장 '사회이동과 지위변화'(양춘 외, 『현대 한국사회의 계층구조』, 집문당, 2001)을 참고.

서 많은 졸업자들은 더 나은 직장을 구하기 위해 준비하거나 직장을 옮기기 위해 노력한다. 이러한 현상은 청년들이 희망하는 좋은 직장이 한정되어 있기 때문이다. 청년들에게 좋은 일자리는 의사나 변호사와 같은 전문직 자격증이 주어지는 일자리, 고시시험을 거쳐 가는 관료, 공기업이나 대기업과 같은 높은 보수와 안정된 직장이 보장되는 정규직 등이다. 노동시장에서의 이동은 대기업이나 공기업에서 근무하다가 사정으로 중소기업으로 이동하는 경우가 대부분이고 역의 경우는 초기의 경력 사원 모집 외에는 매우 드물다. 공무원의 경우에는 보수는 적은 편이나 정년이 보장되어 희망하는 청년들이 많다. 직장 내 내부 노동시장에서의 사회이동의 경우 정규직은 직급에 따라 한계가 있지만 근무연수에 따른 일정 정도의 상향 이동이 일반적이다.

제3절

사회를 보는 관점과 교육 불평등

가정과 지역사회에서 교육과 사회화는 인성 형성에 매우 중요하다. 교육을 사회와 연결하여 사회화이론으로 발달시킨 사람은 프랑스 사회학자 뒤르켐이다. 그는 교육에서 사회화를 강조하였는데, 그에 의하면 교육은 사회가 가지고 있는 다양한 가치와 사회규범들을 내면화하는 과정이다. 근대국가가 발달함에 따라 유기적 연대의 이익사회에 적합한 가치와 규범을 교육하는 일이 강조된 것이다. 그는 전통적 공동체가 붕괴되고 유기적 연대의 산업사회가 발달하면서 이익사회에서의 아노미 현상을 피하고 사회질서를 유지하기 위해 시민적 도덕교육을 강조하였다. 그에게 교육은 자기이익이나 사회 권력을 초월한 것으로 사회계약으로 이루어진 사회규범에 기초한 도덕적 집합의식을 내면화시키는 과정이다. 현실적으로 교육은 개인에게 주어진 사회적 사실들로서의 사회구조, 법과 규범들을 외적으로 전달하고 내면화시키는 과정이다. 이러한 관점은 도덕교육을 강조하나 자본주의 사회에서의 사회 불평등과 관련된 실제 교육 현실을 등한시한 것이다. 뒤르켐이 강조한 사회화는 이후에 미시적 관점을 가진 학자들에 의해 구체화되었는데, 이들은 어릴 때 가정에서의 사회화 과정을 강조하였다. 즉 가정이나 지역사회에서의 상호작용이 자아나 인성 형성에 영향을 미치는 과정을 강조하였다. 이들에 의하면 교육도 단순한 수동적 사회화가 아니라 비판적 사고로 건전한 자아와 인성을 육성하는 과정으로 변경되었다. 즉 사회화에 대한 관점이 변화된 것이다. 현재, 사회화는 수동적으로 사회가치나 규범을 내재화하는 과정이고, 불평등한 사회에서 특정 계급의 이데올로기를 내재화하는 과정이고, 작게는 자아나 인성을 형성하는 과정이다.

사회를 보는 시각에 따라 사회화에 대한 이론들이 강조하는 부분이 달라 설명에 큰 차이가 존재한다. 기능론의 학자들은 사회화를 현존하는 사회의 다양한 가치와 규범을 내면화하여 사회를 안정되게 존속시키는 과정으로 설명하였고, 갈등론의 학자들은 지배계급의 가치와 규범인 이데올로기를 모든 사람들이 내면화하는 과정으로 설명하였다. 그리고 상징적 상호작용론의 학자들은 사회화가 수동적으로 이루어지는 것이 아니라 사회화 과정에 객체적 자아와 주체적 자아의 변증법적 상호작용 과정을 통해 자아가 발달하는 과정이라는 점을 강조하였다. 구조기능론의 대표적 학자인 파슨스는 학교교육은 그 사회의 특성을 반영하는데 대규모 사업체가 보편적인 산업사회에서의 학교교육은 산업체에서 필요한 규범을 학습하는 장이라고 규정하였다. 조직 생활이 보편적인 산업사회에서 학교는 조직생활에 필요한 지식 및 기술과 더불어 규범 지키기, 시간 지키기, 지시 따르기, 일탈하지 않기 등의 잠재적 교육과정을 학습하는 장소이다. 산업사회에 필요한 질서를 학교에서 교육받는 것이다. 그리고 학교는 분업화된 현대사회에서 다양한 직업에 따른 기술과 지식들을 교육하는 곳이다. 그러나 갈등론은 이러한 과정을 지배층의 이해관계를 반영한 이데올로기를 학습하는 과정으로 보았다. 예를 들면 이윤과 효율성이 강조되는 조직 생활에서 조직성원들은 효율성의 지나친 강조로 수단적이고 도구적인 비인간적 생활을 강요받는 경우가 많다. 이러한 경우 조직성원들은 조직문화와 규범들이 누구를 위한 것인지 질문하게 된다. 이 경우 소외된 사람들은 문화와 규범들을 이데올로기로 간주할 것이다.

교육을 보는 이러한 관점의 차이는 1940년대 기능론과 갈등론의 계층 논쟁과 더불어 많은 연구들이 이루어졌다. 기능론은 사회에는 중요한 일과 덜 중요한 일의 위계가 존재하고 인간은 재능과 능력의 차이가 존재한다고 전제한다. 그리고 재능과 능력이 있는 인재들이 사회에서 중요한 일들을 맡도록 하며 더 높은 보상을 지불해야 하기 때문에 사회계층 현상은 불가피하다는 입장이다. 이들에게 교육은 사회에 필요한 인재를 양성하고 선발하는 과정이다. 이에 반해 갈등론은 사회에서 중요한 일과 덜 중요한 일을 실질적으로 구별하기 어렵고 사회계층 현상에 의해 많은 인재들의 발굴이 제한된다고 전제한다. 그리고 사회계층 현상에 의해 경쟁에서 부모의 사회경제적 지위가 중요하게 작용하여 재능과 능력을 개발하는 데 차이가 있으며, 돈에 의한 보상이 아닌 다양한 사회 희소가치로 유인이 가능하다고 주장하면서 사회계층 불가피론을 이데올로기라고 비판하다. 이들에게 교육은 사회 불평등을 재생산하는 과정이다.

사회계층과 교육의 관계에 대한 1960년대의 대표적 연구들은 콜먼, 블라우와 던컨 등의 전통적 연구들을 들 수 있다.[20] 콜먼의 연구는 미국에서의 인종 차별을 해소하기 위해 차별이 심한 흑인 지역의 학교환경을 개선하기 위한 프로젝트의 결과였다. 미국은 이민 국가이고 미국독립선언서의 정신과 남북전쟁에 의한 노예해방에도 불구하고 1896년 플레시 대 퍼거슨 사건, 1954년의 브라운 판정과 1964년의 민권법 제정에서 알 수 있듯이 인종차별은 큰 사회문제였다. 노예해방에도 불구하고 학교와 일상생활 공

20 Coleman, James S.(1967. 10. 21), *The Concept of Equality of Educational Opportunity*, U.S. Department of Health, Education & Welfare Office of Education, The Johns Hopkins University. Blau, P.M. & O.D. Duncan(1967), *The American Occupational Structure*, New York: John Wiley & Sons, INC. 5장 'The process of Stratification'을 참고.

간에서의 인종분리 현상은 20세기 초반까지 유행한 사회진화론에 의해 정당화되었고 차별현상은 줄지 않았다. 1960년대는 이러한 분위기에 큰 변화가 있는 신사회운동의 시기이다. 인종차별에 대한 분위기의 반전으로 연방정부는 콜먼 등의 학자들에게 교육기회 평등을 위한 프로젝트를 주었고, 1966년 콜먼 보고서가 발표되었다. 콜먼 연구의 결과는 학교환경이나 교사의 질과 같은 학교 요인보다 학생의 근린 환경과 가정의 사회경제적 지위가 더 중요하다는 것이었다. 즉 백인학교와 흑인학교의 분리, 학교의 교사의 질, 도서 등의 교육자재, 교육시설 등의 요인들보다 학생들이 소속된 가정과 지역사회의 계층적 요인이 학업성취도에 결정적으로 중요하게 나타났다. 이러한 연구 결과는 인종 간의 교육환경의 격차를 개선하려는 본래의 의도와는 크게 다른 것이어서 매우 큰 반발과 반응을 일으켰으나 교육문제를 해결하기 위해 사회적 평등이 중요하다는 논리를 형성하였다. 그리고 뒤에 콜먼이 강조한 중요 개념은 사회자본인데, 사회자본은 사회관계에 의한 개인의 경험과 지식 그리고 기술을 말하는 것으로 이는 가정적 환경과 밀접한 연관을 가진다. 이러한 그의 연구 결과는 학교가 무엇을 하는 장이고, 교육이 무엇인가에 대한 많은 논의를 불러 일으켰다.

이와는 다른 관점의 연구로 블라우와 던컨이 1967년 『미국의 직업구조』에서 사회이동의 분석모형으로 제시한 지위 획득 모형도 가정적 배경의 중요성을 보여준다. 자녀의 현재 직위지위에 영향을 미치는 요인으로 아버지의 직업과 교육, 자녀의 교육과 첫 직업 경험을 들고 있다. 즉 아버지의 직업과 아버지의 교육이 자녀의 교육과 첫 직업에 영향을 미치고 이들이 현재 직업지위를 결정하는 모형이다. 즉 사회이동을 설명하는 데 교육의 중요성을 강조한 것이다. 그러나 이 모형은 현재의 직업지위를 설명하는 데 설명력에 한계를 지닌다. 그래서 이후의 다른 학자들의 연구는 이 모델에 상징적 상호작용론에서 강조하는 '의미 있는 타자'의 요인을 첨부하였는데, 교육과 일에 대한 포부를 결정하는 '의미 있는 타자'로 부모가 가장 중요한 사람이었다.[21] 이들 연구의 공통점은 가정적 배경이 자녀 교육에 매우 중요하다는 점이다. 부모의 사회경제적 지위와 부모의 자녀에 대한 태도가 자녀 교육에 결정적 영향을 미치는 요인임을 알 수 있다.

이후 미국에서의 주요 연구로 보올즈와 긴티스의 연구를 들 수 있다. 보올즈와 긴티스는 자본주의에서의 계급관계를 교육이 개선하지 못하고 재생산하고 있다고 주장하였다. 그의 계급재생산이론은 자본주의 학교교육에 있어 사회계급의 대응성을 강조하였다. 예로 노동자 계급의 자녀가 많이 다니는 특성화 고등학교의 교육특성의 구분은 공장에서의 노동자 특성을 반영하고 있다는 지적이다. 이러한 지적은 영국의 사회학자 윌리스의 『학교와 계급재생산』의 저서에서도 반복적으로 확인되었다. 구조기능론자들이 산업사회에 적합한 학교교육에서의 조직생활과 규범을 강조한 데 반해 갈등론자들은 계급관계의 특성을 강조한 점이 차이이다. 보올즈와 긴티스의 연구는 마르크스적 관점을 계승하였으나 뒤에 듀이의 교육관을 수용하였다. 그는 마르크스적 관점에서 학교에서의 비공식적인 교육과정을 잠재적 교육과정으로 간주하고, 이것을 사회계급 구조와 연관시켜 분석하고 비판하였다. 그리고 그는 교육에서 자본주의적 성격과 민주주의적 성격이 대립할 때 민주주의적 성격이 우선되어야 한다는 듀이의 입장을 계승한다.[22] 그에 의하면 자유주의적 교육목표는 자본주의 사회에서 실현 불가능하다. 자본주의 사회에서 강조되는 경제적 자유가 방임적으로 강조될 경우 경제적 효율성이 강조되어 노동자의 인권을 침해한다. 이윤과 효

21 블라우와 던컨의 지위획득모델을 보완한 위스콘신 모형은 김천기(2013)의 저서 『교육의 사회학적 이해』 6장을 참고하였음.

22 보올즈와 긴티스의 교육에 견해는 김천기(2013)의 저서 『교육의 사회학적 이해』 1장을 참고하였음.

율성이 지나치게 강조되면 높은 노동강도와 비인간화로 노동자는 소외된다. 이러한 사회현상은 대응교육의 형태로 학교에 강조된다. 조직생활에서 상층은 조직의 목표를 쉽게 내재화하고 중층은 적당히 내재화하고 하층은 강요에 의해 노동하는 것처럼, 학교에서 공부 잘하는 학생들은 학교 목표를 쉽게 내재화하고 중층은 적당히 내재화하고 공부 못하는 학생들은 학교생활을 강요받고 있는 것이다. 즉 자본주의 사회에 필요한 생활방식을 학교에서도 분류하여 교육하고 사회화시킨다. 그리고 현실적으로 인권이나 사회평등보다 성적과 효율성이 강조되는 교육을 강요하고 있다. 이러한 점에서 자본주의 교육목표는 민주주의 교육목표와 충돌하며 사회불평등 제도를 재생산하는 역할을 하는 것이다.

제4절

한국의 사회 불평등과 교육

한국은 해방 직후 농업 중심의 권위적 사회였고 큰 사회개혁을 하지 못하였다. 해방으로 큰 사회개혁을 기대하였으나 독립운동 단체들이 자립적으로 정부를 수립하지 못하고 2차 대전 후 냉전의 시작으로 남북 분단과 미군정이 실시되었다. 미군정과 6·25전쟁으로 사회개혁은 지지부진하였다. 2차 세계대전에서 패전하면서 일본이 한국에 남긴 적산, 즉 기업과 부동산 및 동산은 미군정에 의해 몰수되었고, 미군정에 귀속된 귀속재산은 정부수립 이후 대부분 불하되었다. 그리고 북한의 농지개혁의 영향과 반봉건적 사회구조를 개선하기 위해 1949년에 농지개혁이 이루어졌다. 농지개혁은 3정보 이상의 토지를 유상으로 매수하고 유상으로 분배하는 방식이었으며, 대지주의 토지 상한선의 설정으로 한국의 토지귀족은 사라지게 되었다. 농지개혁은 귀속재산 불하와 연관되어 신흥자본가 계급을 형성하는 요인이 되었다. 그러나 6·25전쟁과 사회적 혼란으로 한국의 자본가 계급의 형성은 1960년대 제3공화국 이후 정부 주도하에서 이루어졌다.

1960년대와 1970년대의 노동집약적 경공업 산업육성과 미국 수출은 경공업발전을 이룩하였다. 물론 정부의 차관경제로 저이자의 자금을 경공업 산업에 대출하여 서울과 동남권의 산업공단들을 육성하였다. 이는 미국의 경공업 상품에 대한 수요와 일본의 50년대 자본주의 발달로 인한 경공업

자본의 경쟁력 상실과도 연관이 있다. 경공업 산업의 발달은 일본으로부터의 중간재 기계의 수입으로 인한 무역적자로 이어졌고 중간재 산업의 육성 필요성을 가져왔다. 그리고 미·중의 국교수립으로 인한 국방산업의 육성 필요성과 중동건설의 붐에 의한 자본 축적으로 정부는 1970년대 후반 중화학공업 육성정책을 적극적으로 실시하였다. 그리고 1980년대 후반 그간의 산업발전을 바탕으로 노동집약적 경공업 산업은 후퇴하고 정부는 첨단산업 육성 정책을 폈다.

물론 이러한 지속적인 거대자본의 형성과정은 정경유착을 의미하는 것이었고 다른 한편으로는 정부 주도하의 노동에 대한 억압 정책에 기인한 것이었다. 1960년대 5·16군사정권은 3선 개헌을 하고 간선제도의 유신정부로 이어지다 1979년 10·16학생운동으로 붕괴되었다. 군사정권은 1980년 5·18민주화 운동을 억압하고 정권을 잡아 제5공화국을 탄생시켰으나 6·10민주화 운동으로 붕괴되었다. 이 시기 정부는 강압적인 권력을 바탕으로 국가가 금융자본을 지배하고 산업자본 중심의 재벌을 지속적으로 지원하였으며 동시에 정권을 유지하고 정치자금을 마련하기 위해 정경유착의 형태를 보였다. 독재시기 정부는 경제개발의 명목하에 노동운동에 대해 억압적이었으며 유신 이후에는 계엄령과 긴급조치로 정상적인 노동 3권을 박탈하였다. 그러나 80년대 중화학공업 분야에서 대기업을 중심으로 한 재벌 기업들의 발달과 기업별 노조의 발달은 대기업의 임금과 노동조건을 하청기업이나 중소기업들과 분리하는 큰 계기가 되었다. 특히 1980년 후반 민주화 이후 대기업과 중소기업의 임금격차는 심화되었고 첨단산업육성으로 수도권의 경제적 집중현상은 가중되었다. 경제 외적인 측면에서도 서울을 중심으로 한 수도권 집중현상이 심화되었고, 모든 부문의 수도권 집중현상은 민주화와 출산율 감소에도 불구하고 심화되고 있다.

교육에서도 유사한 현상들이 나타나고 있다. 해방 이후 미군정하에서 교육개혁으로 현재와 같은 6-3-3-4제의 교육체제를 마련하였고, 전쟁 후에 초등학교에서 의무교육을 실시하였다. 그리고 동북아 국가들에서 나타나는 교육에 대한 높은 관심과 인구 급증으로 학교는 급팽창하였다. 60년대 들어 군사정권은 사범학교를 교대로, 모든 사범대학을 4년제로 승격하고, 5년제의 실업고등전문학교를 신설하였다. 이 시기에 중등교육은 인구급증과 과열경쟁으로 왜곡되어 1968년과 1973년에 정부는 중학교 무시험진학정책과 고등학교 평준화정책을 실시하였다. 그리고 70년대 들어 5년제의 실업고등전문학교를 2년제의 전문대학으로 개편하여 전문대학과 일반대학의 체제를 마련하였다. 1980년 7·30 교육개혁은 대학 졸업정원제와 대학입시제도의 변화를 시도하였으나 대학의 정원을 크게 늘리는 결과만을 초래하였다. 1980년대는 산업구조가 고도화되는 시기로 대학교육에 대한 수요도 크게 증대하였다. 민주정부는 1995년 5·31 교육개혁을 실시하여 대학설립은 쉬워지고 대학정원은 자율화되었다. 이 시기 이후 대학교육은 급속히 증대하여 고등교육은 대중화되었다. 이러한 교육제도의 발달은 크게는 산업구조의 고도화, 국민소득의 향상, 민주화 등에 의해 크게 영향을 받았다. 민주화와 산업 발달로 가족구조와 문화가 크게 바뀌어 결혼시기가 연기되고 저출산이 일반화되기 시작함에도 불구하고 인구변화와 관계없이 신자유주의의 영향으로 대학설립은 자유화된 것이다. 2000년 이후 대학교육은 대중교육으로 바뀌었고, 초·중등교육에서 교육조건과 시설은 개선되고 출산율 감소로 학급당 학생 수는 크게 감소하였다. 그리고 인권의 강조와 정보화로 교육문화와 교육방법에도 큰 변화가 있었다.

그러나 이러한 교육 발달에도 불구하고 오히려 심화된 교육문제도 있었다. 교육에서의 서울 집중화 현상과 사교육의 심화 현상이다. 대학교육은 대중화되었으나 서울대를 정점으로 한 피라미드식 대학서열 구조에서 명문대학들의 서울 집중현상은 심화되었으며, 이러한 대학서열구조에서 상위권 대학에 진학하기 위한 사교육비는 다양한 관련 교육정책들에도 불구하고 증대하였다. 수도권 집중화 현상처럼 서울대는 서울에 있는 대학이 된 지 오래고 강남은 명문대학을 가는 통로로 일컬어지고 있다. 민주화 현상과 더불어 나타난 교육정책으로 신자유주의 교육을 들 수 있는데 이는 교육에 대한 경제적 자유의 확대로 과고나 외고 등의 특목고나 자사고의 큰 부각으로 나타났다. 즉 신자유주의 교육정책으로 특목고나 자사고의 본래의 취지는 상실되고 명문대학을 가는 통로로 바뀌어 이들 고등학교와 서울 지역에서 명문대학을 가는 비중이 절대적으로 높아졌다.

신자유주의 교육정책으로 대학교육에서 국공립대학은 정체되고 사학도 급증하여 사학이 고등교육의 대부분을 차지하나 족벌경영체제로 많은 사학비리를 발생시키고 있다. 그리고 전문 인력 양성을 목적으로 하는 많은 전문대학들이 4년제의 일반대학으로 승격되었다. 이처럼 고등교육의 대중화에도 불구하고 정부의 신자유주의 정책으로 전문대학을 비롯한 고등교육은 민간인에게 맡겨져 서민들의 등록금 부담은 증대하였고, 상위층의 명문대학 진학 경쟁은 심화되고 있는 것이다. 이러한 현상은 의대, 로스쿨 등과 같이 졸업 후 수입이 높은 대학에 진학하는 경우에도 마찬가지로 적용된다. 즉 경제적 불평등의 심화처럼 교육 불평등의 심화 현상이 존재하는 것이다. 이러한 문제와 관련된 개혁들은 경제적 자유화로 개선이 어렵고 경제 민주화에 대한 관심이 증대할 때 개선이 가능한 것이다. 경제적 자유가 민주주의 보다 강조될 것이 아니라 민주주의의 대전제하에서 경제적 자유는 보장되어야 하는 것이다. 특히 교육은 경제적 원리가 적용되는 장이 아니라 교육 자체의 목적을 실현하는 장이기에 자본주의적 논리가 아니라 민주주의적 논리로 접근해야 할 것이다.

제6장 학교 문화

제1절

청소년 문화

청소년 문화의 등장은 산업사회의 발달과 밀접한 연관이 있다. 청소년 문화는 20세기 중반 대중매체의 발달과 대중교육의 확대로 연령에 따른 세대차이가 커지면서 발생하였다. 산업사회의 발달에 따라 학교교육도 초등학교부터 대학까지 점차 대중교육으로 변화하였다. 즉 산업화에 따른 기술발달과 대량생산, 대중매체의 발달과 조직생활의 확대는 산업사회에 적합한 고등교육의 확대를 요구하였다. 산업화에 따른 도시생활의 증대와 대중매체의 발달은 중등학교의 확대와 더불어 청소년 문화라는 새로운 세대문화를 만들었다. 20세기 들어 영화, 라디오, TV 등의 대중매체 발달로 스포츠와 음악을 비롯한 대중문화는 급속히 확대되었다. 그리고 대중문화의 한 형태인 청소년 문화는 대중매체의 발달과 더불어 이어지는 정보사회의 출현으로 대중문화와 마찬가지로 그 특성이 변화하였다. 그리고 20세기 중반 성인 문화와 구분되어 형성된 청소년 문화는 욕망과 문화의 충돌과 같은 청소년 시기의 다양한 특성들을 반영하고 있다.

청소년 문화는 청소년기의 특성과도 연관이 있다. 청소년기는 아동기와 성인기 사이의 시기로 법에 따라 청소년 구분의 차이는 있으나 일반적으로 중등학교 기간이 대표적 시기이다. 청소년 시기는 아동 시기를 지나서부터 경제적으로 독립하여 결혼하는 시기까지로 크게 확대되기도 한다. 청소년 기본법은 9세부터 24세까지를 청소년으로 규정한다. 초등학교 4

학년부터 남학생들이 군 복무를 마치고 대학을 졸업하는 시기이다. 그러나 일반적으로 중학교부터 고등학교까지 즉 19세 미만 시기를 근로기준법이나 소년법에서는 청소년기로 규정한다. 이러한 협의의 청소년 시기는 신체적으로 성숙하고, 사회적 자아를 형성하고, 독립심이 발달하는 시기이다. 그러나 경제적으로는 독립하지 못하여 부모에 의존하는 시기이다. 청소년 시기는 아동기에서 벗어나 본격적으로 성문제에 관심을 보이는 시기이다. 이 시기는 부모에서 점차 벗어나고 있으나 동시에 친구의 인정과 동의가 강조되고, 연예인이나 운동선수에서 우상을 찾는 시기로 정서적으로 불안정한 사춘기가 포함된 시기이다. 그리고 친구의 중요성이 증대하고 청소년 문화를 공유하여 유행에 민감한 시기이다. 즉 매스컴과 학교생활로 친구집단이 유행에 큰 영향을 미치는 시기인 것이다.

산업사회의 발달에 따라 사회가 총체적으로 변화함에 따라 청소년 문화도 빠르게 변화하였다. 오늘날 청소년들은 소자녀 세대이며, 뉴미디어 세대로 이전의 청소년 세대와는 큰 차이를 보인다. 오늘날 가족형태는 한두 명의 자녀를 가진 소자녀 가족으로 민주사회의 진척과 더불어 자녀에 대한 부모의 관심은 어느 때보다 높다. 한국사회는 90년대 중반 이후 민주주의 제도의 도입으로 인권문제가 크게 증대하였으며 이혼과 소자녀 등 가족구조에 있어 큰 변화를 보였다. 90년대 중반 이후 여성의 재산분할 및 자녀 양육권 등에 대한 차별철폐와 더불어 이혼율은 급증하였으며, 출생인구는 95년 70만 명에서 2005년 43만 명으로 10년간 급감하였다. 여성과 아동 및 청소년의 인권 강조가 가족제도에 있어 변화를 가져온 것이다. 이 시기에 학교 문화에서는 민주화로 학생인권이 강조되었고 이는 교실붕괴의 형태로 나타났다. 교실붕괴는 과거 교사와 학생의 수직적이고 억압적인 형태가 학생 인권의 강조로 체벌이 사라지면서 학생들이 교사의 전통적 권위에 도전하여 발생한 교실에서의 아노미 현상이다. 교실붕괴는 설명 위주의 획일적 교육방식에서 새로운 교수학습방법을 요구하였으나 요즘 들어 거꾸로 수업과 같은 학생 참여 수업형태로 개선되고 있다. 그리고 학생지도에서도 학생참여의 방식이 강조되고, 상담 등의 학생 중심적 비교과영역도 확대되고 있다. 즉 교사와 학생 관계가 크게 변화하는 계기가 된 것이다.

뉴미디어의 등장도 청소년 문화의 변화에 큰 역할을 하였다. 대중매체의 발달에 따라 오늘날 청소년들은 라디오나 TV 등과 같은 전통적 대중매체가 아닌 뉴미디어를 통해 다양한 지식과 정보를 바탕으로 청소년 문화를 형성하고 있다. 뉴미디어를 통해 알 수 있는 수많은 지식과 정보들은 전통적인 교육방식에 변화를 요구하고 있다. 선생이 학교에서 가르치는 정보나 지식들은 뉴미디어를 통해 찾을 수 있다. 선생만이 정보를 독점하는 시대가 사라진 것이다. 학교의 역할은 자아 형성에 필요한 훈련을 하고 공동체 생활에 필요한 규범과 태도를 배우고 지식을 학습하고 상호 교류하는 장소로 변화하고 있다. 그리고 뉴미디어를 많이 사용하는 청소년 세대들은 성인들과 구분되는 청소년 문화를 형성하며, SNS와 같은 온라인 서비스를 통한 다양한 정보의 교류는 전통적 대중매체 시대보다 청소년 문화를 다양하게 만들고 있다. 그리고 두 번의 세계대전, 대량학살, 냉전, 인종차별들과 시기를 같이한 근대의 문제점을 극복하려는 포스트모더니즘도 청소년 문화에 큰 영향을 미쳤다. 즉 이성적 사고보다 감성을 강조하고, 탈 이데올로기적이고 손쉬운 쾌락을 추구하는 문화적 특성들은 시대적 변화를 반영한 것이다.

정리하면 청소년은 아동기와 성인 사이의 시기로 보통 9세에서 24세까지를 의미한다. 이 시기는 산업사회의 발달로 교육기간이 점차 증대하여 신체적으로 어른처럼 성숙해지나 경제적으로 독립할 수 없는 시기이다. 이러한 특성과 더불어 사회변동은 청소년 문화의 변화를 주도한다. 교육기관의 확대, 대중매체의 발달, 포스트모더니즘의 출현 등 사회변동은 청소년 문화를 변화시키고 있다. 한국사회의 경우 급속한 자본주의 발달, 민주화, 고등교육의 대중화 등도 청소년 문화의 변화에 큰 영향을 미치고 있다.

제2절

학생생활과 교육문제

고대 사회에서 학교는 육체적 노동에서 면제된 사람들이 여가를 보내는 곳에서 시작하였다. 학생들은 지식처럼 참과 거짓을 따지는 놀이를 하였고, 규범처럼 인간 행동의 옳고 거름을 논하였으며, 표출적 놀이처럼 문학, 예술, 체육 등을 학교에서 즐겼다. 사람들은 처음에는 출세의 수단이나 평가를 위한 도구적 형태로 학교를 생각하지 않았다. 중국에서는 일찍 과거제가 존재하여 공부가 관료로 진입하는 한 수단이 되었다. 그러나 과거를 보는 시험과목은 고전인 사서오경으로 오늘날처럼 도구적인 과목은 아니었고 대상도 신분제로 제한되어 있었다. 근대들어 신분제가 해체되고 학교가 대중화되면서 학교는 공장과 같은 곳이고 교육은 싫은 일이 되었다. 학교는 대규모로 조직화되었고 등교해서 하교할 때까지 쉴 틈도 없이 지시에 따라 움직이는 공장과 비슷한 장소가 되었다. 보편적인 대규모 조직으로 규율 지키기, 시간 엄수, 주의 집중, 떠들지 않기, 지시 따르기 등은 학교와 공장이 매우 비슷하다. 이러한 형태는 민주시민교육보다 산업사회의 조직체에 대응하는 형태로 학교에서 미리 조직생활을 준비하는 것으로 해석되게 만들었다. 그리고 학교는 조직생활을 준비하는 기능과 더불어 좋은 대학에 진학하고 좋은 일자리를 갖기 위한 준비과정으로 변모되기도 한다. 베버가 현대사회로의 변화를 전통적, 정서적, 가치 합리적 행위가 줄어들고 목적 합리적 행위가 증대하는 방향으로 변동한다고 지적했는데 학교나 학생들의 행위가 이와 마찬가지다. 모두는 성공을 목표로 목적 합리성을 추구하고 가치나 정서적 행위는 무시되도록 강요받고 있다. 국가별 사회제도에 따라 차이가 있겠지만 교육이 출세의 도구로 인식되는 경우 경쟁 심화로 교육이 왜곡될 가능성은 커진다.

1. 학교생활

교육의 실상을 파악하기 위해 학교생활을 보자. 학교생활은 교육과정에 기초해 다양한 교과목들의 수업을 중심으로 이루어진다. 그리고 학교 밖의 생활들도 과제나 자율적 형태의 학습으로 학교생활과 연관된다. 학교생활을 이해하기 위해 학교생활기록부를 살펴볼 필요가 있다. 학교생활기록부는 교과영역과 비교과영역으로 이루어지는데 인적 사항, 학적 사항, 출결 사항, 수상 사항, 자격증 취득 사항, 진로 희망 사항, 창의적 체험활동, 교과 세부능력 특기 사항, 독서활동, 학생 특성 및 종합의견 등이 기록된다. 학교생활기록부는 학교생활을 중심으로 각종 교과목들에 대한 내신 성적과 수상 사항, 그리고 학교 출결 사항을 포함하고 있으며, 학교 안팎에서 이루어진 봉사 및 동아리 등의 각종 체험활동과 독서활동 그리고 자격증 취득, 진로 희망 등의 내용들도 있다. 그리고 학생들의 가족 사항과 교사의 학생 관찰 종합의견도 포함되어 있다. 학교생활기록부는 담임교사가 학생들의 생활을 객관적 사실에 기초하여 작성토록 되어 있다. 학교생활기록부는 학생들의 학교생활을 이해할 수 있는 주요 내용인데 이는 진학을 위한 주요 자료로 사용된다. 대학진학의 경우 수시시험에서는 내신기록을 담고 있는 학생생활기록부가 중요하며, 정시에서는 대학수학능력시험의 성적이 중요하다. 그리고 일부 명문대학의 경우에는 생활기록부, 수능시험 점수 외에도 논술시험이 있다. 이처럼 입시 위주의 현실에서 시험성적뿐만 아니라 수상기록과 체험활동 등도 중시되는데 학생들은 원하는 좋은 대학에 가기 위해 경쟁적으로 이들을 준비한다. 이러한 경쟁으로 학교생활기록부는 비교과영역의 경우 입시에 대비한 형식적인 기록이 있어 사람들이 불신하는 경우도 많다. 학교생활기록부 자체보다 입시 위주의 교육으로 학부모와 학생들뿐만 아니라 학교도 학생생활 기록에 민감하게 반응하는 것이다.

학교생활에 있어 실질적으로 가장 중요한 내용은 교육내용과 교육방법이다. 교육내용을 알려주는 교과목들을 총괄하는 교육과정 총론은 '민주시민 양성'을 교육목표로 설정하고 있다. 교육내용을 알기 위해 중등학교를 중심으로 교과목을 보면 국어, 영어, 수학, 사회, 과학, 음악, 미술, 체육, 기술·가정 등이 있다. 교육과정에는 이들 교과목들의 교육목표에 맞추어 구체적인 내용들을 다시 열거하고 있다. 그리고 교수·학습 방법과 평가방법도 명시하고 있다. 그러나 실제 교육에서 이러한 교육과정은 무시되는 경우가 많다. 특히 교수·학습 방법과 평가가 교육과정에서 크게 벗어나고 있다. 이유는 입시 위주의 교육 때문이다. 중학교보다 고등학교에서 이런 현상은 매우 심하다. 많은 교과목 중에서 국어, 영어, 수학은 매우 중요한 교과목이고 다음이 사회와 과학이다. 국어, 영어, 수학은 일찍부터 과외로 미리 공부하는 선수 교과목이다. 교육과정은 지적, 정의적, 기능적 목표를 명시하고 있으나 교육내용은 지적 내용이 중심이고, 교수학습 방법은 개념 중심의 암기위주 설명과 문제풀이가 많고, 평가는 지식 중심의 평가가 대부분이다.

초등학교부터 고등학교까지의 시기는 공장처럼 빈틈없이 등교부터 하교할 때까지 정규교과목으로 짜여 있다. 대학처럼 쉴 수 있고 이동하는 시간이 거의 없다. 교육이 대중화되면서 공부에 관심이 없는 학생들도 강제적으로 수업에 참여해야 한다. 초등학교와 중학교는 의무교육이고 고등학교 진학률은 거의 100%에 가깝다. 이러한 환경에서 공부하기 싫은 학생들도 이 시간 동안은 규율 지키기, 시간 엄수, 집중하기, 떠들지 않기, 지시 따르기를 지켜야 한다. 이들도 특성화 고등학교 외에는 입시 위주의 교육에 맞추어진 교육에 참여해야 한다. 성적이 학생들의 등급을 평가한다. 이들은 등급에 따라 우월감을 갖거나 열등감을 가지게 된다. 학교는 공부를 하는 것 외에 학생들이 친구를 만나고 얘기하고 노는 장소이기도 하다. 모든 인간은 생활공간에서 즐겁고 행복한 생활을 원한다. 그러나 학교생활은 직장처럼 정해진 수업시간이 종일 있고, 수업 시간에는 공부 외의 일들을 금지시킨다. 공부에 흥미가 많은 학생들은 수업시간이 재미가 있으나 공부가 싫은 학생들은 수업시간이 싫다. 이들은 학교에서 낙인이 찍히고 일탈하기도 한다. 입시 위주의 교육은 필요한가? 정보사회와 민주사회가 되면서 교사들은 많은 지식과 정보들을 독점할 수 없게 되었고, 인권 문제로 체벌은 금지되었다. 교실은 학생들이 공부에 대한 관심이 없을 경우 언제든지 붕괴될 수 있다. 오늘날 학교에는 수업시간에 떠드는 학생과 자는 학생들이 일상적으로 존재한다. 교사들은 이들 문제에 직면하여 고심하고 해결책을 찾기 위해 노력을 한다. 이런 환경에서 다양한 교수학습방법이 개발되고 활용되고 있다. 그리고 무크와 같은 대중적인 온라인 개방강좌의 증대로 인터넷을 활용한 수업뿐만 아니라 플립 러닝(거꾸로 수업)도 시도되고 있다. 이러한 교육의 변화에도 불구하고 이를 가로막는 요인이 있다. 이는 교육이 목표가 아닌 수단으로 전도된 입시 위주의 교육이다.

2. 입시 위주의 교육

한국사회의 경우 학생들의 교육은 학교에서 끝나지 않는다. 학교를 마치고 나면 학원으로 이어지고 있다. 학원에 가는 것은 공부가 재미나서가 아니고 좋은 학교를 들어가기 위해서다. 시험 평가의 방법으로 세워진 줄에서 앞에 서기 위해서다. 줄에서 앞에선 학생들은 특목고나 자사고를 진학한다. 고등학교의 경우 과학고나 외고 등의 특목고와 자사고는 본래의 목적을 상실하고 성적이 좋은 학생들을 모집하여 명문대학에 보내는 공간으로 변질되어 있다. 대부분의 고등학교들은 학부모와 학생들의 요구에 따라 입시 위주의 교육을 한다. 최종 목표는 출세가 보장된다고 예상되는 피라미드의 상층부에 있는 명문대학과 인기학과(대학)에 진학시키는 것이다. 일찍부터 준비해야할 가장 중요한 교과목은 국어, 영어, 수학이다. 이들 과목은 명문대학이나 인기대학에서 꼭 공부해야 할 필수과목도 아니고 전공 관련 기초과목도 아니다. 명문대학에 입학하기 위해 일찍부터 공부해야하는 교과목들이다.

초중등학생의 생활에 있어 가장 큰 문제는 입시 위주의 교육이다. 학교가 공장이 아닌 교육의 장이 되기 위해서는 입시 위주의 공부를 하는 장에서 벗어나야 한다. 입시 위주의 교육은 공부에 관심이 있는 학생들을 대상으로 지식 전달과 암기 중심의 수업을 요구한다. 입시 위주의 교육은 설명이 중심이고 특정 교과목의 지식 평가가 중시되는 수업이다. 현실 교육은 진학이 목표가 되어 학교교육을 왜곡시키고 있다. 입시 위주의 교육이 학교교육을 망친다. 입시 위주의 교육은 단지 좋은 학교에 진학하고 명문대학에 들어가기 위한 교육으로 공부에 관심이 적은 학생들을 무시하고 공부를 재미없게 만든다. 그리고 초등학교부터 고등학교까지의 시기에 학생들에게 희생을 강요한다. 이는 물건을 사기 위해 밤새워 줄을 서는 것과 같이 질서를 위해 필요하나 매우 우둔한 방법이다. 학교는 호기심을 심어주고 이를 풀어주는 놀이의 장이 되어야 한다. 학생들은 이런 생활을 원하고 있다. 입시 위주 교육은 공부로 호기심을 풀고 자연과 삶을 이해하는 놀이가 아닌 암기 중심의 교육을 강요한다. 객관적 평가를 위해 규범이나 표출의 영역은 평가에서 제외되고 지식 영역에서 실생활에서 답이 없는 문제들을 개념풀이나 문장해독력으로 답을 만든다. 교과목에서도 국어, 영어, 수학을 주요 교과목으로 하고 입시 외의 과목을 등한시하게 만든다. 그리고 이렇게 형성된 성적을 중심으로 학생들을 쉽게 평가한다. 많은 학생들은 평가와 비교를 강요하는 학교생활을 매우 불행하다고 생각하고 싫어한다. 학교생활은 너무 판에 박힌 어려운 삶이고 학교에서 가르치는 대부분의 지식도 우리의 실생활과 분리된다. 그리고 학교에서 가르치는 많은 지식은 오늘날 인터넷으로 찾을 수 있다. 즉 입시 위주의 교육과 시험으로 인터넷으로 쉽게 접할 수 있는 수많은 지식들을 암기하고, 창의성이 강조되는 시대와 모순되게 지식이나 가치 탐구의 방법들은 등한시하고 있다. 다시 말하면 입시 위주의 교육에서는 교사가 교육 목적에 따라 전인적 교육을 하고 평가하는 것이 아니라 입시를 위한 주요 교과목을 대상으로 한 지식 중심의 객관적 평가가 중요한 것이다.

대학 진학을 위한 경쟁은 대학에서 전공 공부와 취업을 위한 경쟁으로 바뀌어야 한다. 대학과 초·중등의 공부시간이 뒤바뀐 현실은 바뀌어야 한다. 통계청의 생활시간조사 결과를 보면 1994년부터 2014년까지 대학생의 공부시간이 중등학생들은 물론 초등학생들의 공부시간보다 짧다. 고등학생의 학업시간이 가장 길고 다음이 중학생이다. 그리고 대학생의 교재활동시간은 가장 길며 초등학생과 비교해 비슷하거나 조금 길다. 현재 교육은 명문대를 입학하기 위한 입시 위주 교육이고, 전공공부와 취업을 위한 학문적이거나 실용적인 공부가 아니다. 교육문제의 해결을 위해 국가적 차원의 많은 노력들이 있었다. 입시전형 방법의 변경, 사교육비 감축 정책, 대학구조 개혁 등 많은 시도들이 있었으나 실패했다. 기본적인 문제는 개선하기 힘든 피라미드식 대학서열구조이고 상층부에 있는 명문대학을 가기 위한 입시 위주의 교육이다. 그리고 진학을 위한 경쟁과정에서 사회계층에 따라 차이가 크지만 많은 사교육비를 낭비하고 있다. 사교육비는 통계청 초중고 사교육비 조사에 따르면 2017년 1인 월 평균 27만 1천 원이며, 성적이 높을수록 사교육비가 많으며, 특히 부모의 학력이 높을수록 그리고 가구 소득이 높을수록 사교육비는 훨씬 더 많이 지출된다. 즉 소득이 800백만 원 이상이 200만 원 미만보다 5배 정도 그리고 대학원 이상이 중졸 이하보다 약 3.5배 정도 많이 지출한다.[23] 그러나 실질적으로 이보다 훨씬 더 많은 사교육비를 지출하는 가구들도 많다. 이러한 경향은 모든 국가들에 존재할 것이다. 그러나 교육문제의 내용은 국가에 따라 큰 차이가 있을 것이다. 이는 그 사회의 특성을 반영하므로 해결 방법도 사회특성을 고려해야 할 것이다.

3. 사회변동과 입시 위주의 교육

입시 위주 교육은 대학 공부와 취업에 얼마나 필요하고, 지식에 대한 관심과 호기심을 얼마나 증대시키고 있는가? 입시 위주 교육은 한국사회 특성과 현상을 반영한 것이다. 산업사회의 교육은 정보사회의 등장으로 빠르게 변화하고 있다. 정보사회로 우리는 인터넷과 같은 대중매체를 통해 대부분의 지식과 정보들을 쉽게 접할 수 있다. 정보사회에서 학생들은 지식

23 통계청, 국가통계포털의 초중고사교육비조사 자료임(검색어 사교육비).

과 정보들을 인쇄매체뿐만 아니라 시청각 매체들을 통해 아주 쉽게 얻을 수 있다. 정보화와 민주화로 인한 사회변동으로 교육내용과 방법도 사회에 맞게 바뀌어야 한다. 정보화로 노동시장의 구조가 변하고 여성의 사회 진출이 증대하고 직장과 일상생활이 변화하고 있다. 민주화로 인권과 노동권이 강조되고 이를 위한 사회집단이 활성화되고 학교에서 학생인권이 강조되고 교사학생의 관계도 변화하고 있다. 교육내용과 방법도 변화하는 사회현상에 맞게 빠르게 변화되어야 한다. 즉 교육내용과 방법은 고정불변의 것이 아니라 사회가 변동하면 변화하는 유기적인 성격을 가지고 있다. 오늘날 정보사회의 발달로 학교의 교육과정에 포함된 내용들은 인터넷을 비롯한 학교교육내용 밖의 영역들에서 접할 수 있다. 인터넷과 방송 등을 통해 오늘날 사람들은 수많은 지식과 생활 관련 정보들을 접할 수 있다. 학교에서 가르치는 교육내용의 대부분은 학교 밖에서 공유할 수 있어 교사들의 지식에 대한 독점현상은 사라지고 있다. 이러한 사회적 변화는 교육과정에 있어 변화를 수반한다. 과거의 추상적 지식과 전달 중심의 교육방법은 실생활 중심의 내용과 탐구중심의 교육방법으로 변화고 있다. 그러나 입시 위주의 교육으로 교육과정에 따른 수업은 잘 지켜지지 않는다. 피라미드식 대학서열구조에 입각한 입시 위주교육 때문이다. 시험방식과 대학의 학생 선택의 방식도 바뀌어야 한다. 대학입학 시험이 중등교육을 왜곡시키는 현상은 피해야 하고, 모든 학생들을 입시지옥으로 괴롭히는 현상은 사라져야 한다.

사회변동에도 불구하고 입시 위주의 교육은 변화하지 않고 있다. 사회분업의 심화와 전문화 현상에도 불구하고 피라미드식의 대학서열구조는 변화하지 않고 있다. 청년실업이 매우 극심함에도 불구하고 취업과 직접적 관련이 없는 진리 탐구 위주의 순수학문 학과들이 포함된 피라미드식의 대학서열구조가 그대로 유지되고 있다. 청년실업이 만연한 상황에서 학생들은 소속 학과의 교과목과 별도로 취업을 위해 취업공부를 따로 한다. 그리고 특성화 고등학교와 전문대학과 일반대학도 분업과 전문화의 강화에도 불구하고 사회계층에 따라 위계화가 심화된 형태로 존속한다. 학벌사회는 학생들에게도 당연시되고 있다. 학생들은 명문대학에 들어가는 것을 좋은 취업의 지름길로 간주하고 입시 위주 교육에만 집중하고 있는 것이다. 고등교육이 확대되면서 고등학교와 전문대학의 많은 일자리를 일반대학 학생들이 잠식하고 있는 것이다. 이러한 예로 일반 공무원의 일자리를 대학생들이 경쟁하여 차지하고, 많은 전문대학들이 학과들을 그대로 유지한 채 일반대학으로 변경되었다. 학교 출신과 학력이 강조되는 사회가 된 것이다. 학벌사회는 분명 사회계층과 밀접한 연관을 가진다. 동창문화와 학맥 네트워크 문화가 사회에 아직 만연해 있다. 졸업장만으로 인간관계가 쉬워지고 인맥이 통한다. 그리고 졸업장으로 우월감과 열등감을 가진다. 이러한 당연시된 현상들은 학벌사회를 의미한다. 학벌사회는 사회계층화 현상과 연관되어 있다. 사회계층에서 상위층과 하위층의 대학과 계열 및 학과 선택은 차이가 있다. 가정환경이 어려운 빈곤층의 경우 특목고나 대학진학의 비율이 낮으며, 상위층의 경우 특목고나 자사고 그리고 명문대, 의대, 로스쿨, 경영대 등의 진학 비율이 높다. 민주화와 여성의 사회 진출의 증대로 성에 따른 차이는 빠르게 학교교육에서 사라지고 있으나 계층적 차이는 오히려 심화되고 있는 것이다. 이러한 환경에서 모든 가정의 부모들과 학생들은 더 좋은 학교에 진학하길 원한다. 그러나 문제는 사회계층이 교육에 매우 큰 영향을 미치고, 다수는 입시교육의 희생양이 되고 있다는 점이다. 사회이동 경쟁을 위한 교육 서열화 현상과 이에 대처하는 방식은 국가에 따라 다르다. 유럽과 미국의 대학들은 주로 대학에서의 경쟁으로 사회이동 경쟁을 해소하려 한다. 즉 개방적 입학제와 졸업정원제의 방식으로 대학에서의 경쟁을 통해 사회이동 욕구를 충족한다. 이에 반해 동아시아 국가들의 경우 대학입학에서의 경쟁을 통해 사회이동 욕구를 충족한다. 이 경우 입시 위주의 교육은 심화될 수밖에 없다. 특히 한국사회와 같이 중앙집권적인 특성이 강한 경우에 이를 반영한 피라미드식 대학서열화구조로 입시 위주의 교육은 더욱 심화될 수밖에 없다.

입시 위주의 교육은 동북아시아 국가들의 공통된 특성이기도 하다. 그리고 경쟁사회에서 우리들 대부분도 이러한 교육 경쟁을 어쩔 수 없다고 생각한다. 피라미드식 대학서열구조와 입시 위주의 교육문화를 당연시 여기고 있는 것이다. 그러나 이는 잘못된 문화이다. 한국은 교육개혁으로 중등교육이 평준화되었으나 신자유주의로 고등학교 평준화는 붕괴되었다. 그리고 한국사회에는 서울 중심의 중앙집권적 특성을 반영한 피라미드식 대학서열구조가 존재한다. 그리고 대기업과 중소기업 간의 임금격차도 매우 심하다. 이러한 특성들은 대학입시경쟁으로 입시 위주의 교육을 심화시켰다. 그리고 입시 위주 교육은 과다한 사교육과 사교육비로 사회문제가 된 지 오래다. 이러한 교육제도로 중등학교 교육은 왜곡되고 학생들은 불면과 과다한 공부로 불행한 생활을 하고, 학부모는 경제적, 정서적으로 극심한 희생을 지속적으로 치르고 있다. 이를 개선하기 위한 많은 정책적 노력들이 있었으나 개선되지 않고 있다. 그러나 우리는 이러한 희생을 꼭 치러야 하는지 다시 묻고, 문제의 원인을 찾고, 제도 개선에 노력해야 한다. 한국 교육의 문제점은 다른 국가와 비교 연구도 중요하지만 한국사회의 특성을 반영한 것이기에 이에 기초하여 원인을 찾아야 한다.

한국은 고등학교까지의 입시 위주의 교육과 사교육 등의 교육문제를 해결하고 교육을 정상화하기 위해 서울 중심의 단일한 피라미드식의 대학서열구조를 바꾸어야 한다. 그리고 대학에서의 학과들은 미래사회의 노동시장구조를 반영하는 형태로 조정되어야 한다. 순수 학문 중심 대학과 취업 중심의 대학을 구분하여 학과와 대학원의 지나친 남발을 막아야 한다.

그리고 고등교육에서 지나치게 많은 사학의 비율을 줄이고 국공립대학을 육성하여 등록금을 없애야 한다. 그래서 서민들이 쉽게 고등교육을 받을 수 있게 해야 한다. 교육문제는 사회문제의 반영이라는 주장을 단순하고 순진한 구호로 치부할 수 있다. 그러나 사회적 특성을 무시하면 교육문제는 해결하기 어려울 것이다. 한국의 교육문제의 원인은 사회 불평등 문제뿐만 아니라 한국 특유의 서울중심 중앙집권적 사회특성과 피라미드식 대학서열에 기초한 입시 위주 교육이 중첩되어 있다. 그러므로 사회특성의 개선과 더불어 고등교육에 대한 국가의 올바른 정책과 적극적인 재정적 지원이 필요하다.

제3절

상호작용으로서의 교육

1. 사회화와 자아 형성의 과정

인간은 어떤 존재일까? 인간은 태어날 때 사회적 측면에서 보면 백지의 상태로 태어난다. 즉 본능적 욕구와 잠재적 능력을 가진 비사회적 존재로 태어난다. 인간은 살고 종족을 보존하기 위해 많은 기본적 욕구들을 충족시켜야 한다. 기본적 욕구에는 생리적 욕구와 안전의 욕구가 존재한다. 그리고 아이가 태어나면 사회 속에 사는 부모를 처음 만난다. 부모로부터 사회를 학습한다. 사회화는 사회적 관계 속에서 사회 문화와 규범들을 학습하는 과정이고, 자아와 인성을 형성하는 과정이다. 즉 사회화는 기본적 욕구를 바탕으로 사회 규범들을 배우고 사회적 욕구와 자아실현의 욕구를 형성하는 과정이다. 사회적 욕구와 자아실현 욕구는 사회에 살면서 사회 문화나 규범들을 학습하는 사회화 과정에서 자아발달과 함께 형성된다. 이러한 욕구들을 가진 인간은 가정에서 부모와 상호작용을 통해 그리고 지역사회와 학교에서 인간관계를 통해 욕구를 충족하면서 생활한다. 개인들의 자아정체성 형성에 유년기가 중요하다고 하나 청소년기의 상호작용도 자아 정체성에 매우 중요하다.

학교에서의 상호작용은 학생들의 자아정체성에 어떠한 영향을 미치는가? 학교는 전인적인 인간교육을 하고 사회 불평등을 해소시키는 역할을 하는가? 이러한 질문에 대해 부정적인 견해를 가진 학자들이 존재한다. 이들은 학교가 제도적인 문제와 상호작용으로 전인교육에 기여하지 못하고 불평등을 재생산한다고 주장한다. 그리고 학교가 사회의 축소판이라고 주장한다. 즉 사회적 특성들이 학교에도 반영된다는 것이다. 사회가 불평등할 때 학교교육도 불평등하고 학교생활도 불평등한 상호작용의 형태로 이루어진다. 인간의 삶의 형태는 다양하나 계층별로 차이가 존재한다. 자기 자신의 육체적 생명과 기본적 욕구만을 강조하는 삶, 사회 희소가치인 돈과 권력과 위신만을 강조하는 삶, 자아실현적 삶 등 다양하다. 이러한 삶의 차이는 사회발전의 차이와 연관이 있는데 빈곤한 계층과 국가일수록 기본적 욕구를 지향하고, 상위계층과 복지사회에서 사회적 욕구와 자아실현 욕구가 강조된다.

학교는 지적, 규범적, 정서적인 많은 내용을 가르친다. 왜 일부 학생들은 이러한 내용들에 관심이 없을까? 그 원인이 가정적 요인에 있을 수도 있고 학교 요인에 있을 수도 있을 것이다. 많은 연구들은 가정적 요인이 학교생활에 많은 영향을 미친다는 점을 밝히고 있다. 가정적 요인에서 중요한 것은 가정의 사회계층, 가족형태와 관계 등이 중요하다. 콜먼의 연구는 학교 요인보다 가정의 사회계층 요인이 학생의 성적에 중요하다고 하였고, 머튼의 아노미이론은 사회계층이 일탈에 중요한 영향을 미친다고 하였다. 그리고 결손가정이거나 가족관계가 좋지 않은 경우 학생들의 성적은 낮고 일탈 가능성은 높은 것으로 나타나고 있다. 즉 가정환경이 어려울수록 학생들의 성적이 낮고 일탈이 많다. 이러한 지적은 하위문화나 문화결핍과 같은 연구 결과들에서도 사실로 밝혀져 왔다. 그러면 하위계층의 가정이나 빈곤지역에서 무엇이 문제인가? 가정이나 지역의 경제적 요인, 사회적 요인, 문화적 요인, 사회심리적 요인 등의 특성은 자녀의 자아 형성과 생활에 다양한 방식으로 영향을 미칠 것이다. 부르디외는 부모가 속한 사회계급에 따라 자본의 형태가 차이가 있으며 자녀는 성장과정에서 가족 특성과 자본의 차이에 따라 각기 다른 아비투스(습관)를 형성한다고 하였다. 사회화 과정에서 가정이나 소속사회가 가진 다양한 문화나 규범뿐만 아니라 계층적 요인이나 대응방식 등도 아비투스의 형성에 영향을 미친다고 하였다. 즉 자아의 형성에 영향을 미치는 가장 중요한 사람은 태어나면서 지속적으로 상호작용하는 부모이고 가족이다. 그리고 성장하면서 친척이나 이웃의 영향도 받을 것이다. 자아의 형성과정은 사회적 삶을 위한 동기의식과 방식들을 학습하는 과정이고 사회규범들을 학습하는 과정이다. 이러한 자아형성의 과정에서 언어나 생활방식과 같은 보편적 문화의 사회화와 더불어 가정이나 사회계층에 따른 특수한 부분문화를 형성하고 인성을 형성하는 것이다. 그리고 이러한 자아형성의 과정에 부모와 자녀 간의 상호작용 방식도 인성의 형성에 큰 영향을 미친다. 예를 들면 계급에 따라 자녀의 성장과정에서 부모의 언어 사용방식에 차이가 존재한다고 한다. 중간계급의 부모는 상호작용에서 사건의 원인과 이유를 설명하고 노동자계급의 부모는 원인과 이유를 생략하고 자신의 가치와 규범을 당연시하는 어법을 사용한다고 한다. 이러한 설명은 사회구조보다 부분문화의 특성을 강조한다는 점에서 빈곤문화나 문화결핍론의 입장과 유사하다. 불평등한 사회계층현상이 고착화된 경우 이러한 부분문화와 상호작용의 영향은 설득력을 가진다. 이러한 주장은 윌리스의 노동자계급의 생활특성과 그들 자녀들의 학교생활의 관련성에 대한 설명과도 유사하다.

2. 사회화와 학교생활

학교는 지적, 규범적, 정서적 내용들을 교육하는 장이다. 이들 내용들을 학습하려는 동기는 가정에서 사회화과정을 통해 많이 형성된다. 즉 부모가 가진 경제자본, 사회자본, 문화자본이 중요한데 특히 문화자본이 중요하다. 부모의 교육정도와 생활방식 등의 문화자본은 자녀의 학습 동기 형성에 큰 영향을 미친다. 사회계층별 다양한 학생들의 인성들은 학교에서 요구하는 지적, 규범적, 정서적 교과내용과 조직생활의 특성들에 직면하여 학교생활에서의 적응 방식에 큰 차이를 낳는다. 학생들의 가정적 특성들에 의해 형성된 인성은 성적이나 일탈과 같은 학교생활의 적응을 결정하는 주요한 요인인 것이다. 학교 소재지의 계층적 특성이나 학생들 가정의 계층 차이는 평균 성적이나 진학에 있어 큰 차이를 보인다. 물론 학생들의 주체적인 자아에 기초한 자발적인 노력은 적응에 있어 변화를 초래할 수도 있다.

학교는 학생들을 수용하여 학교 조직에서 규범을 가지고 교사들이 교육과정을 수행하는 장이다. 학교는 초등학교, 중학교, 고등학교, 대학교와 같은 학교 급별로 다양하게 구분된다. 학교는 조직생활이고 이상적인 목표와 구분되는 현실적인 목표를 가지고 있다. 학교는 교육과정에 따라 교육을 하고 이 과정에서 조직생활에 필요한 다양한 규범들을 가르친다. 그리고 교육과정에 따른 교육내용을 가르치기 위해 다양한 교수법이 이용되고 그 결과로 평가가 이루어진다. 학교는 사회계층이나 학교 조직의 특성에서 다양하게 구분될 수 있는 조직이다. 즉 학교의 특성이나 소재 지역에 따라 계층과 규모에서 차이가 있다. 이러한 다양한 차이를 가진 조직들에서 다양한 인성을 가진 학생들과 교사들이 상호작용하는 장이다. 학교는 사립과 공립의 형태로 구분되고 학교 급별로 상위 영역으로 갈수록 평가를 바탕으로 한 광범위한 영역의 경쟁이 이루어지고 위계가 만들어진다. 이러한 구분들에서 학생과 교사의 상호작용에 영향을 미치는 가장 중요한 요인은 사회계층과 성적이다. 사회계층은 성적에 매우 큰 영향을 미치고 있으며 교사와 학생 간의 상호작용에도 영향을 미친다. 교사와 학생들의 상호작용의 특성을 이해하기 위해 학교라는 조직 내에서의 상호작용과 고등학교 이상에서의 학교 위계에 따른 상호작용의 특성을 구분하여 살펴보자.

학교 내의 교사와 학생의 상호작용에 가장 큰 영향을 미치는 요인은 학생의 인성과 성적이다. 물론 교사의 능력과 인성 그리고 신념 등도 중요하다. 교사 요인을 보면 교사들이 학생들의 인성교육보다 더 많은 관심을 가지는 것은 교육과정에 따른 수업이다. 수업은 교육과정에 따른 교육내용을 중심으로 교수법에 따라 교육되고 평가하는 과정을 포함한다. 여기에서 상호작용에 중요한 것은 교사의 교수법과 인성이다. 교수법의 경우 민주사회에서 학생들의 동기 유발과 참여를 위해 다양한 교수법들이 이루어지고, 교사들에 따라 사용하는 교수법의 차이가 존재한다. 교수법은 스토리텔링이나 다양한 자료를 사용하여 학생들의 관심을 끄는 연예인형 교사, 학생들의 요구를 적극적으로 반영하여 학생들의 수업참여를 유도하는 낭만인형 교사, 충분한 지식을 바탕으로 통솔력을 행사하는 전통적 권위유형의 교사 등 다양하다.[24] 그리고 이러한 교사들의 교수법에 대한 학생들의 적응방식과 평가도 다양할 것이다. 교사들의 인성이 학생들에 대한 관심과 태도에 영향을 미친다. 교사들의 기본 업무는 수업을 통해 학생들을 가르치는 것이다. 이를 통해 학생들에 대한 이미지를 형성하게 된다.

24 이 구분은 김천기(2013)의 저서 『교육의 사회학적 이해』 7장에 나오는 '하그리브스 구분'을 사용하였음.

몇몇 연구들은 교사들의 학생에 대한 분류가 추측, 정교화, 고정화의 단계를 거치는데 이에 성적과 계급이 큰 영향을 미친다는 점을 지적한다. 예로 로젠탈과 제콥슨의 가짜 실험의 결과를 들 수 있다. 이들은 테스트 결과를 바탕으로 학생들을 분류하여 교사에게 알려주었는데, 한 학기 뒤에 학생들의 성적이 가짜 분류에 따라 크게 달라져 있다는 결과를 얻었다. 교사들의 학생들에 대한 인식은 학생들에게 매우 큰 영향을 미치고 있는 것이다. 교사들은 학생과의 상호작용뿐만 아니라 학부모와의 상호작용이나 학교생활기록들을 통해 학생에 대한 이미지를 형성하고 있다. 교사의 학생들에 대한 관심과 태도도 학생들에게 크게 영향을 미친다. 친화성의 구분에 따라 기본적인 지식전달형 교사와 학생친화형 교사로 구분할 수 있을 것이다. 교사들은 학생과의 상호작용에서 의미 있는 타자로 존재할 때 가장 신뢰할 수 있는 관계를 형성한다고 할 수 있다. 학생들에게 의미 있는 타자는 학생들과 수업뿐만 아니라 학교생활을 통해 의미 있는 관계를 가질 때 형성되는 것이다.

학생 요인을 보면 학생들의 학교생활 관련 규범에 대한 태도는 그들의 인성과 밀접한 연관이 있다. 학교생활에서 수업태도가 좋고 교사를 존경하고 친구관계가 원만하면 교사와의 상호작용 관계가 좋다. 그러나 수업을 방해하고 교사를 무시하고 친구관계가 나쁘고 일탈적 행동을 하면 일반적으로 교사와의 관계가 좋지 않다. 대부분의 경우 학생들의 반복적 행동은 확인 과정을 거쳐 학생들에 대한 고정관념으로 고착되고 이에 상응하는 상호작용을 하게 된다. 물론 교사는 학교에서 문제 학생들을 지속적으로 규범적인 학생으로 교육하려 하고, 특별한 배려를 하려 노력한다. 교사와 학생의 상호작용에 있어 한 축인 학생들의 특성은 학교에서의 생활방식에 절대적 영향을 미친다. 아동기나 청소년 시기에 학생들은 가정뿐만 아니라 또래집단의 영향을 많이 받는다. 특히 청소년 시기는 부모로부터 독립하여 친구집단의 중요성이 증대하는 시기이다. 그리하여 학교생활에서 수업과 친구관계는 매우 중요하다. 학생들의 학교에서의 적응 형태는 학교에서 중요한 수업활동의 형태와 과외활동 등에서의 친구관계로 구분된다. 학교에서의 친구관계가 원만하고 수업에 관심이 많은 학생이 학교생활에 잘 적응한다고 할 수 있다. 학생들의 학교에 대한 적응 형태는 이러한 요인들을 중심으로 다양하게 분류된다. 예를 들면 머튼의 아노미 유형을 바탕으로 학생들을 분류한 것을 보면 일상적의 교육목표와 학교교육을 두 축으로 동조형, 개혁형, 의례형, 도피형, 반역형으로 분류된다.[25] 동조형은 학업성취 목표가 분명하고 학교교육에 따르는 학생들이며, 개혁형은 학습 목표는 분명하나 학교교육보다 사교육에 의존하는 유형이며, 의례형은 목표의식 없이 학교교육에 따라가는 유형이고, 도피형은 학습 거부적이고 학교 규범에 일탈적인 유형이며, 반역형은 교육목표나 학교교육에 대한 대안 제시형으로 대안학교나 탈학교를 지향하는 유형이다.

다른 분류는 수업과 친구관계를 축으로 학생의 적응 유형을 분류한 경우이다. 학업에도 열중이고 친구 관계도 좋은 범생이형, 학업에는 열중이나 친구 관계가 소원한 입시지향형, 학업에는 관심이 없고 친구관계를 중시하는 친구지향형, 학업이나 학교 친구관계가 소원한 일탈형으로 분류되기도 한다. 이 중에서 문제가 되는 유형은 일탈형으로 학업에 관심이 없고 학교 규범에도 일탈적인 사나이형이 있다. 영국 학자 윌리스가 강조한 사나이들은 반학교 문화의 소유자이며, 여학생과 얌전한 애들에 대한 우월성과 일상적 만남에서의 거침을 내포하는 남자다움을 지닌 학생들로 부모들의 노동계급의 문화와 연관되어 있다. 이러한 다양한 학생들의 유형들

25 이 구분은 김천기(2013)의 저서『교육의 사회학적 이해』7장의 '학생의 적응형태에 관한 분류'를 사용하였음.

을 바탕으로 학생들에 대한 고정관념이 형성되고 분류되며 이들은 교사와 학생의 상호작용에 다시 영향을 미치게 된다.

3. 학교와 생활세계

학교 위계에 따른 교사와 학생들의 상호작용 특성의 차이는 특목고·자사고와 일반학교, 인문계나 특성화 고등학교, 대학서열구조들을 중심으로 논의될 수 있다. 이들 구분은 모두 부모의 사회계층이나 성적과도 연관되어 있다. 많은 사회학자들은 사회에 대응하는 학교교육을 언급한다. 산업사회에는 산업사회의 조직생활에 필요한 학교교육이 필요하다. 즉 결석 안하기, 시간 지키기, 지시 따르기, 놀이와 일 구분하기 등은 직장과 학교 모두에 적용된다. 이러한 대응원리에서 더 나아가 갈등론자들은 사회계층에 대응하는 학교생활을 언급한다. 조직이론에 따르면 상위층에서는 조직의 목표와 규범들을 모두 내재화하고 중위층에서는 감독 없이 규범을 지키고 하위층에서는 감독 없이는 규범을 지키지 않는다. 즉 상위층은 회사의 규범을 내재화하고 자기 회사처럼 일하는 것이 자신에게 즐겁고 도움이 되고, 하위층은 저임금의 피고용자로서 정해진 노동시간만 일하고 감독이 없는 시간에 편하게 일하는 것이 자신에게 유리하다고 판단한다. 상위층은 자신의 일에 자존감을 느끼고 하위층은 생존의 방편으로 생각한다. 학교 구분에 따른 상호작용에서도 유사한 현상들이 발견된다. 명문 학교들은 엘리트 의식이나 장래 사회 지도자 이미지를 학교생활을 통해 습득하고, 반대의 경우 열등의식이나 장래 노동자에 적합한 교육을 받게 된다는 것이다. 보올즈와 긴티스는 계급적 특성과 학교교육은 대응적 관계가 존재한다고 주장하면서, 빈곤지역이나 실업계 고등학교의 경우 잠재적 교육과정을 통해 노동자의 작업특성에 대응하는 지시 규칙 적응 등의 비자율적 교육을 한다는 점을 강조한다. 이러한 주장은 맥로비, 에이니언 등 여러 학자들에 의해 검증되어 학교의 계급재생산이론이 주장되고 있다. 즉 학교는 교훈이나 급훈과 같은 이미지와 교사와 학생들의 상호작용을 통해 학생들에게 자성예언을 갖게 하고 자존감이나 열등감을 생성하는 것이다. 오늘날 졸업장은 신분증과 같은 것으로 학교 졸업 후 사회생활에도 영향을 미친다. 졸업장은 사회자본의 형태로 사용되어 학벌사회와 같은 형태로 부작용을 낳기도 하고, 반대의 경우에는 학교문제가 언급될 때 열등의식을 유발하기도 한다.

반학교 문화는 어떻게 형성되는가? 공부하기 싫어하고 일탈하는 학생들을 만드는 책임은 가정에 있는가? 아니면 학교에 있는가? 그 책임은 사회와 학교 그리고 가정 모두에 있을 것이다. 불평등한 사회구조가 가정과 학교의 교육과 연관되어 있기 때문이다. 그러나 이들을 구체적으로 이해하기 위해 가정과 학교로 나누어 살펴볼 필요가 있다. 성장과정에서 학습동기와 관련된 인성을 형성하는 가정적 요인은 중요하다. 학습동기의 형성은 사회계층에 따라 차이가 존재한다. 사회계층별로 보면 극소의 최상층은 그들의 희소가치를 극대화하기 위해 노력할 것이고, 교육도 이와 연관되거나 현대판 신분증과 같은 것으로 사용될 것이다. 전문직을 중심으로 한 중산층은 자녀의 학업과 전문직으로의 진출에 매우 높은 관심을 가진 것으로 나타나고 있다. 이들은 자신들이 경험한 현대사회에서 전문직으로의 진출이 사회 희소가치를 획득하는 길임을 알고 있다. 그리고 높은 교육수준으로 흥미 있는 교육내용에 대해서도 많은 정보를 가질 수 있다. 중하층이나 하층은 고등교육이 대중화된 현실에서 고등교육을 받는 경우가 많으나 전문직이나 사회 희소가치가 보장되는 직업으로의 진출이 제한적이다. 이들은 시사적인 일반정보에 대해 관심이 많으나 사회이동에 대해서는 제한된 정보를 가지고 있다. 마지막으로 최하층은 생계문제로 학교와의 접촉과 교육에 대한 관심이 제한적이다. 이처럼 계층적 차이는 자녀의 교육에 대한 관심에 큰 영향을 미친다. 즉 중산층 계층의 학생들이 공부에 대한 관심과 집중이 많고 최하층의 경우 경제적 사정과 부모의 교육에 대한 정보 부족으로 학생들의 교육에 대한 관심이 낮다.

학교 요인은 입시 위주의 암기교육이다. 이러한 교육풍토는 피라미드식의 대학서열구조와 치열한 입시경쟁 교육에서 비롯되었다. 입시교육의 상당부분은 피라미드식 대학서열구조와 연결되어 있다. 피라미드구조에서 최상위 대학 졸업생들은 고위 관료, 국회의원, CEO, 판검사 등의 유망 직종들에서 압도적으로 높은 비율을 차지하고, 최상위 대학들은 수능시험 점수에서도 최상위 부문 학생들을 선점한다. 대학서열구조는 한국사회 권력을 비롯한 희소가치를 중심으로 한 사회계층구조의 축소판이고, 대학서열구조는 이러한 환경에서 지속적으로 입시 위주 교육을 재생산하고 있다. 입시 위주 교육은 대학에서 전공을 결정하고 졸업정원제가 있는 서구보다 대학입학이 전공과 졸업을 상당부분 결정하는 동북아시아 국가들에서 심하다. 그리고 획일적 피라미드식 대학서열구조를 가진 한국에서 특히 심하다. 피라미드식의 대학서열구조에서 상위권역 대학에의 입학이 사회 희소가치 획득에 중요한 요인이 되는 것이다. 이는 재산이 많은 최상층보다 재산이 적고 고용되어 월급을 받아 생활하는 중간층계층에서 불가피하다. 이러한 사회적 특성으로 정보사회의 도래에도 불구하고 중등교육은 입시 위주의 교육으로 전도되어 암기식 교육이 일반적이다.

치열한 입시경쟁 위주의 교육환경에서 교육에 대한 동기화가 부족한 학생들은 줄 세우는 공부에 대한 흥미를 상실하고 공부하기 싫어하는 학생들로 인식된다. 3차, 4차 산업혁명처럼 산업기술이 발달할수록 많은 지식들은 학교 밖의 인터넷에서 쉽게 접하고 교육받을 수 있다. 인터넷 강의나 MOOK처럼 인간이 교육받을 수 있는 방식도 매우 다양해지고 있다. 교육은 전인적 교육이나 사회 불평등을 해소하는 선언적인 목표로 다시 돌아가야 할 것이다. 이를 위해 미시적 수준에서 가정과 학교에서의 인간관계도 매우 중요하다. 학부모들의 성적 만능적 사고와 학교를 학원처럼 지식만을 전달하는 장으로 인식하는 사고는 사라져야한다. 그리고 정부는 국가 경쟁력 강화를 위한 엘리트교육도 중요하지만 열등의식을 조장하는 위계적 교육제도를 폐지해야 한다. 교육에서 사회계층을 구분하는 대화나 기록들은 제거되어야 하고 진학 과정에서 학교 구분을 하는 기록들도 폐기되어야 한다. 그리고 성적이나 계층 중심의 학생 구분에 기초한 낙인론도 사라져야 할 것이다. 교육은 지식전달도 중요하지만 교사가 학생들을 이해하고 전인교육을 행하는 형태로 바뀌어야할 것이다. 여태까지의 많은 연구들은 교육에서 피그말리온효과나 호손효과의 장점과 낙인론의 단점을 지적하고 있다. 피그말리온효과처럼 긍정적 이미지를 가지고 열중하여 꿈을 이룰 수 있다면 교육이고, 낙인론처럼 부정적인 현실에서 자신을 부정적으로 규정하면 교육이 아니다. 학교는 청소년기에 부정적인 현실로 낙인된 인성을 갖게 하는 것보다 긍정적 인성을 교육하는 장이어야 한다.

제4절

학교생활과 일탈행동

1. 청소년기와 학교생활

사회학자들은 인간이 사회에 백지상태로 태어난다고 가정한다. 즉 사회가 만든 문화를 학습하지 않은 채 문화적으로 전무한 상태로 태어나는 것이다. 예를 들면 사회가 가지고 있는 언어, 의식주에 대한 선호, 취미나 가치도 없이 태어나는 것이다. 그리고 부모를 통해 상호작용하면서 말이나 음식과 같은 문화와 사회규범을 배우면서 부모를 맹목적으로 신뢰하는 아동기를 보낸다. 이때 자녀가 상호작용하는 부모가 자녀에게 매우 큰 영향을 미치는 것이다. 부모의 존재 여부, 부모의 사회경제적 수준, 부모의 상호작용 방식, 부모와의 연대정도 등 다양한 요인들이 자녀에게 영향을 미친다. 그리고 학교생활을 시작하면서 점차 부모에 대한 맹목적인 신뢰에서 벗어나 청소년 중기까지는 학교에서의 관계 특히 친구집단의 중요성이 증대한다. 학교에서 짜진 교육과정을 통해 교사와 상호작용하면서 많은 지식을 습득하고, 청소년 문화를 즐기고 친구들로부터 인정을 받기 위해 노력한다. 이러한 생활에서 가정의 사회경제적 지위, 결손가족 여부, 부모와의 정서적 연대나 양육방식과 같은 가정적 요인, 학교에서의 등교부터 하교 때까지의 빈틈없는 시간표와 교육과 생활지도 및 교사와의 관계와 같은 학교 요인, 학교와 일상생활에서의 친구관계 등은 각기 독자적으로 또는 서로 연관되어 학생들의 인성에 영향을 미치고 있는 것이다.

청소년들의 행위는 청소년기의 과도기적인 특성과 연관이 있다. 청소년기는 아직 성인이 되기 이전의 시기로 학교에서 교육을 받아야 하고 사회생활을 위해 경제적으로 부모에 의존해야 하는 시기이다. 그러므로 학생들의 가정환경과 학교환경은 학생들의 행위에 크게 영향을 끼친다. 청소년기에 학교에서 이루어지는 교육은 본인들에게 매우 중요하다. 학교는 교육을 하는 곳이나 교육의 형태는 초·중등 교육의 경우 일반적으로 유사하다. 초·중등학생들은 학교에 가면 학교를 마칠 때까지 지속적으로 교육과정에 따라 지속적으로 교육을 받아야 한다. 그들에게 시간의 선택이나 교과의 선택은 거의 제한적이다. 이러한 측면에서 일부 사람들은 학교가 교도소나 공장과 유사하다고 비유한다. 공부에 관심이 있든 없든 이 시간은 학교에서 보내야 하고 교사의 지시에 따라야 한다. 그러므로 공부에 관심이 없는 학생들의 경우 학교에 있는 시간은 버티기가 매우 힘든 시간이다. 특히 선생이 그들에게 관심을 주지 않거나 그들을 무시하고 공부를 잘하는 학생들을 중심으로 일방적으로 수업하는 경우는 더욱 그럴 것이다. 그리고 이들 학생들에게는 교육의 결과로 평가받는 성적이나 진학하는 학교도 자랑스럽지 못하다. 그리하여 자신에 대한 부정적 정체감을 가지게 된다. 즉 이들은 학교에서 비교와 평가로 열등의식을 형성케 된다. 인간의 자긍심은 자신을 높게 평가해 줄 때 형성되는데, 열등의식의 형성은 비교와 낮은 평가에 기초한 교사와 친구들의 인식을 자신이 점차적으로 수용하기 때문이다.

학교생활에서 공부를 잘하고 친구 관계도 좋은 학생들을 범생이 집단, 공부에 관심이 없고 문제아 친구집단을 형성한 학생들을 날라리 집단으로 구분하는 것도 자의식의 형성과 연관되어 있다. 물론 이 두 집단 외에도 공부에는 관심이 없으나 의례적으로 학교에 가거나 친구보다 공부에만 관심이 있는 학생들도 있을 것이다. 이들 중 날라리 집단이라 불리는 학생들은 일탈적인 방법으로 자신들의 자존심을 유지하기도 한다. 범생이 집단이 공부를 통해 자존심을 유지한다면 날라리 집단은 놀이를 통해 자존심을 유지하는 것이다. 윌리스는 학교 문화에 저항적인 이들을 사나이들이라 명명하였다. 이들에게 학교교육 과정은 고통스럽고, 학교 규범은 체화하여 자신의 것으로 만들기 어렵기 때문에 강압적으로 느껴질 것이다. 이러한 상황에서 날라리 집단에 속한다는 학생들은 선생이나 친구들로부터 낙인을 받고 공부가 아닌 놀이에서 자존심을 유지하려 한다. 그들은 유사한 입장의 친구들을 사귀면서 학교교육에 적응하지 못하고, 학교 규범을 어기는 일탈행동을 지속적으로 할 가능성이 높다.

그러면 어떤 학생들은 왜 공부에 관심이 없고 왜 일탈을 하는가? 공부에 대한 관심은 가정환경과 밀접한 연관이 있다. 가정에서 부모가 자녀에게 보여주는 생활습관은 자연스럽게 자녀에게로 전달되는데 이는 사회계층에 따라 큰 차이가 존재한다. 프랑스 사회학자 부르디외는 사회계층에 따라 경제자본, 문화자본, 사회자본, 상징자본의 차이가 있음을 강조하였다. 사회계층에 따라 가정에서의 부모가 가진 자본들은 차이가 있으며 이들은 자녀에게로 전달되어 자녀의 생활습관 즉 아비투스를 구성하는 것이다. 즉 자녀들의 생활습관은 그들의 주체적 대응으로 결정적이지는 않지만 가정에서 부모가 가진 다양한 자본들과의 관계 속에서 형성되는 것이다. 즉 공부에 관한 관심이 가정에서 부모와의 관계로 많이 형성되는 것이다. 사회계층은 학생들의 공부에 대한 관심뿐만 아니라 성적과 연관이 있는 것이다. 부모의 경제자본은 자녀가 공부에 전념하고 과외를 받을 수 있게 한다.

계층을 달리하지만 의무교육으로 어린이들은 일정 나이가 되면 학교에 가고 학생이 된다. 초·중등학교에서의 수업시간은 차이가 있지만 학교에 등교하여 하교할 때까지 공장처럼 빈틈없이 짜여 있다. 교과목은 학년이 높아짐에 따라 점차 분화되고 어려워지고 평가도 심화된다. 교사들은 학생들에게 교과목의 내용을 교육시키고 학생들은 배운다. 그러나 교육과정에 적응하는 형태는 다양하다. 공부에 관심이 없는 학생들은 선생으로부터 감시를 받고 지적을 당한다. 이러한 학교환경은 의무교육이 실시되고 있는 중학교까지 모든 학생들에게 주어져 있는 공통적 환경이다. 교사와 학생 간의 상호작용은 학생에게 큰 영향을 미친다. 학생들은 학교에서 지적, 규범적, 정서적으로 많은 것을 학습하지만 동시에 우월감과 열등감을 형성한다. 학교는 교육방법의 발달에 따라 교육내용, 교수방법, 평가들을 다양화 시키지만 진학을 위한 입시 위주의 교육에서 지적 내용 중심의 암기 위주 교육은 불가피하다. 입시 위주 교육에서 학생들은 교사들의 평가, 성적 비교, 학교 비교를 통해 우월감이나 열등감을 쉽게 형성하는 것이다. 그리고 때로는 지적 평가 중심의 기준을 거부하고 친구관계에서 다른 방법으로 자아에 대한 의식을 형성하기도 한다. 예를 들면 사나이들은 성적이 아닌 사나이다운 행동이나 육체적 힘으로 자신들의 우월감을 가지려 한다.

머튼은 아노미이론에서 사회적 목표와 수단의 조합을 사용하여 사회 적응과 일탈의 형태를 분류하였다. 그는 자본주의 사회에서 계층별 적응 형태를 동조형, 혁신형, 의례형, 도피형, 반역형으로 구분하였다. 이러한 아노미이론에서의 분류는 학교에 대한 적응형태에도 유사하게 분류되어 사용되고 있다. 동조형은 학교 목표와 교육방법에 모두 동조하는 모범형이고, 혁신형은 목표에는 동의하나 수단인 방법에는 동조하지 않는 사교육 지향형이며, 의례형은 목표에 큰 관심은 없으나 학교 규범을 잘 따르는 대중적인 일반형이며, 도피형은 공부에 관심도 없고 학교 규범도 따르지 않는 일탈형이며, 반역형은 대안적 교육목표와 방법을 추구하는 대안교육형이다. 실제로 의례형과 같이 공부에 큰 관심이 없는 다수의 학생들은 일탈행동을 하지 않는다. 그리고 반역형은 조직적인 학교생활은 싫어하나 일탈유형은 아니다. 이는 교육제도나 교수법의 다양성이 부족할 때 나타날 수 있다. 그러나 이러한 분류는 학교생활의 일부를 설명할 뿐이다. 실제로 일부 학생들은 공부에만 관심을 가지고 친구관계가 원만하지 않기도 하고, 다수 학생들은 공부에는 큰 관심이 없지만 친구관계가 원만한 학생들이다. 그리고 많은 학생들은 사춘기의 특성상 음주나 흡연, 음란물 시청 등에 관심을 가지고 일시적으로 지위비행을 한다. 그러나 돈이나 물건을 강탈하는 재산비행, 폭언 및 협박 그리고 폭행 등의 폭력비행, 무단결석 및 가출 등은 일부학생들에서 나타나고 있다.

2. 사회계층과 청소년 일탈

청소년의 일상생활은 가정환경과 밀접한 연관이 있다. 사회계층논쟁에서 기능론과 갈등론의 큰 차이점은 인재가 원래 제한적인가 아니면 제도에 의해 제한되는가 하는 문제와 학업성취도가 개인적 재능과 노력에 기초하는가 아니면 가정적 뒷받침에 기초하는가 하는 문제이다. 사회에는 평범한 어린이들에 비해 어릴 때부터 매우 뛰어난 재능을 가진 어린이들이 가끔 존재한다. 그리고 빈곤에 의해 학업을 할 수 없는 경우도 존재한다. 학업성취도도 개인의 노력과 환경적 요인의 결합에 의해 이루어진다. 성장과정에 어린이들에게 부모는 절대적 존재이며 어린이의 인성에 크게 영향을 미친다. 마찬가지로 가정환경은 학생들의 일탈행위에도 크게 영향을 미친다. 연구 결과들에 의하면 부모의 사회경제적 지위는 학생들의 학업성취도 및 일탈행동과 밀접한 연관이 있다. 부모의 교육정도, 직업, 소득 등이 학생들의 성적과 연관이 있고, 성적이 일탈행동과 관계가 있다. 부모가 고등교육을 받고, 전문직에 종사하고, 소득이 높을수록 성적이 높고, 성적이 높을수록 일탈행동이 적은 것이다. 물론 이러한 연구 결과는 통계적 평균치 비교에 의한 일반론으로 평균치에서 벗어나는 경우들도 있다. 즉 일부 학생들은 가정이 빈곤해도 공부를 잘 할 수 있고 모범적일 수 있다. 그러나 이는 부분적인 경우로 일반화하여 설명할 수는 없다.

갈등론과 기능론에 관계없이 사회계층과 일탈행위는 높은 연관을 가진다. 일탈은 사회나 학교가 가지고 있는 규범에서 벗어나는 행위이다. 학교나 사회의 규범은 매우 다양하나 청소년과 관련된 중요한 규범은 생명, 신체, 재산, 명예, 공공안정 등을 보호하기 위한 규범이며, 일탈은 이들을 어기는 행위이다. 청소년 일탈에는 다양한 범죄 중에서 폭력범, 강력범, 재산범 등이 많다. 그리고 많은 연구들에 의하면 이들은 사회계층과 밀접한 연관이 있으며 하층에서 더 많이 발생한다. 그러나 일탈의 원인을 설명하는 방식은 이론에 따라 큰 차이가 있다. 갈등론의 대표적인 이론으로 비판범죄학을 들 수 있는데 이 관점은 일탈을 자본주의와 연관시켜 구조적으로 접근하고 있다. 즉 자본주의는 사유재산을 바탕으로 한 경제적 측면에서의 경쟁적 특성에 의해 노동자뿐만 아니라 모든 사람들을 이기적, 탐욕적, 때때로 일부를 범죄적으로 만든다. 자본주의 국가에서 모든 사회성원은 탐욕적이고 이기적일 수 있으나, 열악한 환경의 경제적 삶은 절도나 폭력처럼 사회질서와 관련된 기본적인 규범에서 더 많이 벗어나게 만들고 비도덕적 삶을 살게 만든다. 기능론의 대표적인 이론인 머튼의 아노미이론은 목표와 수단의 괴리를 강조하는데 자본주의가 발달한 미국에서 돈을 벌여야 한다는 목표는 대부분의 사회성원이 수용하나 계층에 따라 돈을 정상적으로 벌 수 있는 수단은 차이가 있다는 것이다. 즉 하층에서 불법적 수단의 형태인 일탈행동이 많다는 가설을 제시하였다. 콜먼 보고서는 인종차별과 관련된 학교와 성적 차이를 극복하기 위한 프로젝트인데 미국 학생들의 성적은 학교 요인보다 인종이나 사회계층별 거주분리에 따른 지역사회 요인과 가정환경 요인이 중요함을 강조하였다. 즉 하위 계층의 자녀들이 가정환경과 지역적 특성에 의해 성적이 낮다는 것인데 이들 주장들은 많은 연구들에서 검증되어 왔다. 미국은 역사적으로 자본주의가 발달한 대표적인 국가일 뿐만 아니라 인종차별로 인해 인종 간 계층분리와 지역분리가 심한 국가로 빈곤지역인 슬럼이 형성되어 있으며 이들 지역에서의 일탈행위가 높은 편이다. 정리하면 명확한 구분은 어려우나 기능론은 사회계층, 가족해체, 하위문화 등을 강조하고 갈등론은 사회 불평등 특히 경제적 불평등을 강조한다. 사회계층에서 하위 계층은 부모들의 교육, 직업지위, 소득을 의미하는 사회경제적 지위가 낮고 결손가족이 많으며, 하위문화를 가진다. 그리고 이들은 학생들의 일상생활과 교육에 장애 요인으로 작용하며, 이로 인해 자녀들의 일탈행위도 높은 것이다. 기능론과 갈등론은 이들을 설명하는 방식이 서로 다른 것이다.

일탈행위를 잘 설명할 수 있는 이론으로 차별교제이론을 들 수 있다. 차별교제이론은 일탈행위가 소규모의 집단에서 상호작용을 통해 학습된다는 것이다. 가정이나 학교에서의 학습과 마찬가지로 일탈도 학습된다는 것이다. 문화생활과 공부에 대한 관심의 차이는 차별적 교제로 친구집단을 구분하는 역할을 한다. 오늘날 많은 연구들은 경제자본과 더불어 문화자본이 학생들의 공부에 큰 영향을 미치고 있다고 설명한다. 이는 사회경제적 지위가 높은 가정의 부모들이 일찍부터 자녀 교육에 많은 관심을 가지고, 경제적으로 교육투자를 하고 있으며, 사회적 인맥을 갖고 문화생활을 함으로써 자녀 교육에 도움이 된다는 것을 의미한다. 성인이 되어서는 동창 모임의 차별교제를 통해 사회자본을 형성하고 학벌사회를 만들기도 한다. 그러나 차별교제이론은 일탈행동을 설명하는 유용한 이론이다. 이 이론에 의하면 학교교육에 관심이 적고 일상적 문화생활이 어려운 학생들은 자기들끼리 친구집단을 형성한다. 그리고 이들 친구집단에 일탈 학생들이 있을 경우 비행하위집단을 만들고 일탈행동을 학습한다. 차별교제이론에 의하면 일탈행위의 학습은 소규모의 친밀한 인간관계의 집단에서 일탈행동의 기법과 합리화 태도를 학습하는 것이다. 재산비행과 같은 일탈행동은 다양한 매체나 소규모 집단을 통해 일탈기법을 학습을 하고 사회 비난에 대한 정당화의 방법도 학습한다. 그리고 폭력비행과 같은 일탈행동은 사회적 통제가 미치지 않는 인적이 적은 지역들이나 유흥지역들에서 많이 이루어진다.

이들 외에도 청소년 비행을 잘 설명할 수 있는 이론은 사회유대이론과 자기통제이론 그리고 낙인론 등이 있다. 뒤르켐의 아노미이론은 사회유대가 깨어진 상태에서 자살과 같은 무규범행위가 나타난다고 하였다. 오늘날 많은 일탈을 설명하는 사회유대이론은 가족이나 학교에서 정상적인 유대가 깨어진 상태에서 일탈행위가 발생한다는 점을 강조한다. 가정적 요인으로 부모와 자녀 간의 애정적 관계가 깨어지거나, 가정환경이 다양한 요인으로 긴장관계에 있는 경우가 가장 대표적이다. 그리고 학교에서 선생이나 친구에 대한 애정의 결핍으로 유대가 깨어진 경우도 깊은 연관이 있다. 이렇게 가정과 학교에서의 정상적인 유대관계가 상실된 경우 문제아들은 일탈행위를 할 가능성이 높으며, 이러한 행위는 선생이나 친구들에 의해 낙인으로 이어지고 일탈행위를 반복하게 된다. 낙인론에 의하면 사회의 중요한 기관이나 사람들에 의해 일탈자로 규정되고 이를 자신이 스스로 수용하는 과정이 중요하다. 그러므로 해결책으로 낙인에 대한 인식을 변화시키는 것이 필요하다. 학생들은 학교생활을 통해 교사나 다른 학생들로부터 특정 학생들에 대한 고정관념을 가지고 생활한다. 그리고 이러한 과정을 통해 학생들의 우월감과 열등감을 형성한다. 물론 이러한 과정에서 생각할 수 있는 개인의 감정적 통제력도 중요하다. 자기통제이론에 의하면 갈등적 상호작용 과정에서 충동적 감정을 억제하지 못하는 학생들은 결과적으로 일탈행동을 할 가능성이 높다. 충동성은 일반적으로 남성이 여성보다 높은데 기질적 요인과 사회화의 과정적 요인의 결합일 것이다.

3. 청소년 비행

청소년기는 아동기와 성인기의 중간에 존재하는 과도기적인 형태이다. 신체적으로는 성인기로 변화는 성숙기이고, 정서적으로는 자아정체감이 형성되는 시기이다. 이 시기의 중기까지는 부모를 맹목적으로 신뢰하던 시기를 벗어나 정서적으로 독립을 시도하는 아직 매우 불안한 사춘기이다. 이 시기에 친구의 중요성은 증대하며 쉽게 동조하거나 인정을 받고 싶어한다. 그리고 경제적으로는 아직 취업을 못하여 독립적 생활을 하지 못하는 시기이다. 이러한 청소년기의 특성은 학교와 일상생활에 있어 비행이나 범죄로 연결될 수 있다. 부모로부터 독립하길 원하고 자아정체감이 형성되는 시기이기 때문에 부모나 선생의 교육이 중요하다. 그리고 친구나 대중매체의 역할이 중요한 시기이기 때문에 비행의 방지를 위해 친구와 대중매체의 선정을 위한 자신의 노력과 가정과 학교의 지도가 필요하다.

산업사회가 발달할수록 청소년기의 시기는 길어지고 있다. 학교교육기간이 길어짐에 따라 경제적 독립 시기가 지연되고 있다. 그리고 20세기에 들어 대중매체의 급속한 발달로 청소년 문화가 형성되어 세대차이란 말도 보편적으로 사용되고 있다. 청소년기는 아동기를 벗어나 학교를 졸업하고 취업을 할 때까지의 시기이다. 산업사회가 발달할수록 학교를 다니는 시기는 공통적으로 길어지고 있다. 중등교육이 먼저 보편화되었고 이어 대학교육이 보편화된 것이다. 그리고 후기 산업사회에서 연구와 생산의 연결이 강화될수록 대학원교육도 증대하고 있다. 그리고 산업발달에 따른 자동화로 제조업 인구는 정체 내지 감소하고 전체적으로 국민소득은 증대하여 청년실업은 보편적인 현상이 되었다. 이러한 이유로 청소년기는 크게 확대되어 오늘날 대학 졸업까지 또는 20대 말까지를 청년기로 일컫고 있다. 그러나 투표권이 주어지거나 법률적으로 규정되는 청소년기는 법에 따라 차이가 있으나 대부분 18세에서 20세까지로 한정되고 이 시기를 벗어나면 본인이 직접 권리를 가지고 동시에 책임을 져야 한다. 이러한 기준에 따라 청소년기의 일탈행위는 비행과 범죄가 구분되기도 한다. 비행은 법에 저촉되지 않아도 학교나 지역사회에서의 규범에 벗어난 행위들을 포함한다.

청소년 비행은 엄격히 말하면 19세 이상의 청년을 제외한 소년 비행을 말한다. 소년법은 적용 대상을 19세 미만으로 규정하고 있다. 청소년 비행은 청소년이 사회의 규범으로부터 벗어나는 행동을 일컫는다. 즉 비행은 법률의 저촉여부를 불문하고 공공의 가치체계를 저해하거나 침해할 위험성이 예측되는 청소년에게 금지된 일련의 행위를 말한다. 소년법에 따르면 소년은 19세 미만의 연령층으로 규정되며, 우범소년, 촉법소년, 범죄소년으로 구분된다. 우범소년은 집단적으로 몰려다니며 주위 사람들에게 불안감을 조성하는 성벽이 있거나, 정당한 사유 없이 가출하거나, 술을 마시고 소란을 피우거나 유해환경에 접하는 성벽이 있는 소년이다. 촉법소년은 형벌 법령에 저촉되는 행위를 한 10세에서 14세 미만의 형사상 미성년자로 보호처분의 대상이다. 범죄소년은 14세에서 19세 미만으로 형벌법령에 저촉되는 행위를 한 사람으로 벌금 이하의 형이나 보호처분 요구자는 소년원에 수감되고, 금고 이상이나 검찰 송치의 경우에도 사형이나 무기형의 완화 등 특별조치의 교정교육 대상이다. 청소년 비행은 형법범과 특별법범 외의 가출, 약물흡입, 성행위, 유흥장 출입, 음주와 흡연 등의 행위들을 포함한다.

청소년범죄에 대한 전체적 이해를 위해 검찰청의 소년범죄자 통계를 보면 1990년대부터 2015년까지 뚜렷한 경향은 없으나 2000년대 전반 이후에 감소한 후 불규칙한 통계를 보여주고 있다. 그리고 형법에 저촉되는 소년은 강력폭력범이 가장 많으며 그 중에서도 폭행과 상해가 많다. 그리고 다음으로 재산범이 많은데 재산범에는 절도가 가장 많다. 그리고 비율이 낮은 강력흉악범에는 성폭력이 많고 특별법에는 비율은 낮으나 도로교통법이나 교통사고특례법을 위반한 소년이 많다. 이들을 2015년 통계를 바탕으로 교육정도별로 보면 고등학교 재학이나 졸업생이 절반이 훨씬 넘는 비율로 가장 많고 다음이 중학교 재학이나 졸업생이고 다음이 대학생이다. 이러한 경향은 연령별 분류에서도 나타나는데 절도범의 경우 15세와 16세가 가장 많고 폭렴범의 경우 19세가 가장 많고 다음이 18세와 20세이며 강력범의 경우 15세에서 18세가 많다. 가정형편으로 보면 하층이 가장 많고 다음이 중층으로 이들이 대부분을 차지하고 있다. 범죄 이유를 보면 이욕이 가장 많고 다음이 생활비 마련이고 다음이 유흥비 마련이다. 최근에는 유흥비 마련을 위한 범죄는 감소했으나 생활비 마련을 위한 범죄는 증가했다. 그리고 형태는 우발적인 경우가 가장 많고 호기심이나 부주의도 많은 편이다.[26]

26 국가통계포털의 국내통계에서 '청소년범죄'로 자료검색.

4. 청소년 비행에의 접근

인간은 모순적 존재이다. 생태계가 생존을 위해 다양한 먹이사슬로 연결되어 있듯이 사회도 마찬가지다. 인간은 일상생활을 하면서 사회 희소가치를 추구하고 있다. 사회는 이러한 삶의 현재적 모습이다. 사회생활을 준비하는 청소년의 생활은 성인들에 비해 단순하나 선천적 욕구나 사회 희소가치의 준비를 위해 끊임없이 경쟁하고 갈등한다. 사회문제에 대한 책임은 개인과 사회가 모두 져야한다. 이는 개인이 사회제도 속에 살고 있기 때문이다. 청소년은 아직 성인이 아니어서 18세까지 사회규범을 위반하여도 교도 대상인 것이다. 그래도 청소년은 아동이 아니기에 자신의 행동에 대해 책임을 지거나 책임을 질 준비를 하여야 한다. 과학이 발달함에 따라 타고난 범죄형 인간이 존재한다는 것은 거부되었다. 성장과정에 형성된 인성과 가정, 학교 그리고 사회환경이 매우 중요하다. 청소년 비행의 원인은 가정, 학교, 친구집단, 대중매체, 지역사회, 사회제도 등 다양하다. 이들은 복잡한 형태로 서로 연결되어 분리하여 설명하기 어렵다. 그럼에도 청소년 문제에 대한 이해와 해결 방법을 찾기 위해 이들을 구분하여 살펴보자.

가정적 요인은 청소년 학업과 일탈행동에 지대한 영향을 미치고 있다. 가정의 경제자본, 문화자본, 사회자본 등은 자녀의 인성 형성에 중요하다. 물론 다양한 자본의 차이는 사회제도나 사회계층뿐만 아니라 부모의 노력과 연관되어 있다. 특히 사회계층은 상속적인 특성이 강하여 사회이동은 개인이 노력하여도 한계가 있다. 우선적으로 사회계층구조에서 가정의 위치는 성적과 일탈에 큰 영향을 미친다. 이러한 편차를 해결을 위해 가정환경도 중요하지만 사회제도가 필수적으로 보완되어야 한다. 가족구조는 빠른 산업화로 몇십 년 만에 소자녀의 맞벌이 핵가족구조로 바뀌었으나, 불안정한 맞벌이나 결손가정이 보편화되어 권위주의의 가부장적 문화와 공존하고 있다. 이러한 핵가족은 자녀가 적어 과잉보호를 하거나 가정형편에 따라 맞벌이로 자녀에게 무관심한 상태로 바뀔 수 있다. 그리고 많은 이혼과 별거, 직장 불안정과 빈곤 등으로 불안정한 가정환경이 지속적으로 증대되고 있다. 이러한 문제를 해결하기 위해 제도적 개선과 개인적 노력이 필요하다. 특히 맞벌이 가정이 보편적인 사회에서 자녀보호와 교육을 위해 제도적으로 장시간 노동시간은 개선되어야 한다. 개인적으로 부부 간의 상호존중이 상실될 경우 구조와 기능적으로 가족해체에 쉽게 빠질 수 있다. 이러한 경우 청소년들이 가정 및 학교에서 적응하기 매우 어렵게 된다. 자아형성이 유년기에 이루진다지만 청소년기의 가정환경과 가정에서의 부모와의 관계는 인성 형성에 지대한 영향을 미친다. 부모와의 유대가 깨어지면 불안한 상태로 학업에 전념하기가 어렵고 불만스럽게 일상생활을 영위하게 된다. 이러한 학생들의 경우 이상적인 꿈을 상실하게 되고 자신에 대한 통제가 약화되어 비행의 가능성은 높아진다.

학교는 청소년의 일탈에 크게 영향을 미친다. 다수 학생들은 삶에 크게 영향을 미친 사람으로 선생을 많이 언급한다. 교사가 학생의 인생에 영향을 미친다는 얘기다. 자본주의가 발달하고 도시 인구가 크게 증대함에 따라 학교는 교육목표를 상실하고, 지식을 습득하여 명문대학에 진학하여 출세하기 위한 중간 조직으로 변하고 있다. 그리고 도시의 경우 인구 집중으로 학교는 대규모의 관료제 조직이 되었다. 산업화와 더불어 교육기간은 확대되었으나 초등학교에서 고등학교까지 교육시간은 빈틈없이 짜여 공장과 비슷하다. 학교에 등교하여 하교할 때까지 점심시간을 빼면 잠깐의 쉬는 시간만 존재한다. 대중화된 중등교육에서 공부하기 싫어하는 학생들을 위해 학생 참여적 교수법이 강조되고 있다. 그러나 한국의 경우 피라미드식의 대학서열구조에 기초한 입시 위주의 교육으로 학교교육이 왜곡되어 있다. 객관적 평가가 용이한 지식 위주의 인지적 교육이 강조되고 규범이나 정의적 교육은 등한시되고 있는 실정이다. 중앙집권적 교육조직의 특성으로 교육내용과 평가에 있어 교사의 자율권은 극히 제한적이다. 그리고 입시를 위한 지식 중심의 암기 위주 교육이 주류를 이루고 있다. 명문대학을 위한 경쟁에 참여하지 못하거나 공부에 관심이 없는 일부 학생들은 입시 위주의 암기식 수업을 싫어한다. 그들은 체벌이 사라진 교실에서 눈치를 보면서 피해를 최소화 하는 방식으로 자유롭게 행동한다. 선생도 학생도 이런 학생들에 대해 간섭을 하지 않는다. 이렇게 수업에 싫증을 느끼고 교사와의 관계가 원만하지 못한 학생들은 다양한 방식으로 재미를 찾고 자신들의 자존심을 유지하려 노력한다. 이러한 방식이 일탈적이나 지적되지 않고 성공할 경우 일상적으로 일탈행동은 반복되는 것이다. 이러한 일탈과정은 비교와 평가 중심의 교육제도와 연관되어 있다. 소외된 학생들에 무관심한 입시 위주의 교육제도가 큰 문제이다. 그리고 이는 서울 중심, 대기업 중심의 중앙 집중적인 한국의 사회적 특성과도 연관되어 있는 피라미드식 대학서열화의 문제이기도 하다. 그렇지만 미시적으로 학교 단위의 개선노력이 필요하고 가정에서의 부모들의 노력도 중요하다. 좌우간 학교 요인은 가정적 요인과 결부되어 일탈로 이어지고 있는 것이다.

친구집단은 청소년 시기에 매우 중요하다. 청소년기는 아동기와 성인기의 중간 시기로 사춘기와 청년 시기를 거쳐 성인으로 변화하는 시기이다. 특히 사춘기 시기는 신체적으로 성인과 같은 형태로 변화하고, 부모 의존에서 점차 독립하면서 심리적으로 불안정한 시기이다. 이 시기는 독자적인 판단이 어렵고, 자존감에 민감하고, 친구집단에 대한 동조 현상이 가장 강하게 나타난다. 청소년기의 주요 의논 대상을 보면 초등학교 시기는 부모이고, 중학교는 부모와 친구, 그리고 고등학교 시기는 친구가 많다. 이처럼 이 시기는 부모와 더불어 친구집단의 영향력이 증대하는 시기이다. 그러므로 이 시기에 어떤 친구와 사귀는가는 매우 중요하다. 일반적으로 학생들은 청소년 문화를 소비하고 친구들과 교류하면서 때로는 지위비행을 저지르기도 한다. 그러나 절도, 강도, 폭력과 같은 형사상의 문제가 되는 일탈행위를 하는 경우는 ㄷ물다. 이러한 일탈행동은 가정이나 근린사회를 통해 모방하기도 하지만 선배집단이나 친구를 통해 학습되는 경우가 많다. 즉 친구가 학업에 관심이 없는 일탈집단일 경우 일탈행동을 학습하고 일탈할 가능성은 매우 크다.

대중매체는 20세기 초에 들어 방송국의 등장으로 크게 발달하였다. 과거 신문과 잡지에 한정되었던 매체가 라디오와 TV로 확대되면서 청소년들만의 문화가 형성되었다. 그리고 20세기 후반에 들어 극소전자기술의 발달에 기초한 인터넷과 스마트폰의 등장은 청소년 문화를 다양하게 분화하는 방향으로 바꾸어 놓았다. 청소년들이 대중문화 소비의 주류층으로 변화한 것이다. 그리고 많은 청소년들은 음악이나 영화 등의 표출적인 내용뿐만 아니라 지식의 많은 내용들도 이들에서 찾고 있다. 대중매체의 발달은 학교나 지역사회에 한정되어 있던 청소년의 활동공간을 대중매체를 통해 다양한 내용들로 확대한 것이다. 그러나 자본주의 사회에서 인터넷을 포함한 대중매체는 상업적 성격을 지니고 있으므로 소비에 비용이 요구되며, 청소년에게 다양한 게임 프로그램뿐만 아니라 유해한 성문화나 폭력적인 내용물들을 제공하고 있다. 무규범적인 이들 상업적 유해 내용물에 대한 빈번한 접촉은 청소년의 생활에 쾌락적 욕구를 강화하고 심리적 아노미(무규범) 현상을 초래하여 일탈행위를 정당화시킬 수 있다.

지역사회의 특성은 다양한 공간들을 청소년들에게 제공하고 있는 것이다. 문화 공간뿐만 아니라 상업자본주의의 발달로 퇴폐 향락산업과 같은 청소년 유해업소들도 존재한다. 이들 도심 지역은 청소년 일탈이 많이 발생하는 지역이다. 청소년 유해산업이 많은 도심지역은 인구이동이 많고, 많은 경우 낙후된 우범지역과 빈곤지역들이 가까이 존재한다. 이러한 지역은 청소년 범죄가 자주 발생하는 지역이다. 그리고 오늘날 도시 재개발 과정이나 지역 인구의 감소로 인적이 드문 우범지역들이 존재하고 있다. 범죄가 자주 발생하거나 발생할 가능성이 높은 우범지역은 주로 비워진 집들이 많은 지역이거나 인적이 드문 지역, 불 꺼진 지역, 골목길 등이다. 이들 지역의 주거나 거리 환경을 개선하거나 감시 카메라를 설치함으로써 청소년 비행을 줄일 수 있다.

이상의 다양한 요인들은 사회제도와 연관되어 있다. 빈곤, 가정 복지, 학교, 매스컴, 지역사회 등은 사회제도와 연관되어 있다. 국가는 인간의 모든 사회적 행위들을 제도를 통하여 관리한다. 국가는 빈곤 퇴치나 행복한 가족생활을 위한 다양한 복지제도를 마련하고, 국가 경쟁력과 건전한 민주시민 육성을 위해 교육제도를 마련하고, 정보 제공과 정서적 생활을 위해 많은 매스컴 사업체들을 인가하고 통제하고 있다. 그리고 자유보장으로 생긴 많은 유흥산업들을 관리하고 치안을 위해 노력하고 있다. 인간은 생존 과정에서 항상 경쟁하고 갈등할 수밖에 없으나, 황금만능의 자본주의와 권력 만능의 권위주의는 더욱 갈등을 부추기고 인간의 삶을 왜곡시키는 주요 요인이다. 이들을 제어하는 민주사회의 제도적 장치가 청소년의 일탈행위를 줄이기 위해 반드시 필요하다.

마지막으로 피해자의 노력도 필요하다. 일탈행위는 대부분의 경우 가해자와 피해자의 상호작용 과정에서 발생한다. 가해자가 일탈행위를 통한 범죄를 유발하는 주요 요인이나 피해자의 노력도 중요하다. 즉 피해자는 우선적으로 친구를 선택하여 사귀어야 하며, 우범지역이나 범죄 관련 상황을 피하거나 자신을 보호하는 능력을 키워야 한다. 이러한 경우 범죄 유발자는 성공의 어려움으로 일탈행위를 줄일 것이다.

제7장 일상생활과 소외 극복

제1절

사회생활과 일상생활

일상생활이란 사람들의 평상시 생활을 의미한다. 사람들은 자유롭게 활동하나 반복적인 생활을 하고 있다. 사람은 모두 태어나서 성장하고 좋아하고 일하고 병들고 사망하는 과정을 거친다. 사람들은 누구나 생각하고 일하고 놀고 쉰다. 일반적으로 낮에는 활동하고 밤에는 자고, 월요일부터 금요일까지의 평일에는 공부나 일과 같은 주요 활동을 많이 하고 주말에는 여가시간을 가진다. 이러한 일상생활은 인간의 타고난 유전적 특성과 생활환경에 의해 결정된다. 모든 생물은 생노병사의 과정을 거친다. 인간도 생물이고 동물이기에 마찬가지다. 인간은 다른 동물과 달리 사회를 만들고 발전시키고, 사회와 상호작용하며 산다. 우리의 일상생활은 타고난 유전적 욕구와 생활환경에 의해 형성된 사회화된 욕구의 반영이고, 자연 및 사회환경에 대한 반응인 것이다. 인간은 다른 동물보다는 복잡한 욕구를 가지고 있다. 즉 인간의 욕구는 타고난 것이기도 하고 사회에 의해 형성된 것이기도 하다. 인간은 사고하는 사회적 존재이기에 사회 속에서 다른 사람의 인정을 중시하고 자신의 이상을 추구한다. 매스로우가 주장했듯이 인간은 생명체로서 생존의 욕구와 안정의 욕구를 가지고 있으며 사회적 존재로서 사회적 욕구와 사회적 인정의 욕구를 가지고 있다. 그리고 사회적 존재로서 자아실현의 욕구도 가지고 있다. 이러한 위계적 욕구체계에서 강조되는 욕구는 변화하는 사회와 사회계층에 따라 다르다. 인간은 유전적으로 타고난 욕구뿐만 아니라 사회생활에 의해 만들어진 사회 희소가치를 충족하려는 욕구를 가진다. 그러나 사회나 사회계층에 따라 타고난 욕구나 사회적 욕구의 추구형태는 큰 차이가 존재한다. 모든 인간은 타고난 욕구를 추구한다. 이는 나이와 성별, 직업과 사회계층에 관계없이 주어진 것이나 욕구 정도나 문화적 통제의 차이가 존재할 뿐이다. 사회 희소가치를 추구하려는 욕구도 마찬가지다. 권력, 돈, 명예와 같은 사회적으로 형성된 희소가치를 남녀노소 관계없이 모두 중요시한다. 그러나 사회적 욕구를 추구하는 강도나 문화도 나이와 성별, 직업과 사회계층에 따라 차이가 존재한다. 많은 사람들은 타고난 욕구나 사회 희소가치 추구의 욕구를 최종적 목표로 간주하지는 않는다. 이들은 인간의 다양한 욕구 중에 중요한 한 부분일 뿐이다.

타고난 욕구와 사회적 욕구는 매우 밀접한 연관을 가진다. 사회발달에 따라 형성된 권력, 돈, 명예는 인간의 타고난 욕구의 많은 부분을 해소시킨다. 권력과 돈은 인간의 의식주를 충족시키고 이성에게 매력을 줄 뿐만 아니라 타자에게 사회적으로 성공한 징표로 간주되기도 한다. 즉 인간은 사회생활에서 기본적 욕구를 충족하기 위해 사회적으로 형성된 사회 희소가치를 추구하여 왔다. 사회 희소가치의 소유정도가 의식주와 성을 포함한 기본적 욕구를 충족하는데 큰 차이를 낳기 때문이다. 그리고 인간은 일상생활에서 안정과 즐거움을 추구함과 동시에 끊임없이 사회 희소가치를 통해 자신을 뽐내고 인정받으려 한다. 이러한 인간의 본능 및 사회적 욕구 추구는 안정이나 사회적 인정을 받으려는 욕구와 상충되어 갈등하는 모습을 보이기도 한다. 사회가 발달할수록 인간이 개인적이고 사회적인 욕구를 추구하는 과정에 사회적 관계가 필수적이다. 욕구는 타자와의 관계 속에서 충족되는 것이다. 인간은 다른 동물과 달리 고등 사고력을 가지고 영적인 삶을 사는 특성을 가지고 있다. 현대사회와 같은 복잡한 인간관계 속에서 선천적, 사회적 욕구를 충족하는 인간은 다른 한편으로는 타자에 대한 사랑, 소속 집단에 대한 헌신, 자아실현의 욕구를 가지고 있다. 그리고 욕구충족과 이익 추구의 형태에 대해 옳고 그름을 판단하는 비판적 사고력도 가지고 있다. 종교생활과 공동체 생활은 이러한 가치판단과 관련된 대표적 영역이다.

일상생활에서 인간은 생존을 위해 이기적으로 행동하기도 하고, 타인이나 집단 및 공동체에 동조하거나 이들을 위해 행동하면서 산다. 인간은 자신이나 내집단 중심의 판단을 하면서도 동시에 비판적으로 사고한다. 일상생활에서 사람들은 사회나 집단 성원들을 대부분 자기 가치나 내집단 중심으로 판단하나 갈등을 피하기 위해 합의하면서 생활한다. 인간은 생존을 위해 일하고 즐거움을 위해 다른 사람과 다양한 관계를 맺으면서 생활한다. 즉 인간은 생존을 위한 이기적 존재이나 삶을 위해 공동체적 삶을 영위하는 존재이다. 일상생활은 사람들이 일하고 놀고 생활하는 공간을 중심으로 이루어진다. 인간은 같이 일하고 놀고 생활하는 가운데 공유하는 생활규범과 문화를 가진 간주관적 세계를 가진다. 일상생활은 생활공간의 제약을 받기에 생활하는 사회와 문화, 특히 사회계층과 밀접한 연관을 가진다. 남자와 여자의 일상생활, 종교인과 비종교인의 일상생활은 차이가 있다. 직업과 산업에 따라 일상생활은 차이가 있고, 상위층과 하위층의 일상생활도 마찬가지다. 일상생활 세계는 문화를 공유하여 주관적 세계를 같이하고 당연시하는 생활세계를 말한다. 그러므로 일상생활 세계는 타고난 개인적 특성에 바탕한 개인적 세계도 아니고 개인과 동떨어진 구조화된 사회를 말하지도 않는다. 일상생활 세계는 개인적 세계이되 사회화된 생활세계를 말한다. 개인적 위치에서 사회적 특성을 공유하는 것을 의미하기에 개인이 속한 사회집단이나 사회계층과 밀접한 연관을 가진다. 그러므로 일상생활을 알기 위해서는 먼저 사회적 특성을 밝히고 다음으로 생활공간의 특성을 고려하여 일상생활 세계를 접근하는 것이 중요하다.

사회와 일상생활 세계의 관계를 조금 더 살펴보자. 사회가 발달하면서 인간의 사회생활은 복잡해지고 있다. 근대사회에 들어 기술의 발달로 이동거리가 크게 확대되었으며 상호작용의 범위는 지역사회에서 국가 그리고 세계 공동체로 확대되고 있다. 그리고 인간의 사회생활도 일차집단과 공동사회의 특성을 가진 사회에서 이차집단과 이익사회에서의 생활로 많이 바뀌었다. 현재 인간은 민주사회를 지향하고 있으며, 기술이 고도로 발달한 분업사회와 자본주의 사회에서 다양한 집단과 조직에 참여하며 생활하고 있다. 민주사회와 자본주의 사회에서 일상생활과 관련된 가장 중요한 집단은 가정과 직장 그리고 내집단이다.

가정은 인간의 삶에 매우 중요한 집단이다. 어느 가정에서 태어나는가는 그 사람의 성장과 생활 그리고 삶의 질에 지대한 영향을 미친다. 가정은 사랑의 공간이고 사회성원 재생산의 정서적 공간이다. 다른 동물과 달리 상속이 보편화되어 있는 인간사회에서 가정이 사회 희소가치의 대물림의 공간이고 불평등 재생산의 단위이다. 이러한 불평등 재생산으로 가정은 자녀의 교육과 직업에 매우 큰 영향력을 미친다. 가정은 단순히 경제적인 대물림뿐만 아니라 성장과정에서 문화적, 사회적 자산을 대물림한다.

소속 집단은 인간생활에 큰 영향을 미친다. 특히 내집단은 인간의 정서적 안정과 즐거운 생활을 위한 기초 단위이다. 인간은 사회적 동물로 혼자 생활하기보다 일차적 인간관계를 바탕으로 한 내집단을 통해 생활한다. 내집단은 지역사회, 학교, 직장과 같은 다양한 형태 속에 존재한다. 인간은 다양한 집단생활을 하지만 내집단은 인간에게 정서적 유대를 제공하기 때문에 인간의 일상생활에 빼놓을 수 없는 요소이다. 인간은 내집단을 통해 일상생활의 많은 시간을 같이하고 우리라는 감정을 형성한다. 내집단은 대부분의 경우 감정을 결정하는 비교의 준거가 되는 준거집단이 된다.

그래서 인간의 삶은 공평할 수도 있다. 사회계층에 따른 차별 없이 지역사회에서 유사한 계층의 사람들을 만나서 소통하고 비교하여 행복을 유지할 수 있다. 즉 내집단 내에서 비교함으로써 상대적 박탈감을 덜 느낄 수 있는 것이다. 물론 직간접의 상호교류가 잦은 현대사회에서 집단 간의 비교에 의해 집단적 우월감과 열등감이 존재한다.

마지막으로 현대사회에서 조직생활은 필수적이다. 조직 규모가 커지면 조직은 목표가 분명해 지고, 효율성을 위해 지위와 역할은 구분되고 수직적으로 위계화 된다. 그리고 조직이 클수록 조직생활은 인간의 일상생활과 구분되어 공적인 일과 사적인 일을 구분하고 인간은 수단시되는 경향을 띤다. 소속된 조직에서 얻는 평가와 수입은 인간생활에 지대한 영향을 미친다. 현대사회에서 대부분의 사람들은 생계를 영위하기 위해 조직생활을 하고 있으며 조직생활의 특성과 조직에서 받는 수입은 그들의 생활수준을 결정짓는다. 이러한 조직생활은 학생들에게도 적용된다. 오늘날 대부분의 학교는 도시를 중심으로 대규모화되고 조직화되어 있다. 학생들은 학교에서 조직생활을 하면서 장래 직장에서의 조직생활을 준비하는 것이다. 학생들은 교육과정에 따라 학습하고 평가를 받는다. 학교생활은 직장처럼 평가가 매우 강조되게 되었다. 높은 평가를 얻기 위해 경쟁하는 과정을 거치고 이 결과에 따라 대학에 입학한다. 경쟁과 통제 그리고 평가는 일상화되었고 장차 경험할 직장생활을 학교에서 미리 준비하는 셈이다.

제2절

일상생활과 자존심

우리의 일상생활은 가정, 내집단, 조직 등에 지대한 영향을 받으며, 인간 개인들의 주관적 생활세계에도 지대한 영향을 미친다. 인간들은 조직과 집단생활을 함으로써 공유된 간주관적 생활세계를 형성하고 그에 따라 생활하는 것이다. 이 생활세계는 상식적 세계이고, 당연시하는 세계이고, 현실의 일상화된 생활세계이다. 일상 생활세계는 간주관적인 세계로 개인적으로는 주관적인 세계의 일부이다. 간주관적 세계는 타인과 공유하는 주관적 일상 생활세계이다. 타인과의 관계는 태어나면서 만나는 부모에서 시작된다. 그리고 타인과의 관계는 가정, 이웃과 친척 그리고 성장하면서 친구, 집단과 조직 성원 등으로 확대된다. 이러한 관계 속에서 인간은 성인이 될 때까지 지속적으로 생존과 집단적 생활을 위한 학습을 하면서 생활한다. 학습의 주요 내용은 언어, 일과 놀이에 관련된 기술, 집단생활의 의례와 규범 등이다. 학습은 가정생활에서 시작하여 학교생활과 직장생활로 이어진다. 일과 놀이 시간은 우리 삶의 대부분을 차지하며, 집단생활로 이들 활동은 지속적으로 평가된다. 우리의 하루시간은 수면시간, 공부나 일하는 시간, 교제와 여가 시간 등으로 구성된다. 수면시간을 제외하면 일과 놀이 시간이 대부분을 차지한다. 일과 놀이를 통해 우리는 삶을 살고 서로를 평가하고 자존심을 가진다. 자존심은 일찍부터 가정에서 부모와의 관계를 통해 형성되고, 내집단에서 형성된다. 조직생활에서는 자신에 대한 객관적인 평가에 따라 자존심이 달라질 수 있다. 그러므로 우리의 일상생활을 파악하기 위해 일과 놀이 시간을 포함한 일상적인 하루생활을 고찰하기에 앞서 자존심에 대해 살펴볼 필요가 있다.

가정은 아동에게 부모와의 관계를 통해 자아정체성을 형성하는 중요 장소이다. 자아정체성은 사회적으로 백지 상태인 인간이 태어나 소속된 집단의 가치를 학습하고 인성이 형성되면서 생긴 자신에 대한 개인의 규정을 의미한다. 유년기 단계에서 부모는 아동에게 맹목적인 신뢰의 대상인 것이다. 소년기를 거치면서 아동들은 친구를 사귀고 같이 놀면서 친구를 중요시하기 시작한다. 청소년기는 부모로부터 점차 독립하는 시기로, 심리적으로 불안정하여 합리성보다 동조가 우선하는 시기이다. 특히 중학교 시기는 불안정과 동조가 심한 시기이다. 청소년 시기는 경제적 독립이 불가능하여 부모의 영향이 절대적이다. 그러므로 그들의 생활은 부모의 사회계층에 따라 큰 차이를 보인다. 가정의 사회계층에 따라 사회화 과정은 차이가 발생하고 사회계층을 반영하는 주거지의 차이에 따라 친구집단도 구분된다. 즉 성장과정에서 자아형성, 일과 놀이의 방식과 평가에 차이가 발생하는 것이다. 이러한 과정에서 자연스럽게 자신을 남들과 구분하고 자신이 속한 집단을 타 집단과 구분하고 평가하게 된다. 비교와 평가에 의해 우월감과 열등감이 형성되며 이 과정에서 자존심을 지키려고 노력한다.

동물의 세계에서 구애를 위해 외양을 뽐내고 싸움을 하듯이 인간은 일반적으로 자존심을 지키기 위해 자신을 과시하려 한다. 인간의 과시적 성향은 개인과 집단들에 따라 차이가 있으며 위계적인 사회계층에 따라서도 구분된다. 사회학에 상대적 박탈감이란 개념이 존재한다. 상대적 박탈감은 자기가 속했거나 속하길 기대하는 집단들인 준거집단과 관련해서 일어난다. 자기와 관계없는 사람들과 집단은 일상생활에서 비교의 대상이 아니다. 우리는 주변사람들과 항상 비교하며 산다. 비교대상이 자기와 관계없는 사람들이 아니라 상호작용하는 준거집단이 된다. 비교는 일상적으로 자기와 교류하는 집단 내에서 이루어지지만 자기가 속한 집단이 다른 집단과 비교되는 경우도 많다. 이러한 비교에서 우위에 서면 우월감을 느끼고, 떨어지면 열등감을 가진다. 비교집단인 준거집단도 사회생활의 변화와 더불어 지속적으로 변화될 수 있다. 과거 친족이 모여 사는 지역사회에서 "사촌이 논을 사면 배가 아프다"는 말이 있다. 그러나 이러한 비교는 핵가족이 보편화되고 이동이 심한 현대사회에서 잘 사용되지 않는다. 부모들이 자녀들을 교육할 때 항상 부모들이 아는 공부 잘하는 자녀들과 비교한다. 그러면 자녀들은 자존감을 유지하기 위해 이유 없이 이러한 비유를 싫어한다. 이러한 비교와 과시현상은 사회계층에서도 나타난다.

사회계층은 사회 희소가치의 차이에 기초한 위계적 관계를 의미한다. 인간은 다양한 집단과 조직에 소속되어 지위불일치 현상을 느낀다. 그렇지만 사회계층이 낮으면 소득과 직업지위가 낮고 직업 평가도 낮고, 사회계층이 높으면 일반적으로 그 반대이다. 특히 상류층의 경우 상속에 기초한 재산과 투기적인 방법에 기초한 재산증식이 많다. 자본주의 사회에서도 재산은 높게 평가되나 노동에 기초하지 않은 불로소득은 역사적으로 낮게 평가되어 왔다. 이러한 소득은 비생산적이고 착취적인 사회관계에 기초하기 때문이다. 베블렌에 의하면 인간사회에서 과시 경향은 상위계층에서 많이 나타난다. 노동에서 면제되고 사회 희소가치를 향유할 수 있는 유한계층은 자신들을 다른 사람들과 구분하기 위해 다른 계층에서 할 수 없는 과시소비를 한다. 이러한 과시의 경향은 과거 부족사회에서 추장의 외양과 행동에서도 나타난다. 그리고 부르디외는 과시소비를 계급에 따른 구별짓기의 취향들로 설명한다. 이러한 인간의 과시욕구 추구 과정은 그 사람과 그 사회의 특성을 설명하기에 충분하다. 과시욕구 추구 방식은 사회

발달에 따라 달라지고 사회계층의 특성을 반영한다. 상위계층의 인간은 사회변화에 따라 끊임없이 새로운 과시 욕구의 대상을 개발하고 있다. 그리고 이들의 생활방식은 상당부분 중상류층과 중위계층에 의해 모방된다. 그러나 사회계층별로 보면 사회계층이 낮은 하위계층의 삶은 생존 지향적이며 일의 방식은 위계적이고 강압적이기 때문에 저항적이고 일탈적인 생활 특성을 많이 보인다. 그리고 최상층은 사회 희소가치를 독점하고 상속하며 이를 유지하고 증식하기 위해 비합법적이고 권력 의존적인 특성을 보인다.

학생들의 일상생활은 사회생활의 한 부분이다. 학생들의 일상생활에서 가장 큰 특성은 아직 학생들은 부모 의존적이고 학교에서 공부를 하면서 일상생활을 영위한다는 점이다. 학생들의 일상생활은 자고, 학교에 가서 공부하고, 노는 시간이 주를 이룬다. 노동 대신에 공부가 주요 일이다. 학생들도 일상생활에서 자존심이 매우 중요하다. 서로 최고되기를 바라고 다양한 영역에서 자존심을 위해 경쟁한다. 학생들은 공부를 통해 놀이를 통해 때로는 힘으로 자존심을 유지하려 한다. 학생들이 학교 가고 노는 생활 형태는 비슷하나 구체적인 내용과 방식은 사회계층에 따라 큰 차이를 보인다.

제3절

일상생활과 생활시간

우리의 일상생활은 사회적 특성과 밀접한 연관을 가진다. 사회변동이 일어나면 일상생활도 변화된다. 청소년의 극히 일부만 학교에서 공부하고 대다수는 공동체에서 도제나 자연스럽게 일을 배우던 농경사회와는 달리 오늘날 청소년들은 대부분 대학을 다니고 대중매체와 더불어 일상생활을 영위한다. 즉 변화된 교육제도나 대중매체를 고려하지 않고는 학생들의 일상생활을 설명하기 어렵다. 이뿐만 아니라 학생들이 처해 있는 사회계층 요인들을 고려하지 않고는 학생들의 일상생활의 차이를 이해하기 어렵다. 그러므로 학생들의 일상생활을 이해하기 위해서는 학생들의 생활 특성과 사회계층 차이들을 살펴볼 필요가 있다.

이 절에서는 먼저, 학생들의 생활특성을 알기 위해 생활시간을 분석할 것이다. 생활시간 분석은 통계청의 '생활시간 조사'의 자료를 바탕으로 하였는데 이를 통해 대략적인 학생들의 생활 특성을 알 수 있다. 즉 학생들이 하루를 어떻게 보내고 있는지 주말을 어떻게 보내고 있는지를 알 수 있다. 그러나 이러한 생활시간은 학생들에 대한 매우 추상적인 자료이다. 학생들의 일상생활에 더 구체적으로 접근하기 위해서는 사회계층적 접근이 필요하다. 학생들의 일상생활이 사회계층에 따라 큰 차이가 있기 때문이다. 그러므로 이 절에서는 생활시간조사를 중심으로 다양한 학생들의 활동들을 분석하고, 다음 절 '일상생활과 소외'에서는 사회계층에 따른 학생들의 생활 특성을 논의할 것이다.

1. 생활시간

1) 하루 일과

인간의 사회적 행위는 자신이 처한 상황적 조건과 사회가 가진 문화적 가치와 규범적 맥락 속에서 선택적으로 행해진다. 더 구체적으로는 이러한 행위의 조건 속에서 인간은 생존을 위해 일자리를 얻고 역할을 수행하면서 사회와 조직의 규범을 지키고 일탈자와 비도덕적인 사람들을 비판한다. 일탈자나 비도적덕인 사람들은 높은 지위나 많은 부를 가진 자라도 공개되면 낮게 평가된다. 일상생활에서 인간은 괴로움을 주거나 자존심을 훼손하는 타자를 피하고 즐거움을 주거나 의미 있는 타자를 찾아 상호작용하는 선택적 상호작용을 한다. 즉 인간은 객관적으로 주어진 상황에서 주관적으로 대처하여 행동하며, 객관화되어 있는 자신의 객관적 자아에 대해서도 주관적 자아로 대처하며 자신을 정당화하면서 생활한다. 이러한 복잡성에도 불구하고 일상생활을 유형화시키는 요인은 사회적 여건이다. 우리의 일상생활에 영향을 미치는 요인은 사회계층의 상황적 조건과 문화적 차이이다. 이러한 사회적 특성에 의해 인간의 하루 일과를 추상화해 보면 매우 단조롭고 반복적인 특성을 가진다.

우리의 평상시 생활은 하루 일과를 통해 파악할 수 있다. 우리의 일과생활은 크게 보면 자고 일하고 노는 시간으로 구성되어 있다. 2014년 통계청 생활시간조사 자료를 바탕으로 20세 이상 성인들의 일상생활을 생활시간 중심으로 살펴보자. 하루 중 대부분의 수면시간을 포함한 개인유지 시간이 11시간 정도로 가장 많고, 다음으로 일 시간이 5시간 반 정도이고, 교제 및 여가활동시간이 3시간 반 정도로 길고, 가정관리와 이동시간이 1시간 이상이다. 학생들의 일상생활은 성인들의 일상생활과 차이가 있다. 가장 큰 차이는 공부와 일의 차이이다. 학습시간이 일시간보다 많이 길고 교제와 여가활동 시간도 조금 더 길다. 즉 우리의 일상생활은 자고 일하거나 학습하고 그리고 교제하거나 여가활동을 하는 시간이 대부분이다.

표7-1. 학생의 학교 급별 주요 생활 평균시간(2014년)

구분	초등학생	중학생	고등학생	대학생
개인유지(평균, 평일)	12:05(11:45)	11:19(10:50)	10:35(9:57)	11:19(11:02)
수면(평균, 평일)	9:05(8:45)	8:24(7:57)	7:40(7:03)	8:08(7:51)
학습(평균, 평일)	5:20(6:47)	6:41(8:05)	7:34(9:03)	3:54(4:40)
학교활동(평균, 평일)	3:18(4:29)	3:59(5:28)	5:18(7:18)	1:59(2:42)
학교 외 학습(평균, 평일)	2:02(2:18)	2:41(2:37)	2:16(1:45)	1:55(1:57)
교제 및 여가생활(평균, 일요일)	4:38(7:13)	4:07(6:31)	3:38(5:28)	4:27(6:05)
교제활동(평균, 일요일)	0:36(0:31)	0:50(0:50)	0:52(0:50)	0:57(0:59)
미디어 여가활동(평균, 일요일)	1:47(3:20)	1:36(3:01)	1:17(2:22)	1:52(2:45)
스포츠·레포츠(평균, 일요일)	0:21(0:34)	0:13(0:20)	0:16(0:22)	0:23(0:29)
기타 여가활동(평균, 일요일)	1:45(2:03)	1:19(1:40)	1:04(1:19)	0:59(1:12)

국가통계포털, 생활시간조사(통계청, 생활시간조사)

학생들의 일상생활을 보면 개인유지가 고등학생의 10시간 반에서 초등학생의 12시간으로 가장 길다. 이러한 차이는 수면 시간의 차이로 고등학생은 수면시간이 7시간 40분이고, 초등학생은 9시간 5분이다. 다음으로 많이 차지하는 시간은 학습시간이다. 고등학생은 7시간 34분으로 가장 길고, 대학생은 3시간 54분으로 가장 짧다. 공부시간을 보면 고등학생 〉중학생〉초등학생〉대학생의 순이다. 이러한 순서는 대학의 교육과정에 나타난 수강시간이 짧은 것과 연관이 있으나 대학진학을 위한 입시 위주의 교육에서 비롯된 결과이기도 하다. 즉 고등학생은 명문대학 진학을 위해 가장 적게 자고 가장 많이 공부를 하고 있다. 그 외에 이동 시간과 가정관리는 대학생이 가정과 떨어져 생활하기에 더욱 더 길다. 이러한 학교 급별 일상생활 평균시간을 언급할 때 유의해야 할 점은 평균시간과 개인이나 집단 시간이 매우 큰 차이가 있다는 점이다. 다음에 언급할 학습활동과 교제 및 여가활동 시간은 학교 급별 전체 학생의 평균 시간이며 같은 학교급 내에서도 성적이나 학년 그리고 특기에 따라 큰 차이가 있을 것이다.

2) 학습활동

학생들의 학습활동시간을 보면 고등학생이 7시간 34분으로 가장 길고, 대학생이 3시간 54분으로 가장 짧다. 월요일부터 금요일까지 평일의 경우 학습시간은 더 길어진다. 고등학생은 학습시간이 9시간 3분, 중학생은 8시간 5분, 초등학생은 6시간 47분, 대학생은 4시간 40분이다. 고등학생의 경우 평일 수면시간은 7시간 3분으로 가장 짧고 평일 학습시간은 9시간 3분으로 매우 길고, 중학생도 학습시간이 8시간 5분, 수면시간이 7시간 57분으로 학습시간이 길다. 늦어도 중학생부터 명문대학 진학을 위한 공부를 시작하는 것이다. 학습활동은 학교활동과 학교 밖의 활동으로 구분되는데 대학생을 제외하고는 학교활동이 학교 밖의 활동보다 길다. 평일 학교활동을 비교하면 고등학생이 7시간 18분으로 가장 길고 다음이 중학생으로 5시간 28분이고 초등학생은 4시간 29분, 대학생은 2시간 42분이다. 그러나 이는 1년의 평일을 평균한 시간으로 학기 중에 평일 학습시간은 이보다 훨씬 더 길다. 고등학교 학습활동 시간이 긴 것은 대학입시 공부에 기인한다. 고등학생들은 학교에서 정상수업뿐만 아니라 자율학습을 훨씬 더 많이 하고 있다. 일반적으로 특성화 고등학교를 제외한 대다수 고등학생들은 야간 자율학습을 밤늦게까지 하고 있다.

학교 외 활동을 보면 중학생이 2시간 41분으로 가장 길고 다음이 고등학생, 초등학생, 대학생 순이나 시간 차이는 적은 편이다. 정규수업 외 학습은 중학생이 1시간 11분으로 가장 길고 다음이 초등학교, 고등학교, 대학교 순이다. 과외를 통한 학습은 일반적으로 중학교에서 가장 많이 이루어지며 다음이 초등학교로 입시경쟁은 일부 계층을 중심으로 초등학교부터 시작된다. 고등학생들이 시간이 적은 것은 학교활동에서의 긴 야간 자율학습과 연관이 있다. 이러한 경향은 초등학교에서 고등학교로 갈수록 학교 단위로 입시경쟁을 하는 것을 의미한다. 고등학교가 대학 진학을 위한 입시준비기관으로 변형된 것이다. 이는 대학입시가 학교교육 특히 고등학교교육을 크게 왜곡시키고 있다는 지적과도 연관되어 있다. 이 외에 스스로 학습은 대학생이 1시간 40분으로 가장 길고 다음이 고등학생과 중학생이 1시간 24분으로 동일하고 초등학생이 59분으로 가장 짧다.

3) 교제 및 여가

개인에게 생계수단을 마련하게 하는 직장생활과 다양한 역할을 하는 일상적인 사회생활은 매우 중요하다. 일상생활은 가정, 직장, 친구집단 등과 관련된 복잡한 사회관계로서 인간의 다양한 기본적 특성들을 충족하는 시간이다. 일상생활에 있어 가장 중요한 부분은 교제와 여가활동 시간이다. 교제와 여가활동은 인간에게 유대를 형성하고 세상에 대한 안목을 형성하는 것은 물론 긴장을 해소하고 삶을 여유롭게 하는 데 매우 중요한 역할을 한다. 교제 및 여가활동 시간은 초등학생이 4시간 38분으로 가장 길고 다음이 대학생으로 4시간 27분이며, 중학생은 4시간 7분, 고등학생은 3시간 38분으로 가장 짧다. 일요일 교제 및 여가활동 시간을 보면 초등학생이 7시간 13분, 중학생이 6시간 31분, 대학생이 6시간 5분, 고등학생이 5시간 28분이다. 대학생이 중학생보다 교제 및 여가 시간이 긴 것은 대학생의 평일 학습시간이 적기 때문일 것이다. 고등학생의 교제와 여가생활이 짧은 것은 입시 위주의 교육과 연관이 있다. 즉 명문대학에 진학하기 위한 입시경쟁으로 이들의 교제 및 여가 시간이 희생되고 있는 것이다.

교제 및 여가활동 시간을 구체적으로 보면, 미디어 여가활동 시간이 가장 길며 다음이 스포츠와 레포츠, 교제활동의 순이고 이외에 종교, 문화 및 관광, 의례, 기타 여가 활동 시간도 있다. 미디어활동 시간은 방송보기가 대부분을 차지하며 보는 시간은 초등학생(1시간 18분), 중학생(1시간 8분), 대학생(1시간 3분), 고등학생(46분)의 순이며, 다음이 책 보기인데 초등학생이 21분으로 가장 길고 고등학생이 8분으로 가장 짧다. 스포츠 및 레포츠에서는 초등학생과 대학생이 각각 21분과 23분으로 길고 중학생과 고등학생이 각각 13분과 16분으로 짧으며, 초등학생은 구기운동이 많고 대학생은 개인운동이 많다. 교제활동 시간은 대학생이 57분으로 가장 많고 고등학교, 중학교, 초등학교의 순이며 초등학생은 36분으로 가장 짧다. 교제활동 시간에서 대면교제 시간이 36분에서 29분으로 대부분이나 문자메시지 시간도 14분에서 5분으로 긴 편이다. 기타 여가 시간은 초등학생이 1시간 45분으로 가장 길고, 대학생이 59분으로 가장 짧은데 일반적으로 컴퓨터 모바일 게임과 집단 게임(놀이)이 대부분이다. 집단놀이는 초등학생이 가장 길고(32분), 컴퓨터 모바일 게임은 중학생이 53분으로 가장 많이 한다.

정리하면 학생들은 교제 및 여가 활동에서 대부분의 시간을 방송보기, 대면교제, 컴퓨터 모바일 게임, 구기 및 개인운동으로 보내고 있으며, 특히 방송보기와 컴퓨터 모바일 게임에 많은 시간을 할애하고 있다. 학교 급별로 보면 교제활동 및 여가 시간은 초등학생과 대학생이 길고 고등학생이 가장 짧다. 이는 입시 위주 교육의 현실을 반영하고 있는 것이다. 구체적 비교에서 초등학생은 집단게임(놀이)이 다른 집단보다 많고 대면활동 시간이 짧다. 그리고 대학생은 대면활동과 개인운동 시간이 길고 컴퓨터 모바일 게임 시간이 조금 짧다. 고등학생은 교제 및 여가활동의 모든 구체적인 영역에서 입시 위주의 교육으로 짧은 시간을 보여주고 있으나 대면교제 시간과 모바일 게임에서 다른 집단과 비슷한 시간을 보여주고 있다.

제4절

일상생활과 소외

1. 학생들의 소외

학생들의 일상생활은 부모의 사회경제적 지위에 따라 매우 달라진다. 초등학교의 경우 사회계층과 연관된 거주 지역에 따라 학교별로 학생의 사회계층적 특성이 달라진다. 그리고 학생들의 놀이문화나 학습방식도 차이가 난다. 통계적으로 사회계층과 학업성적은 밀접한 연관이 있다. 그리고 학업성적은 학교 진학을 결정한다. 고등학교 진학은 다양한 학교형태로 분류된다. '특목고', '자사고', '일반고', '특성화고'는 분류의 대표적인 형태이고 이들은 사회계층이나 학업성적과 연관이 있다. 그리고 대학은 피라미드식의 대학서열구조를 가지고 있다. 서울대를 중심으로 한 서울명문대, 서울에 있는 대학, 지방 거점 국립대, 지방 국립대와 사립대, 지방 전문대의 추상적인 피라미드구조가 존재한다. 이들은 현재 대학별 평균 수능성적과 비교적 일치하고, 대학별 졸업자의 고급관료, 국회의원, 대기업 CEO 등의 수와도 대략적으로 일치한다고 한다.

학생들의 일상생활을 결정하는 가장 중요한 기준은 학업성적이다. 윌리스에 따르면 공부를 싫어하는 문제 아이들은 '사나이'로 불리고, 이들은 공부만 하는 학생들을 '범생이'라 규정한다. 여기서 사나이들은 노동계급의 부모와 연관되어 있고 노동계급의 일의 특성은 사나이들의 학교에서의 생활특성을 구성하는 주요 요인이다. 범생이와 사나이를 구분하는 가장 큰 기준은 학교생활에 얼마나 잘 적응하는가이다. 학교는 직장처럼 학생들이 매일 가야 하는 곳이다. 학생들의 일상생활에서 매우 중요한 곳이다. 학생들의 일상생활은 대부분이 가정과 학교에서 이루어지고 결정된다. 학생들의 생활시간의 대부분은 수면시간, 학습시간, 교제와 여가 시간으로 이루어져 있다. 범생이와 사나이의 가장 큰 차이는 학습시간의 차이이다. 범생이들은 학교생활에서 교육과정을 중시하고 규범을 잘 따르며 교사와의 관계가 원만하다. 이들은 학교가 가진 규범들을 잘 따르고 준수하는 모범생들인 것이다. 이들은 학교생활에 필요한 규범이나 성적 평균을 기준으로 한 정상분포곡선에서 오른쪽의 소수에 해당하는 모범생들이다. 이들은 학습에 대한 동기의식이나 흥미가 강하고 학습시간이 길며 성적이 우수하다. 반면에 교제 및 여가활동 시간이 짧다. 이들은 운동이나 게임과 같은 놀이보다 공부에 더 많은 관심이 있는 학생들이다. 이러한 특성은 가정환경과 연관이 있다. 연구들에 의하면 전문직 자녀들의 경우 성적이 우수하고 대학서열구조에서 상위권 대학에 진학을 훨씬 더 많이 한다. 그리고 이는 가정의 특성들로 설명된다. 즉 부모의 사회경제적 지위가 높을수록 경제자본, 사회자본, 문화자본, 상징자본을 많이 가지는데 이들 모두가 학습 동기나 성적, 대학진학과 밀접한 연관을 가지고 있다. 구체적으로 말하면 돈이 많을수록 학습의 물질적 환경과 사교육비를 비롯한 교육비를 쉽게 충당할 수 있고, 부모의 좋은 인맥이나 자녀와의 신뢰적 관계가 학습 관련 정보와 동기를 높일 수 있고, 부모의 고학력에 기초한 생활방식과 위신이 자녀에게 영향을 끼칠 수 있다.

이에 반해 사나이들은 범생이들과 정반대의 특성을 가진다. 이들은 교제와 여가 시간이 길고 학습시간이 짧다. 이들은 공부에 관심이 없고 이성교제, 운동, 놀이 등에 훨씬 관심이 많다. 학교 성적은 평균을 중심으로 한

정상분포곡선에서 왼쪽의 소수에 해당한다. 이들은 학교 교육과정과 규칙들에 잘 적응하지 못하고 반항한다. 즉 이들은 수업시간이 싫고 내내 지루하다. 그리고 학교의 규칙들도 잘 지키지 않는다. 그래서 교사와의 관계도 대부분 원만하지 않고 교사에 저항적 태도를 보이기도 한다. 이러한 특성은 가정환경과 연관이 있다. 이들의 가정환경은 경제적으로 빈곤하고 권위적이며 갈등적 관계를 가지는 경우가 많다. 가정적 특성들은 사회화를 통해 자아형성에 영향을 미치며 자신들의 생활습성인 아비투스를 형성한다. 이들의 아비투스는 생활환경과 연관되어 반문화적 형태로 저항적이고 공격적이다. 당연시 하는 일상생활 세계가 나름대로 형성된 것이다. 그들의 일상생활 세계는 범생이 집단과 큰 차이가 있다. 이러한 관계로 이들은 학교생활에 적응하지 못하고 일탈적 행위를 많이 한다. 즉 지각이나 결석이 많고, 학교 친구들과 갈등을 빚거나 폭력을 사용하기도 한다. 그리고 심한 경우에는 유사한 입장의 친구나 선후배들과 일탈집단을 형성하여 폭력을 사용한다.

대부분의 학생들의 일상생활은 이러한 극단적인 형태의 가운데 있을 것이다. 생활시간조사에서 나타난 것처럼 평균적인 시간을 중심으로 정상분포곡선의 모습을 보이면서 그들은 자고 공부하고 논다. 그들은 다양한 모습으로 학교에 적응하고 다양한 모습으로 놀 것이다. 학생들의 관심과 취미는 매우 다양하다. 이들은 그들 가정환경의 차이나 그들의 다양한 경험만큼이나 다양할 것이다. 그럼에도 불구하고 학생들의 일상생활은 사회적 특성을 반영한다. 학생들의 최고의 관심은 명문대 진학과 좋은 직장에의 취업이다. 이들은 가정과 학교 모두에서 일반화되어 우리는 학교교육을 입시 위주의 교육이라 부른다. 학부모들도 입시 위주 교육을 한국사회에서 불만스럽지만 어쩔 수 없는 것으로 수용하고 있다. 학교기본법 제9조 3항은 "학교교육은 학생의 창의력 개발 및 인성 함양을 포함한 전인적 교육을 중시하여 이루어져야 한다"고 명시하고 있다. 그리고 교육과정 총론에도 이러한 교육목표를 분명히 하고 있다. 그러나 학교 특히 중등학교가 교육기본법에 명시된 교육목표를 상실하고 입시 위주의 교육을 하는 장으로 변질된 것이다. 가정과 학교가 자본주의 사회에 의해 통제되고 우리의 일상생활이 식민화가 된 것이다. 중등학교에서 학교에의 적응 형태는 입시 위주의 교육으로 머튼의 아노미 유형에 따라 분류되기도 한다. 아노미 유형은 대학진학 목표와 학교교육 간의 괴리를 중심으로 학생들의 적응형태를 분류한다. 분류 형태는 대학 진학 목표와 학교교육에 모두 충실한 학교 의존 입시집착형, 대학진학에만 관심을 가지고 사교육에 의존하고 학교교육은 입시 관련 교육에만 집중하는 사교육 의존 입시집착형, 매일 학교에 출석하나 입시 위주의 교육에 무기력한 학습기피 의례형, 입시 위주의 교육에 만족하지 못하고 새로운 학교유형을 추구하는 대안교육형, 결석과 일탈을 자주하는 반항적인 학교거부형으로 분류된다. 이러한 분류는 학교교육이 교육기본법에서 벗어나 입시 위주의 교육으로 완전 왜곡되어 있음을 보여준다.

학생들의 일상생활은 입시 위주의 학교교육이 중심이기에 크게 왜곡되어 있는 것이다. 이러한 모습은 소모적인 줄서기와 비슷하다. 학생들은 명문대학에 입학하기 위해 일상생활을 왜곡하고 입시 위주의 교육에 식민화되어 청소년 생활을 허비하고 있는 것이다. 학교교육은 다양한 영역의 암기식 지식교육과 도구적이고 이기적인 인간들을 양성하고 있는 것이다. 이는 개개 학교 자체의 문제가 아니고 사회구조적인 문제이다. 학생들은 이러한 사회환경에서 자고 공부하고 놀고 있다. 이들은 주어진 사회환경에서 가정과 학교 그리고 친구집단들과 교류하면서 공부하고 노는 것이다. 일부는 범생이처럼 열심히 공부하고 일부는 사나이처럼 저항하기도 하고 학교와 학원에 가고 이성에 관심을 가지고 운동하고 게임하면서 생활한다.

한국의 학교교육이 왜곡된 것은 OECD국가들의 청소년 행복지수 비교에서 나타난다.[27] 한국은 공부시간이 다른 국가들에 비해 지나치게 길다. 하루 평균 공부시간이 2위 국가보다 1시간 반 이상이 길고 가장 작은 국가보다는 두 배 이상이 길다. 이러한 결과는 PISA에서의 높은 등위뿐만 아니라 최하위의 행복지수와도 연관된다. 한국은 OECD국가들 중에서 청소년의 행복지수가 가장 낮은 국가이다. 조사를 보면 초등학교 4학년에는 다른 국가들과 비슷하나 고등학교 3학년으로 갈수록 다른 국가들에 비해 지속적으로 낮아지고 있다. 행복지수가 중학교에서 낮고 고등학교로 갈수록 크게 떨어지고 있는 것이다. 이는 분명히 입시 위주의 교육에 기초하고 있다. 입시 위주의 암기식 교육을 모두가 문제로 인식하지 못하거나 알고도 무기력하여 수용하고 있는 것이다. 즉 학교는 명문대학 진학을 위해 제도화된 암기식 공부를 당연시하고, 학생들은 하기 싫은 암기식 공부를 명문대학 진학을 위해 억지로 하는 것이다. 이러한 결과는 학생들의 높은 스트레스나 자살률로 이어진다. 한국 학생들의 스트레스는 다른 국가들보다 높아 최고이고, 자살률과 자살충동율도 높다. 한국 청소년 자살률은 인구 10만 명당 7.6명(2015년 기준)으로 2010년에 비해 낮아졌으나 지속적으로 많은 국가들 중에 중간치를 기록하고 있다. 이들의 원인을 분석한 것을 보면 성적과 진학이 압도적으로 높은 요인으로 지적되고 있으며 다음이 가정불화, 경제적 어려움, 고독과 외로움 등의 순이다.[28] 한국 학생들은 경제적 발달로 많은 물질적 부를 누리고 있으나 입시 위주의 암기식 교육으로 매우 불행한 삶을 살고 있는 것이다.

27 한국 청소년 행복지수에 관한 자료는 네이버 블로그 자료(통계청 나라셈 도서관, 2017. 8. 17.)이고, 청소년 자살률에 관한 자료는 네이버 블로그 자료(내생각하는지, 2017. 9. 26.)를 사용.

28 이 자료는 인터넷 '내생각하는지'(2017. 9. 26.) 블로그 자료임.

2. 일상생활과 소외 극복

1) 학생 소외의 원인

소외란 일반적으로 따돌림으로 고립된 상태를 말한다. 따돌림 현상은 사회구조로부터 발생할 수도 있고 일상생활에서 일어날 수도 있다. 소외란 일반적으로 일상생활에서의 따돌림 현상을 의미하나 사회과학에서는 사회구조적인 현상에 의한 따돌림의 의미를 포함시키고 있다. 사회과학에서 소외란 인간이 생활하면서 사회를 만들고 있으나 사회가 다시 인간에게 억압적인 것으로 작용하는 현상을 말한다. 이러한 환경에서 인간은 무력감, 무규범감, 무의미감을 느끼고 자신의 존엄성을 포기할 수 있다. 소외는 이러한 다양한 의미들을 포함한다. 소외의 원인은 학자들의 사회관에 따라 다양하게 구분된다. 사회계약에 의해 국가에 양도한 권력이 다시 인간에게 억압적인 형태로 작용하는 국가의 억압적 권력, 자본주의 발달에 따른 인간의 수단화와 불평등 심화 현상, 조직 효율성과 이윤을 강조하는 관료제와 같은 조직에서의 비인간화 현상, 그리고 산업사회의 발달에 따른 분업의 심화 및 도시화에 따른 인간의 파편화 등 다양하다. 이러한 다양성에도 불구하고 소외의 일반적인 요인은 사회 희소가치의 불평등한 배분에 기초한다. 사회 희소가치의 주된 요소는 권력, 돈, 위신 등이다. 소외 원인을 조사하면 환경이나 물리적 조건보다 사회 희소가치와 연관된 사회적 관계나 인간관계가 더 중요하다. 사람들은 물질적 조건보다 인간관계에 의해 무력감, 무규범감, 무의미감, 자기소원과 사회적 고립을 더 느끼는 것이다.

사회구조와 같은 거시적인 환경은 사회계층에 따라 다양하게 인식된다. 불평등이 심할 경우 일상생활에서 사람들은 사회구조에 대한 불만과 무력함을 느낀다. 그러나 이를 해석하는 방법은 차이가 있다. 일부는 소외 원인을 개인 탓으로 돌리고 일부는 사회 탓을 돌린다. 사회계층이 낮을수록 사회생활은 어렵고, 일상생활은 주어진 환경과 연관되어 고달프다. 불만이 심화되어도 불평등한 사회구조는 사회 희소가치의 역학적인 관계에 기초하여 형성되었기에 개선되기가 쉽지 않다. 사회구조는 힘의 역학적 관계이기 때문에 하위계층 사람들의 일상생활은 사회 저항보다 사회 적응에 맞추어지고 개별적으로 대응한다. 개인의 의식구조도 이에 기초하여 형성되기 쉽다. 가정, 직장, 학교와 같은 일상생활의 장에서 마주하는 위계적, 강압적, 도구적 인간관계는 일상생활의 문화나 개인적 아비투스를 형성한다. 그들은 사회생활에서 소외되어 시대에 뒤쳐질 뿐만 아니라 무기력하고 무의미하고 무규범적이며 자신으로부터 소원한 생활습성을 가지기 쉽다.

학생들의 일상생활에서의 소외도 비슷한 사회적 환경에서 발생한다. 학생들이 생활하는 학교 환경은 기술발달에 따라 빠르게 바뀌고 있다. 학교 물리적 시설들은 개선되고 학급당 학생 수도 출산율 저하로 급속하게 감소하였다. 그러나 사회구조적 문제는 개선이 되지 못하고 있다. 사회 불평등구조는 개선의 기미가 없고 대기업 중심의 위계 구조도 변화하지 않고 있다. 교육 분야에서는 대학서열구조의 심화로 입시 위주교육이 교육을 크게 왜곡시키고 있다. 그러나 학생들은 일상생활에서 사회구조적 문제들을 크게 인식하지 못하고 생활하고 있다. 일상생활에 직접적으로 영향을 미치는 요인은 현재 주어진 환경과 인간관계와 그들의 사회화된 생활습관과 이들을 포함한 아비투스이다. 학생들의 일상생활은 가정환경과 학교환경, 그리고 생활환경에서의 인간관계, 사회화된 습성과 인성에 따라 차이가 존재한다. 사회계층에 의해 구분되는 가정환경은 학생들의 소외 정도를 결정하는 주요 요인이다. 부모의 사회경제적 지위나 가족 문화와 분위기는 학생의 일상생활과 학교 적응에 매우 큰 영향을 미친다. 그리고 부모의 사회계층과 학교에서의 학업 성적은 대학진학과 취업에 결정적 영향을 미친다. 학생들은 다양한 가정환경 속에서 미래를 꿈꾸고 설계하면서 공부하고 친구들과 사귀고 노는 일상생활을 하고 있다.

이처럼 학생들의 일상생활은 학생들에게 주어진 거시적 사회구조와 가정과 학교와 같은 집단과 조직의 특성들과 깊은 연관을 가진다. 오늘날 민주사회에서 교육은 민주시민 양성을 목적으로 인권을 강조한다. 그러나 현실적으로 인간의 천부인권을 지키기 위해 국가에 양도된 권력이 억압으로 작용하는 사회환경이 일반적이다. 민주사회로의 변화에도 불구하고 한국 교육에서 가장 대표적인 사회적 소외의 요인은 변화하지 않는 입시 위주의 교육이다. 입시 위주의 교육은 사회구조적인 문제에서 비롯된 것이다. 높은 사교육비와 학생들의 삶의 질의 저하로 교육이 사회문제가 된 지 오래지만 모두 어쩔 수 없는 것으로 인식하고 있다. 대다수는 학벌사회에 기초한 힘의 역학적 관계로 입시 위주 교육의 이데올로기를 수용하고 있다. 그리고 자본주의의 발달에 따라 학교는 더욱 더 출세를 위한 도구의 장으로 변화하고, 졸업장은 아직도 신분증처럼 사용되고 있다. 이 신분증은 취업과 승진은 물론 일상생활에서도 위신을 유지하는 데 사용된다. 한국에서는 이를 학벌사회라 명명한다. 이러한 변화에 교육에서의 신자유주의 바람도 큰 기여를 하였다. 신자유주의자들은 획일화된 학교교육을 학교 간 경쟁을 통하여 다양화하고 학부모와 학생의 선택권을 향상시킬 것이라 주장하였다. 그러나 중등교육의 평준화는 깨어지고, 학교는 교육기본법의 취지를 잃고 학원과 같은 입시 위주의 교육장으로 변화되었다. 신자유주의 교육정책은 실패한 것이다. 한국의 교육제도는 다른 국가들과 달리 국가 중심의 중앙통제적인 획일적 대학서열구조를 가지고 있고 입시 위주교육이 만연되어 있다. 한국 교육문제의 해결방법은 피라미드식의 대학서열구조를 파괴시키고 입시 위주의 교육을 폐지하는 것이다. 대학 진학을 위해 고등학교 교육 자체가 왜곡되고 초등학교부터 시작되는 사교육, 방과 후 과외와 학원으로 이어지는 입시 위주의 교육을 없애는 것이다. 이를 위해서는 피라미드식의 대학서열화와 대학입시 제도를 개혁해야 한다.

교육문제의 다른 하나는 직업교육이다. 특성화 고등학교, 전문대학, 일반대학의 상당수는 직업교육과 연관되어 있다. 이들 중에서 전문학교와 일반대학의 대다수는 등록금이 비싼 사학이다. 재정적 이유로 전문 인력을 양성하는 고등교육기관을 지나치게 사학에 의존하고 있는 것이다. 노동시장구조와 교육제도는 순환적이어 무엇을 우선해야 할지 항상 논쟁이 된다. 중견기업을 육성하여 좋은 일자리를 만드는 것이 우선인가 아니면 기술 인력을 양성하여 기업경쟁력을 높이는 것인 우선인가? 한국은 두 가지 모두 실패한 것이다. 대기업과 같은 고임금의 좋은 일자리를 창출할 수 있는 중견기업도 부족하고 취업을 위한 직업교육도 문제가 많다. 악순환이 반복되고 있는 것이다. 고등교육은 전문대학과 일반대학으로 크게 구분되는데 사학이 대부분이고 등록금이 너무 비싸다. 고등교육이 대중화되어도 서민에게는 등록금이 너무 비싸다. 평등사회를 지향한다면 특성화 고등학교나 전문대학과 같은 직업학교를 활성화시킬 방안을 찾아야 한다. 그리고 피라미드식의 대학 서열화를 막기 위해 지방 거점국립대학들을 지원해야 한다. 연령층 대비 대학생 비율이 국가 경쟁력을 결정하지는 않는다. 한국은 2010년경에 일반계 고등학생의 대학진학 비율이 80%를 넘었으나 그 때 국가 경쟁력이 가장 높았던 것은 아니고 오히려 대졸 실업자의 증가로 청년실업 문제를 양산하였다. 교육문제는 사회문제의 축소판으로 교육문제 해결을 위해 지역 균형발전도 매우 중요하다. 지방 국립대의 혁명적 육성책으로 지역에서 무료로 고등교육을 받을 수 있고 취업할 수 있는 제도를 마련해야 한다. 교육정책은 노동시장과 관련이 있으므로 교육부에 한정할 것이 아니라 고용노동부와 같은 관련 부서와의 유기적인 연계로 마련되어야 한다. 졸업장이 신분증과 같이 사용되는 학벌사회의 문화도 바뀌어야 한다. 지금 일부 이용되기 시작한 취업시험에서의 블라인드 제도를 보편화시켜야 한다. 그러나 제도 변경은 사회 희소가치의 역학적 관계에 기초하고 있기 때문에 혁명적 개혁이 없이는 제도를 바꾸기 어렵다. 정치권의 구성원들을 보면 사회 희소가치를 소유한 중상위 계층들이 대다수이고, 선거에 대비해 여론을 의식하기에 개혁은 어렵다. 그래도 서민이 고등교육을 부담 없이 받고, 좋은 직장에 취업할 수 있는 직업 고등교육기관의 육성정책이 필요하다. 입시 위주의 교육을 줄일 수 있는 지방거점대학의 획기적인 육성책이나 국립통합 네트워크와 같은 혁명적인 교육제도의 개혁이 필요하다. 문화적 차원에서는 고교평준화 정책과 블라인드 제도로 학벌사회의 관행을 제거하려는 일상적 생활운동이 필요하다. 암기 위주의 시험제도에 기초한 성적과 조직생활에서의 적응이나 일의 능력은 매우 큰 차이가 존재한다. 대학이 아니라 일의 과정과 결과로 사람을 평가하는 건전한 일상생활 문화가 필요하다.

일상생활에서의 소외는 가정과 학교가 일차적 인간관계와 전인적 교육의 목표를 상실할 때 발생한다. 부모의 사회경제적 지위는 가정의 일상생활의 상당 부분을 결정한다. 부모의 사회경제적 지위는 부모의 학력, 수입, 직업지위를 말하는데 이들은 상당 부분 가정 분위기를 결정한다. 물론 결손가족이나 부모들의 인성차이 같은 요인들도 매우 중요하다. 가정적 요인이 학교 요인보다 더 많이 학생들의 학업 성적에 영향을 미친다는 연구결과는 콜먼의 보고서에서 비롯되었다. 그리고 문화결핍론처럼 하위계층의 빈곤문화 요인이 학업성적과 일탈에 영향을 미친다는 연구들도 많아 가정 요인이 중요하다는 주장은 일반적으로 수용되고 있다. 이처럼 가정생활과 학교생활은 밀접한 연관을 가진다. 가정생활의 어떠한 측면이 학교생활에 크게 영향을 미치는가? 가정은 사회계층에 따라 경제자본, 사회자본, 문화자본, 상징자본에 있어 큰 차이가 있다. 상층은 일반적으로 경제, 사회,

문화, 상징자본을 많이 소유하고 하층은 이들 자본이 적다.

그러나 상층 가정이 행복하고 하층 가정이 불행한 것은 아니다. 모든 부모들은 자녀들을 사랑하며 친밀한 관계를 유지하려 노력한다. 그리고 이상적이고 행복한 삶을 추구하려 노력한다. 만족과 행복은 친밀한 가족 관계, 가족 문화 그리고 비교하는 준거집단에 근거하고 있다. 그러므로 상층이 행복하고 하층이 불행한 것은 아니다. 경제적 빈곤도 문제이지만 너무 물질지향적인 삶도 불행을 초래한다. 수단적이고 일시적인 인간관계보다 인간적이고 깊이 있는 인간관계가 행복을 보장한다. 이러한 측면에서 외형적인 돈, 인맥, 과시 문화와 상징도 중요하지만 믿을 수 있는 인간관계와 삶의 질을 높일 수 있는 문화, 그리고 자존감을 높일 수 있는 상징자본이 훨씬 더 중요하다. 경제적 부, 신뢰할 수 있는 가족관계, 자아실현과 연관된 문화와 상징은 가족 구성원 특히 학생들의 소외를 줄이고 자아실현을 보장한다. 가정과 자녀들의 소외 관계는 학교생활에도 적용된다. 가정생활의 특성은 학교생활에 크게 영향을 미친다. 부모의 사회경제적 지위가 자녀 성적에 영향을 미치듯이 가정에서의 신뢰관계나 자아실현 관련 문화 및 상징자본은 학교에서의 교사와 학생관계나 학생의 학교활동에 영향을 미친다. 이러한 가정적 차이를 줄이는 것이 매우 중요하다. 지금까지 저소득층을 지원하기 위한 미국의 바우처 제도나 한국 등의 저소득층 우선지원지역 정책들이 존재하고 있으나 미봉책에 그치고 있다.

2) 일상생활에서 소외의 극복

학생들의 일상생활에서의 소외는 가정 및 학교생활과 밀접한 연관을 가진다. 학생들은 가정과 학교의 주어진 상황에 영향을 받으면서 공부하고 놀고 있다. 학생들은 공부하고 이성을 포함한 친구와 교제하고 미디어를 시청하고 게임하고 운동하면서 생활한다. 그러나 이들에 할당된 시간은 큰 차이가 존재한다. 연구 결과에 의하면 절반이 성적과 진학을 걱정하고 상당수가 가정불화와 경제적 어려움에 대해 걱정하면서 생활하지만 그 정도는 학생에 따라 큰 차이가 있다. 그리고 학생들의 관심에 따라 주어진 상황에 대한 인식도 다르고 추구하는 바도 다르다. 사회 불평등 해소와 민주주의 발달과 같은 사회구조적 요인은 빠른 시간에 개선을 기대하기 어렵다. 학생들의 소외 극복을 위해서는 총체적인 노력이 필요하다. 사회적 제도의 개혁과 일상생활에 있어 집단적 노력은 학생들의 소외를 줄이고 삶의 질을 향상시킬 것이다. 그러나 현실적으로 가정이나 학교에서의 상호 신뢰나 우호적인 관계 등의 실천 가능한 노력들이 우선적으로 요구된다. 즉 가정이나 학교에서 소외 원인에 따라 해결책을 찾는 것이다.

교육이 최상층으로의 사회이동을 보장하지는 않는다. 재산이 있는 상류층은 상속으로 최상층이 된 지 오래다. 재산이 많지 않은 다수의 사람들은 교육을 통해 사회이동하기를 원한다. 중간지대인 육체노동자와 정신노동자에서의 이동은 교육과 밀접한 연관이 있다. 즉 교육을 통한 중간지대에서의 이동은 가능하나 최상위로의 이동이 가능한 것은 아니다. 학생들은 이러한 사회이동을 위해 경쟁하고 노력하고 있다. 이러한 과정에서 소외된 생활을 강요받고 있다. 거시적 차원의 사회구조의 개혁보다 현실성이 있는 극복방법을 찾아보자.

학생들의 소외를 극복하기 위해 가정과 학교에서의 노력이 필요하다. 가정에서 학생들의 일상생활에 큰 영향을 미치는 요인은 공부에 대한 강요이다. 모든 부모는 자녀들이 잘 되길 바라고 걱정한다. 그러나 자녀가 미래에 잘 되는 요인은 공부에 한정된 것은 아니고 자녀에게 공부를 강요한다고 자녀가 공부를 잘하는 것도 아니다. 오히려 지나친 강요와 비교는 자녀의 반발을 유발한다. 자녀가 원하는 영역을 잘 파악하고 지원하는 노력이 필요하다. 부르디외가 강조한 것처럼 문화자본은 부모의 교육정도와 가정에서 부모의 생활습관이다. 공부하는 부모 밑에서 그리고 자녀를 신뢰하는 부모 밑에서 자녀는 공부에 대한 흥미를 배운다. 전문직 자녀의 교육정도가 매우 높은 것은 이러한 가정환경과 연관이 있다. 가정에서의 자녀에 대한 강압적 태도와 신뢰의 상실은 자녀의 태도에 부정적 영향을 미친다.

부모의 경제적 지원도 중요하다. 많은 조사들에 의하면 사회계층에 따른 사교육비의 차이가 매우 크다. 고액 과외가 일상적으로 이루어지고 있다. 특목고와 자사고의 등록금과 의대, 로스쿨, 사립대 등의 등록금이 매우 비싸다. 그리고 돈 있는 사람들은 자녀들을 외국에서 유학시킨다. 이러한 교육에 대한 투자 외에도 재산이 많은 부모는 자녀들에게 재산을 상속할 것이다. 불평등에 기초한 가정환경의 차이를 줄이는 교육정책이 필요하다. 가정적 노력과 아울러 서민이 쉽게 교육을 받을 수 있는 고등교육정책이 필요하다.

학교는 학생들의 소외를 줄이는 장소가 되고 있는가? 아직 학교는 학생들의 소외를 줄이지 못하고 있다. 흔히 산업사회에서의 학교는 감옥이나 공장에 많이 비유된다. 이들의 공통점은 구성원들을 통제한다는 것이다. 산업사회에서 학교는 직장생활을 준비하는 곳이라고 말한다. 즉 결근 없이 매일 출근하고 작업시간에 지시에 잘 따라 태업하지 않고 열심히 일하는 것이다. 학교도 마찬가지 교육을 한다. 민주화로 많이 유연화되었지만 결석하지 않고 매일 출석하고, 공부시간에 딴짓하지 않고 지시에 충실하고 열심히 공부하는 것을 강조한다. 공장이든 학교든 인간이 생활하는 곳이기에 인간적인 유연성이 있을수록 구성원에게는 좋다. 학교교육의 목적이 무엇인가가 매우 중요하다. 교육기본법은 창의력과 인성 함양을 포함한 전인교육을 강조하고 있다. 그러나 현실은 이와 멀리 떨어져 있다. 초등학교에서 중학교, 고등학교로 갈수록 전인교육과는 거리가 멀다. 고등학교의 표출된 목표는 명문대학에 학생을 많이 입학시켜 명문 고등학교의 명성을 얻는 것이다. 현재는 특목고와 자사고가 명문 고등학교의 자리를 대부분 차지하고 있다. 다른 국가들도 명문 학교가 있지만 한국은 특히 왜곡된 형태이다. 암기식의 성적만이 중요하고 사회규범도 학생의 자아실현도 뒷전이다. 성적에 기초한 줄서기 논리만이 한국에서 공유되고 있다. 이러한 교육제도와 문화는 학생들을 소외시키고 있다. 학교는 교육기본법에 기초한 학교 본연의 목표에 충실해야 한다. 국가와 교육청 그리고 학교가 교육목표를 상당 부분 방치하고 있는 것이다. 초·중등 교육은 학생들의 소외를 줄이기 위해서는 한국 교육의 두드러진 특성인 입시 위주의 학교교육을 반드시 극복하고 학교교육의 목표인 전인교육을 지향해야 한다.

전문 인력 양성 교육을 위해 고등교육은 사학에 의존할 것이 아니라 서민이 손쉽게 접근할 수 있는 국공립교육을 크게 강화해야 한다. 전문대학과 일반대학은 각자의 설립 목적이 존재한다. 대학 운영은 대학 스스로 그러한 목적 달성에 충실해야 한다. 그리고 고등교육은 대부분이 사학인데 사학비리가 많이 발생하고 있다. 사립대학들은 자체적으로 재정 건전성과 재정 회계의 투명성을 확보하고, 민주적으로 학교 운영을 하는 것이 중요하다. 이와 관련하여 일상생활에서 소외를 극복할 수 있는 또 다른 한 요인은 주체로서의 학생이다. 학생들은 학교 환경에 적응하지만 주어진 환경을 인지하고 이에 능동적으로 대처할 수 있는 능력을 가지고 있다. 학생들은 학교교육에 어쩔 수 없이 따라가면서도 현실 교육을 비판하면서 생활하고 있는 것이다. 즉 학생들은 학교교육에서 문제들을 인식하고 적절한 대처법을 찾으면서 생활할 수 있는 능력을 가지고 있다. 학교와 교육계는 학생들의 비판을 더 수렴하고 실천하는 노력을 경주해야 할 것이다.

제8장 교육의 새로운 시작

제1절

한국사회변동과 교육문제 개선

한국은 20세기 중반 이후 급속한 산업화로 급격한 사회변동을 경험하였다. 농촌 중심의 전통적인 삶이 도시 중심의 자본주의적 삶의 형태로 변화하였다. 산업구조는 산업화로 2차 산업이 급격히 증대하였고 90년대 이후에는 3차 산업도 크게 발전하였다. 이러한 변화로 국민소득이 크게 증대하였고 인구의 도시 집중현상이 나타났다. 1990년대 이후 정보사회와 소비사회의 발달은 산업사회의 노동시장 구조를 크게 변경시켜 3차 산업에 인구가 집중하는 현상을 초래하였다. 그리하여 현재 70% 이상이 3차 산업에 종사하고 있다. 1980년대 후반 이후 첨단산업육성과 산업구조의 재조정으로 서울을 중심으로 한 수도권 집중현상은 가속화되었고 서울은 정치, 경제, 사회, 문화 등 모든 영역의 중심이 되었다. 그리고 민주화 운동으로 민주사회가 시작되어 인권과 사회조직에 큰 변화를 가져왔다. 여성의 인권 신장과 3차 산업의 발전은 여성의 사회진출을 크게 확대시켰고 가족제도에도 큰 변화를 가져왔다. 여성의 사회진출 증대로 가족제도에서 소자녀 가족이나 주말 부부 등의 별거가족 그리고 독신가구 형태가 보편화되었고, 가부장적 가족제도는 변화되었다. 그리고 여성의 이혼 시 재산분할청구권과 자녀양육권으로 이혼은 크게 증가하여 불안정한 가족이 보편화되었다.

교육은 사회의 반영이다. 해방 이후 현재의 교육제도가 마련되었으며 전쟁 후 초등교육은 의무교육으로 변화되었다. 60년대 이후 산업화와 더불어 중등교육이 급성장하였으며, 80년대부터 고등교육이 크게 확대되어 2000년 이후에는 고등교육은 대중교육이 되었다. 특히 80년대 후반 이후 산업발달과 정보화, 민주화, 출산율 감소 등의 사회변동으로 학교교육은 크게 발전하였다. 산업화와 정보화로 교육시설은 크게 개선되었고, 경제성장과 출산율 감소로 학급 및 교사 1인당 학생 수는 급감하였다. 민주화로 학생 인권은 크게 신장되어 이에 적합한 교육과정과 교수법이 마련되었다. 즉 사회발전과 더불어 교육발전도 이루어졌다.

그러나 한국사회의 문제가 교육에 반영되어 있다. 한국의 급성장에 따른 사회문제는 중앙집권적 서울 중심의 사회구조와 사회 불평등구조의 심화 현상이다. 돈, 권력과 같은 모든 사회 희소가치가 서울 중심으로 불평등하게 집중되어 있다. 서울은 정치, 경제, 사회, 문화의 중심이다. 그리고 재산이나 지니계수 및 10분위 분배율과 같은 소득분배를 볼 때 불평등 현상은 개선되지 않고 있다. 교육도 마찬가지다. 단일 피라미드식 대학서열 구조가 존재한다. 그리고 입시 위주의 교육으로 과외비는 늘고, 경제성장과 민주주의 발달에도 불구하고 사학은 고등교육의 대부분을 차지하고 있다. 고등교육의 확대로 학부모와 학생의 경제적 부담은 증가하고 청년실업은 사회문제가 되었다. 천민적 성격이 부가된 자본주의 사회에서 사회 희소가치를 소유한 자들의 갑질이 일상화되고 사회 희소가치를 지향하는 경쟁도 치열한 것처럼, 입시 위주의 교육과 청년실업으로 학생들 간의 경쟁과 공부시간은 늘고, 스트레스도 증가하고 있다.

역사적 경험과 사회구조가 사회적 성격을 결정하고, 이들이 교육의 특성을 결정한다. 그러므로 한국교육의 문제점을 개선하기 위해 역사적으로 형성된 한국 고유의 사회적 특성을 포함한 한국 현대사회의 구조적 특성에서 문제점을 찾고 개선하는 노력이 필요하다. 한국은 사회변동으로 교육에 있어 큰 발전을 이룩하였으나 단일 피라미드식의 대학서열구조와 입시 위주의 교육과 사학의존형 고등교육이라는 큰 구조적인 교육문제가 있다. 한국교육의 가장 큰 문제점은 목적과 수단이 전도된 입시 위주의 교육과 과외와 사학에 기초한 높은 교육비이다. 한국교육은 전인교육보다 선발 기능을 강조하고 있다. 교육의 목적은 지식, 규범, 정서 등 다양한 측면의 전인적 교육을 목표로 하나 현재 한국교육은 좋은 대학과 좋은 취업자리를 위한 수단으로 전도된 측면이 있다. 특히 이러한 현상은 중상류층이 주도하며 이들의 자녀들이 다니는 학교들에서 강하다. 이리하여 초등학교부터 대학 졸업 후 취업 때까지 많은 학생들이 입시와 취업 공부에 매달리고 있다. 이는 여가생활을 상실한 긴 공부시간, 과도한 과외비용, 지나친 경쟁과 스트레스, 낙인과 일탈로 연결되고 있다. 이러한 입시 위주의 교육의 전도 현상은 단일한 대학서열구조 및 불평등한 노동시장구조와 연관이 있다. 교육 자체의 노력만으로 개선하기 어려운 근본적인 문제를 가진 것이다. 그리고 고등교육에서 사학이 절대적으로 높은 비율을 차지하는 것은 높은 교육비와 사학비리라는 문제를 낳고 있다. 이들에 대한 더 구체적인 내용들은 각 장들에서 고찰하였다. 한국의 주요 교육문제의 개선을 위해 사회구조문제와 연계하여 개선책을 살펴보면 다음과 같다.

먼저 중앙집권화된 사회와 연계된 단일 피라미드식의 대학서열구조가 문제이다. 사회 희소가치의 점유 정도가 높은 대기업 CEO, 고위 관료, 국회의원 등의 출신 대학 비율이 단일 피라미드식 대학서열구조의 위계와 일치하고 있다. 그리고 대학서열구조는 대학별 평균 수능성적과도 일치한다. 공부 목표가 피라미구조에서 높은 위치에 있는 특정 대학들에 입학하고, 그 졸업장으로 사회에서 주요 지위를 차지하는 것이다. 명문대학 졸업장과 소득과 정년이 보장되는 직장은 명예의 상징으로 통한다. 삶의 과정보다 결과가 중시되고 외형이 강조되는 사회이다. 모든 것은 그 자체를 말한다. 한국은 아직 내면적 행복보다 외형적 물질이, 행복이나 가치보다 돈과 권력이 더 많이 강조되는 사회이다. 명문대학과 좋은 직장을 추구하는 현상은 모든 사회에 존재할 것이다. 그러나 대학서열이 지나치게 획일화되어 있고, 경제성장과 민주화에도 불구하고 고등교육에서 사학이 대부분을 차지하고 비민주적으로 운영되고 있는 것이 문제이다. 그리고 학교가 교육목표보다 명문대 진학이나 학교서열을 중요시하는 것이 문제이다.

단일 피라미드식의 대학서열구조는 중앙집권적 성격이 강한 한국사회의 특성과 깊은 연관이 있다. 정부 조직에서 상위층의 권위주의를 줄이기 위한 정책적 노력이 필요하다. 아직도 권력의 집중현상이 보편적이고, 상위보직에 많은 판공비와 운영비가 존재한다. 모든 것의 중심은 서울이고 이미 수도권의 인구는 전체 인구의 절반에 이르고 있다. 단일 피라미드식의 대학서열구조는 이러한 한국사회의 중앙집권적 특성을 반영하므로 총체적 개선 노력이 필요하다. 민주화 이후 형식적으로 이루어지고 있는 지방자치제도를 활성화하여 지방분권적인 형태로 바꾸고 대학구조도 단일 피라미드 구조를 탈피해야 한다. 지방 균형발전과 행정 수도 이전과 같은 지방분권화를 위한 정책들을 더욱 강화시켜야 할 것이다. 이러한 지방 분권화 현상은 중앙집권적 특성을 약화시켜 자연스럽게 대학 서열화 현상을 개선시킬 것이다.

그리고 정부나 교육계의 자체적 노력도 필요하다. 사회계층구조와 대학서열구조는 밀접한 관계에 있으므로, 정부는 지방 거점대학들의 육성을 통해 대학서열구조를 다원화하여 경쟁구조를 약화시켜야 교육문제가 개선될 수 있다. 이를 위해 학계나 시민사회가 제시한 다양한 방법들이 검토되어야 하나 결론은 지방 거점대학을 특성화하여 집중 육성하는 것이고, 지방의 건전한 사학을 공영화하는 것이다. 불균형 발전을 시정하기 위해 지방자치제를 활성화해야 하는 것과 아울러 지방 국립대학들을 집중적으로 지원하고 건전한 사학들을 공영화해야 한다.

둘째, 기초생활이 보장되는 복지제도의 확대가 필요하다. 대학서열구조와 사회계층은 매우 밀접한 연관을 가지고 있다. 피라미드구조의 최상층에 있는 대학생들의 사회계층도 대부분 상위권이다. 사회 불평등과 피라미드식 대학서열구조에서 비롯된 문제들은 모든 사회성원과 학생들에게 큰 영향을 미친다. 이러한 영향으로 많은 학생들은 초등학교부터 학원에 다니고 밤늦게까지 공부한다. 가난한 학부모들이나 현 제도에 비판적인 사람들도 이 구조에서의 경쟁을 피하기 어렵다. 그들도 대부분 자녀들의 교육에 큰 관심을 가지고 있다. 기득권을 가진 대다수 사람들은 대학서열구조를 능력에 따른 경쟁의 자연스런 결과로 간주한다. 이들은 현 사회 불평등구조를 개인의 노력과 경쟁에 의한 결과로 보고 불가피한 것으로 판단한다.

그러나 많은 조사에 따르면 학교 성적의 차이는 사회 불평등구조와 가정 배경이 큰 역할을 하고 있다. 전문직을 중심으로 상위계층에 있을수록 이러한 서열구조에 대한 인식과 진입을 위한 경쟁이 치열하다. 그리고 하층의 경우 이러한 사회구조에 대한 인식도 미약하고 경쟁의 여력도 없지만 경쟁적 환경에서 교육을 받는다. 학교교육 과정에 이러한 사회계층적 특성들이 반영되고 있다. 부모의 학력과 생활수준은 알게 모르게 성장과정에서 자녀의 사회화에 영향을 미친다. 즉 자녀의 학업 동기나 능력이 가정에서 형성된다. 그리고 사회계층별 교육 차이가 사교육비의 차이뿐만 아니라 고등학교의 자율형 사립고와 과학고 및 외국어고와 같은 특목고에서 나타난다. 사회계층에서 중상층은 자녀들을 자사고나 특목고에 많이 보내고 그들은 대학서열구조의 상층에 있는 서울 지역으로의 진입을 지원할 수 있다. 그렇지 않은 중하층의 경우 교육을 위한 지원이 제한적이고 대학에서 학자금 충당이나 높은 생활비용을 벌기 위한 아르바이트로 취업 경쟁에서 낙오되기 쉽다. 유치원이나 초등학교부터 이러한 교육 불평등을 개선할 수 있는 노력들이 필요하다. 한국의 낮은 합계 출산율을 고려하면 진학을 위한 기숙사나 학원들이 아니라 모든 학생들이 쉽게 이용할 수 있는 공공 교육시설과 무료교육이 더욱 절실하다. 그리고 빈곤학생들을 지원하기 위한 빈곤지역 교육 우선 투자정책을 더 활성화하고 무료기숙시설을 지원하는 사업들이 필요하다.

셋째, 노동시장구조의 개선을 통한 교육문제 해결이 필요하다. 교육문제를 해결하기 위해 대기업과 중소기업의 임금격차를 줄이는 것이 급선무다. 정부가 적극적으로 중소기업을 지원하여 건실한 중견기업을 확대하는 일이 임금격차를 줄이는 지름길이다. 한국 기업규모별 임금 격차는 매우 심하다. 2016년 노동자 연봉 현황을 보면 300인 이상 대기업 정규직 평균 연봉은 6521만원이고 중소기업 정규직은 3493만원으로 중소기업 연봉이 대기업 연봉의 절반을 조금 넘는다.[29] 이를 해소하기 위해 중소기업을 육성하고 대기업의 잔업으로 인한 장시간 노동시간을 제한할 필요가 있다. 노동시간은 산업구조 개편으로 짧아졌으나 아직 선진국에 비해 매우 길다. 대기업 취업을 위한 명문대학 진학 경쟁과 기업의 장시간 노동으로 사회성원들의 행복한 삶은 보장받기 어렵다. 특히 한국의 학생들은 공부와 취업 문제로 행복한 삶을 포기하고 살고 있다. 행복한 삶을 다시 찾기 위해 '공부와 노동시간 줄이기 운동'이 필요하다.

사회와 학교는 연관되어 있기에 서로 행복을 찾기 위해 노력해야 한다. 학생들은 대기업 취업을 원하고 있지만 대기업 진입은 제한적이고 대기업 생활도 만족스럽지 못하다. 가장 큰 이유는 노동시간과 노동강도 때문

29 한국경제연구원 홈페이지 보도자료 956 '16년 근로자 평균임금 3,387만 원, 중간순위 연봉 2,623만 원'(2017. 8. 17.).

이다. 목표달성을 위해 노동시간 동안 효율성을 높이는 일도 중요하지만 인간의 삶도 중요하다. 노동시간은 산업사회의 초창기에 급속히 증가하여 산업하와 더불어 감소하였다. 한국의 경우도 마찬가지지만 한국의 노동시간은 산업발달이 유사한 국가들에 비해 매우 길다. 먼저 대기업의 노동시간을 줄여야 한다. 이는 제도적 뒷받침이 있어야 하다. 법적인 제재가 없이는 노동시간 감축은 한국사회에서 불가능할지도 모른다. 대부분의 청년들은 대기업 취직을 원하고 경쟁하고 있다. 그리고 대기업은 높은 임금은 보장하지만 잔업을 포함한 노동시간이 너무 길다. 기업의 이윤과 더 많은 임금과 승진을 위한 조직원들의 경쟁이 이유겠지만 노동시간은 법적으로 제한되어야 한다. 노동시간의 단축은 행복을 주는 대기업의 일자리를 확대할 수 있을 것이고 축소된 임금 격차는 취업 경쟁을 줄일 것이며, 이는 학생들의 학교생활에 긍정적 영향을 미칠 것이다. 노동시간에 대한 엄격한 법적 제도 마련과 적용은 대기업부터 시작되어야 한다. 이를 위한 정부 정책과 노사정협의회의 노력이 필요하다. 노동시간 단축은 직장인에게 저녁시간과 여가시간을 주어 행복한 삶을 보장하는 계기를 마련하고 나아가 학생들의 생활도 바꾸어 놓을 것이다.

넷째, 학교 교육에 규범과 정서적 교육이 복원되어야 한다. 지식만을 강조하는 교육은 많은 문제를 야기하고 있다. 지식은 독재나 황금만능주의 등 어떠한 사회에도 봉사하기 때문이다. 타자의 인권과 행복이 동시에 보장되는 교육, 즉 규범과 정서를 바탕으로 한 마음과 생활 찾기 교육이 활성화되어야 한다. 현재 입시 위주의 학교교육은 크게 인문계열, 자연계열, 예체능계열로 구분되나, 이들에 포함된 교육내용들은 모두 외부를 지향하고 있다. 즉 지식과 기술만을 강조하고 있다. 배움을 통해 자신이나 생활을 돌아보기 보다는 외부세계나 자신의 출세만을 강조하고 있다. 권한과 책임이 항상 같이 가는 교육이 필요하다. 권한만 강조하고 책임이 없는 사회와 교육은 사회 불평등과 사회문제를 항상 초래한다. 자기 통제와 책임이 없는 교육은 사회 희소가치만을 지향하고 욕망의 분출을 조건 없이 허용하여 항상 다른 사람들의 인권을 침해하고 사회를 무규범 사회로 만든다. 경제적 자유가 지나치게 방치된 자본주의 사회는 욕망 표출의 자유만 강조하여 사회를 무규범 상태에 빠뜨리고 위험사회로 변화시키고 있다. 욕망을 표출하되 다른 사람들의 인권과 행복이 동시에 보장되도록 사회규범을 통한 질서유지와 정서적 삶의 향상을 위한 교육이 활성화되어야 한다. 학교교육은 암기위주의 교육에서 자연과 사회질서, 일상생활에 대한 이해나 정서적 생활 함양을 위한 형태로 바뀌어야 한다. 이를 위해 지식교육과 더불어 사회생활에 필요한 여러 문제들에 대한 토론교육과 많은 고전들에 대한 독서교육이 훨씬 더 활성화되어야 한다. 그리고 실생활에 도움이 되는 건강교육과 악기 연주나 운동처럼 취미생활에 도움이 되는 일상생활을 위한 예체능 교육이 정착되어야 한다.

다섯째, 고등교육에서 사학의 비율이 지나치게 높다. 전문대학의 대부분이 사학이고 일반대학도 3/4 이상이 사학이다. 고등교육에서 사학의 비율이 높은 것은 대학교육이 시작된 시기부터이다. 해방 이후 대학교육에서 사학은 이미 절반을 훨씬 넘었으며 이러한 현상은 경제성장과 민주화에도 불구하고 사라지지 않고 강화되었다. 정부가 재정을 이유로 고등교육을 사학에게 맡겨 놓고 있는 것이고, 사학은 재산 축적과 영리의 수단으로 간주된 지 오래다. 사학은 높은 등록금과 사학비리라는 문제를 안고 있다. 서민들이 질 높은 고등교육을 경제적 부담 없이 받을 수 있는 국공립대학의 확대정책이 필요하다.

그리고 대학의 경우 대학의 전공 및 교육과정과 취업의 괴리 현상이 매우 심하다. 중등교육에서 다양한 교과목을 교육하던 교육과정은 대학에서 전공만으로 한정되는 경우가 대부분이다. 대학교육이 대중화된 현실에서 교육과정이 대학에서 지나치게 급변한 것이다. 이는 서구의 대학들과 구분되는 한국의 독특한 현상이기도 하다. 그러므로 특수 목적 대학이나 응용학과가 아닌 경우를 제외하고는 대학 교육과정은 개편될 필요성이 있다. 실제로 많은 대학 졸업생들이 학과와 전혀 관계없이 취업하고 있다. 대학생의 취업률도 매우 낮아 오늘날 정부는 대학 평가의 주요 지표로 취업률을 강조하고 있다. 그러나 대학의 많은 학과들은 순수학문의 성격을 가진 학과들이 많다. 대학교육에 학과들은 백화점식으로 나열되고 학과 별로 교육과정은 너무 독립되어, 과거에도 계열별 모집과 부전공제를 강화한 실험대학이 운영되었으나 결과적으로 실패하였다. 졸업 후 학생들은 자신의 전공과 일치하는 직장을 찾기 어려워 전공과 관계없이 취업하는 경우가 대부분이다. 이를 위해 과거 실패의 경험을 바탕으로 더 현명한 정책이 필요하다.

제2절

후기산업사회와 교육

사회는 빠르게 변화하고 있다. 사회변동은 사회구조적 변동을 동반할 때 사용되는 개념으로 사회변화의 모든 것을 의미하지 않는다. 사회변동은 크게는 농경사회에서 산업사회, 산업사회에서 정보사회처럼, 작게는 산업사회에서 기술발달에 따라 반자동화에서 자동화로 연결되는 포디즘과 포스트포디즘처럼 사회적 특성에 큰 변화가 있을 때 사회변동이라 한다. 오늘날 현대사회는 급속한 기술발달로 매우 빠르게 변화하고 있다. 공산주의 국가의 붕괴와 더불어 사회변동에 가장 큰 영향을 미치는 요인은 기술발달이다. 20세기 중반 이후 급속하게 발달한 반도체 기술과 인터넷의 발달은 정보사회를 가능하게 하였고, 산업구조와 일상생활에 큰 변화를 유발시켰다. 그리고 최근에는 4차 산업혁명이 논의되고 있다. 기술발달이 반복됨에 따라 새로운 명칭들이 등장한 것이다. 기술발달로 1770년대의 산업혁명, 20세기 초반 벨트 컨베이어에 기초한 2차 산업혁명, 1960년대 이후 반도체 기술발달과 인터넷에 기초한 3차 산업혁명, 그리고 최근에 발달하고 있는 인공지능, 로봇, 3D프린팅, 사물인터넷 등 첨단기술을 기초로 한 기술혁신으로 4차 산업혁명이 발생하였다. 2차 산업혁명 시기는 벨트 컨베이어라는 자동이동 기술과 대중매체 기술을 바탕으로 대량생산과 대량소비를 가능케 하여 대중사회를 출현시켰고, 3차 산업혁명은 반도체 기술을 바탕으로 한 로봇에 의한 단순노동력 감소로 제조업 인구의 정체 현상을 가져왔으며 인터넷의 발달이 정보사회를 출현케 하였다. 그리고 4차 산업혁명은 인공지능의 첨단기술에 기초하여 단순노동 및 일부 전문노동의 감소를 예측케 하고 있다. 그러나 산업혁명 이후의 시기는 크게 반도체 기술을 사용하기 이전과 이후로 구분할 수 있을 것이다. 반도체 기술에 기초한 3차 산업혁명과 4차 산업혁명 시기는 노동력의 기계화로 인력 대체라는 점에서 유사하지만 노동력 대체의 특성에서는 구분된다. 즉 4차 산업혁명은 단순노동력뿐만 아니라 전문직의 상당부분을 AI가 대체할 것으로 학자들은 전망하고 있다. 반도체 기술에 기초해 후기 산업사회로의 사회변동을 일찍 지적한 학자들은 다니엘 벨, 엘빈 토플러, 네이스 빗과 같은 정보사회론자들이다. 정보화 사회는 2차 대전 이후 위너의 사이버네틱스이론과 샤논의 소통이론을 모태로 태동한 정보과학과 컴퓨터의 발달에 의해 촉발된 사회이다.[30] 정보사회론자들이 지적하는 과학기술혁명의 구체적인 내용을 보면 과학과 기술 그리고 생산의 유기적 결합, 공장자동화 사무자동화 가사자동화 등의 자동화, 자동화에 의한 노동의 성격과 노동자의 존재형태의 큰 변화, 손과 머리가 결합된 새로운 지적 노동자인 그레이칼라의 등장 등이다. 즉 정보사회론자들은 과학기술의 발전을 기초로 생산의 과학화 및 생산과정의 자동화로 제조업에서 기술적 기반의 질적인 변화를 강조하고, 노동의 지출이 아닌 노동의 절약을 통한 생산의 증대와 노동생산승의 급격한 상승에 의한 사회변동을 예언하였다.

다니엘 벨은 『후기 산업사회의 도래』에서 산업사회와 구분되는 후기 산업사회의 특성을 밝히고 있다. 그에 의하면 후기산업사회는 이론적 지식이 강조되는데 이 이론적 지식의 집중을 축으로 하여 새로운 기술, 경제성

30 정보사회론에 관한 설명은 고영복 편(1991)의 『현대사회론』의 3장 '산업화와 현대사 회'(홍덕률)의 내용과 이종구(2005)의 『정보사회의 이해』를 참고하였음.

장, 사회의 계층화가 이루어진다. 산업사회의 중요한 경제적 문제는 자본축적과 순환의 문제이다. 즉 충분한 저축을 하도록 제도화하고, 이 돈을 투자영역으로 전환시키는 일이 중요하다. 이것은 주식시장, 투자은행, 자기 자금, 국가세금 등으로 가능하다. 이에 반해 후기산업사회에 있어서 가장 중요한 문제는 과학의 조직이다. 경제적 토대는 과학에 기초한 산업이고 주요 기관은 대학과 연구기관이다. 후기산업사회의 주요한 정책문제는 과학 정책과 교육정책이며, 교육받고 실력을 갖춘 인간 자본이 국가 경쟁력의 주요 자본이다. 인간 자본은 양적 자원과 질적 자원으로 구분되는데 질적 자원이 중요하다. 즉 인구 수, 유용한 일을 할 수 있는 사람 수, 노동 시간보다 기술 지식 및 생산적인 일을 수행하는 인간능력이 중요하다. 그는 이러한 기초에서 실력사회를 강조하는데 실력사회의 중요한 지표는 기술과 교육이며, 합리적 권위에 기초하여 능력에 의해 지위를 성취한 자들로 이루어진 사회를 실력사회라고 하였다. 실력사회는 신분적 불평등이나 결과에 있어서 평등을 옹호하지 않는다. 그가 말하는 실력사회는 기능적 측면에서 차이와 능력을 강조한 사회를 의미하는데, 중요한 업무를 수행하는 지위는 더 많은 교육을 받고 기술을 가진 사람이 차지하고, 이들 지위를 차지한 사람들이 더 많은 보수를 받는 사회이다. 그는 실력사회를 성취가 강조되고, 과학과 장학제도, 문화와 학술제도 등이 높이 평가받는 개방사회라고 하였다.

한편 엘빈 토플러는 후기 산업사회를 정보사회로 규정하였는데, 그가 강조하는『제 3의 물결』을 통해 생산과 소비의 결합, 산업과 에너지, 문화와 생활형식의 변화를 강조하고 있다. 그에 의하면 생산과 소비가 분리된 산업사회에서 생산과 소비가 결합하는 정보사회로 변화하는데 정보사회는 대체 에너지 개발이 증대하고, 다품종 소량생산으로 생산방식이 변화하고, 산업사회와 다른 반도체와 컴퓨터, 데이터 처리, 통신, 항공우주, 첨단 합섬섬유화학, 무공해 산업 등의 주요 산업이 발달한 산업구조를 가지게 된다. 그리고 문화와 지배형태에서도 산업사회와 달리 개성사회, 탈분업화, 탈표준화, 탈규격화, 탈동시화 사회로 변화한다. 그리고 네이스 빗은 『대변혁』에서 10가지 큰 변화를 언급하였는데 정보화사회, 하이테크와 하이터치 시대, 세계경제체제, 장기정책, 복지에서 자조사회, 참여민주주의, 네트워크체제, 남의 시대, 다원 선택사회로의 변화를 예측하였다.

오늘날 강조되고 있는 클라우스 슈밥의 『4차 산업혁명』을 정보사회론의 연장으로 볼 수 있다. 그가 강조한 4차 산업혁명은 인공지능에 기초한 산업구조의 변화를 의미한다. 4차 산업혁명은 1970년대의 자동화를 넘어서 인간이 담당하던 전문직의 상당 부분을 로봇이 담당하게 되어 지금과는 구분되는 산업구조가 형성된다는 것이다. 4차 산업혁명은 '3차 산업혁명을 기반으로 한 디지털과 정보기술이 바이오산업과 물리학 등과 융합되는 기술혁명'으로도 규정된다.[31] 즉 물리학, 디지털, 생물학 기술들을 바탕으로 인공지능과 로봇, 빅 데이터와 클라우딩, 3D프린팅과 자율주행 차, 나노와 바이오 기술 등이 급속히 발달하고, 이들 기술들이 현존 산업구조를 변동시켜 현재 일자리의 70%를 변화시킬 것이라고 주장한다. 이들에 의하면, 세계 인공지능 시장이 지속적으로 증대하여 인공지능은 단순사무직을 대체할 뿐만 아니라 상당 부분의 전문직 노동을 대체할 것이다. 그러나 인공지능이 발달한 세계에서 인간의 직관, 감성, 창의력에 기초한 직업들은 영향을 받지 않을 것이다. 즉 인간의 지속적인 사고에 기초한 직관과 관련된 직업, 인간의 감정과 정서를 중시하는 감성과 관련된 직업, 인간의 재능이나 호기심에 기초한 창의성과 관련된 직업들은 인공지능으로

31 이 글은 미래전략정책연구원(2017)의 『10년 후 4차산업혁명의 미래』를 참고하였으며 이에 대한 구체적인 내용은 이 책을 참고하기 바람.

대체하기 어렵다.

이들 학자들의 공통된 이론적 특성은 미래학적 이론 지향, 매우 낙관적이고 긍정적인 전망, 기술사관과 기술결정론에 입각한 역사와 사회의 이해, 세계적인 규모의 평화 공존과 경제 번영론을 주장한다. 그러나 이러한 낙관적 견해는 비판 사회과학자들에 의해 다음과 같이 비판받고 있다. 3차와 4차 산업혁명은 인간에게 큰 희망이자 재앙이 될 수 있다. 사회학자 기든스의 인간을 위협할 수 있는 인간 재조물인 쟈그노트와 율리히 백의 위험사회 등이 이를 의미한다. 비판 사회과학자들의 주요 비판을 소개하면 첫째, 기술결정론적 사고는 기술을 중심으로 하는 생산력과 생산관계 간의 변증법적 작용 등 생산관계나 계급관계를 등한시하고 있다. 둘째, 신화로서의 테크노피아 관점으로 정보사회론은 기술의 발달이 가져왔거나 가져오게 될 긍정적 일면, 즉 인간의 해방을 담은 장밋빛 무지개에만 주목하였다. 셋째, 자본주의와 과학기술의 관계로 노동해방에 기여할 수도 없다는 사실이다. 기본적으로 사적 이윤 추구에 의해 추동되는 자본주의적 생산관계하에서 과학과 기술의 발달은 이윤 추구를 위한 목적을 달성하기 위해 이용된다는 점이다. 과학과 기술의 발달이 이윤과 노동과정의 효율성의 강조로 일의 자동화에도 불구하고 경쟁과 갈등을 조장하고 노동강도를 높인다는 점이다. 이들에 의하면 정보사회에서 자본가가 정보를 독점하고 육체노동자들은 정보에서 소외되고, 육체노동자의 지위는 격하되어 실업자 양산이 심화되며, 비생산적인 부문이 비대화되고 금융과 유통부문의 정보가 생산적이라는 환상이 증가함으로써 사회적 생산력의 낭비가 초래된다. 그리고 정보의 사회화를 가로막는 정보의 특허화가 추진되고, 국가권력이 정보를 독점하여 정치적 이데올로기로 이용하고, 나아가 국가가 정보 관리, 정보 처리, 정보 통제를 실시하게 됨으로써 효율적인 정보의 발전이 가로 막힌다.

후기 산업사회는 인간에게 큰 희망인 동시에 재앙일 수 있다. 후기 산업사회는 인공지능, 가상현실, 사물인터넷, 3D프린팅, 바이오 등의 기술로 인간의 생명을 연장시키고 인간에게 편리한 여러 신상품들을 제공하고 인간의 노동력을 대체해 주는 꿈의 세계이다. 그러나 다른 한편으로 3차와 4차 산업혁명은 단순노동직은 물론 많은 전문직의 대체로 노동시장구조에 있어 큰 변화를 야기할 뿐만 아니라 단순노동직의 하위계층과 전문직의 중류층에 있어 실업과 상대적 빈곤문제를 야기할 수 있다. 3차 산업혁명은 2차 산업에서 3차 산업으로의 노동력 이동과 비정규직 노동력의 증대를 초래하였는데 4차 산업혁명은 자율주행 차와 같은 자동화로 단순노동직과 단순사무직은 물론 인공지능의 등장으로 많은 전문직의 대체를 예고하고 있다. 그리고 인간의 연산능력과 지능을 넘어설 수 있는 인공지능과 유전자 염기서열구조의 조작 등에 의한 위험사회와 윤리문제 등의 새로운 사회문제를 발생시킬 것이다. 그리고 기술발달은 자동적으로 자본주의에서의 사적 소유에 기초한 이윤 추구와 연관된 불평등 문제나 정치적 영역에서 다른 사람의 반대에도 불구하고 힘을 행사하는 권력관계의 문제를 해결하지도 못한다. 즉 비판사회과학자들이 강조한 것처럼 3차와 4차 혁명이 자본주의와 전체주의의 사회적 관계를 변화시키는 것도 아님은 물론 후기 산업사회 자체의 위험사회 요소를 그대로 가지고 있다.

후기 산업사회의 교육은 어떻게 달라져야 하는가? 교육은 사회의 반영이고 사회에 영향을 미치는 요소이다. 교육은 후기 산업사회의 반영이기도 하지만 우리는 후기 산업사회로의 변화를 위해 교육의 변화에 관심을 가져야 한다. 4차 산업혁명에서 강조되는 사회특성은 사물인터넷과 같이 사람과 사물 그리고 공간이 연결되는 것처럼 상호 연결되는 특성을 지니고 있다. 정보기술과 바이오기술이 연결되어 새로운 바이오산업을 만들듯이 각 분야의 전문기술들이 유기적으로 연결되어 새로운 상품을 만들고 많은 문제들의 해결을 시도하고 있다. 이러한 상호 통합의 특성은 교육에서도 적용될 것이다. 후기 산업사회의 교육은 다음과 같은 특성을 지녀야 할 것이다. 첫째, 미래 교육은 통섭교육이 강조될 것이다. 4차 산업혁명에서 인공지능과 바이오기술처럼 인간이 만든 지식은 인간사회를 크게 위험케 할 수 있으므로 전문 지식인들의 인문적 소양이 필요하다. 인간이 만든 사회는 유기적 연결에 의해 점차 커지고 있지만 동시에 위험한 사회로 변화고 있다. 20세기 초반 세계는 두 차례의 세계대전을 경험하였고 유태인 대량 학살처럼 인간이 개발한 기술로 다른 인종들을 무차별 학살한 제노사이드의 역사적 경험을 안고 있다. 그리고 최근에는 소련과 일본에서 원자력 발전소에서의 방사능 누출도 있었고, 인공지능과 바이오기술의 기술도 크게 발달하고 있다. 이러한 위험사회에서 전문가들의 인문학적 소양은 필수적으로 요구된다. 아울러 4차 산업혁명은 물리학 기술, 디지털 기술, 생물학 기술 등의 연결에 기초하고 있다. 학교에서의 교육도 이러한 사회변화에 맞추어야 한다. 자기의 전공지식뿐만 아니라 연결되는 다른 분야의 기본적 지식을 겸비한 통섭교육이 필요하다. 특정 분야의 전공영역도 중요하지만 다른 분야와 상호 연결이 중요하기에 다른 분야에 대한 얼마간의 지식도 반드시 지니고 있어야 한다. 미래 교육은 변화하는 사회환경에 맞추어 커뮤니케이션, 협력, 창의력, 비판적 사고를 필요로 한다. 그리고 위험사회에서 다른 사람과 사회성원들을 배려하는 인권과 인성교육이 매우 중요하다.

둘째, 현재보다 훨씬 더 많은 온라인 강좌가 개설될 것이다. 오늘날에도 방송통신학교가 존재하고, 많은 사이버대학과 사이버 강좌들이 존재한다. 사이버 강좌는 정규수업과 과외수업의 형태로 존재하는데 유명 강좌들이 증대하면서 인기가 향상되고 있다. 특히 입시와 취업을 위해 고가의 사이버 강좌는 매우 빠르게 증대하고 있다. 세계적으로 온라인 강좌 형태에 주목한 것은 MOOC(Massive Open Online Course)의 등장이다. MOOC는 명문대학의 수업을 무료 혹은 싼 가격으로 들을 수 있는 온라인 대중 공개 강의이다. 미래 학자들은 MOOC가 대학의 많은 강의들을 대체할 것이고 많은 대학들이 사라질 것으로 전망하고 있다. 특히 대학이 취업을 위한 장소로 강조되는 현실에서 인기 있는 MOOC 형태의 강좌들을 전담하는 기업들이 증대할 것이다. 이러한 형태의 선구적인 단체가 코세라이다. 코세라 강의 수강생은 현재 5억 명 이상으로 100여개의 대학에서 올린 600여개의 강의가 개설되어 있고, 많은 대학에서 코세라 강의를 들으면 학점으로 인정해 주기 시작했다.[32] 이러한 교육의 추세는 후기 산업사회에서 지속적으로 확대되어 취업의 특성이 강조되는 대학과 학과들의 경우 많은 변화가 예상된다.

셋째, 교육이 이루어지는 학교 환경은 기술발달로 크게 변화할 것이다. 후기 산업사회에 들어 인터넷의 발달은 수업내용과 형식에 있어 큰 변화를 가져오고 있다. 우리는 위키피디아와 같은 인터넷 무료백과사전들을 통해 수많은 지식을 아주 쉽게 다양한 단말기로 접할 수 있다. 과거 한정된 장소와 일부 사람들에게 존재하던 희귀한 정보들이 점차 많이 인터넷에 공개되고 있는 것이다. 이러한 결과로 암기위주의 수업은 중요성이 사라지고 있다. 누구라도 외우지 않고도 쉽게 필요한 정보를 인터넷에서 검색할 수 있는 것이다. 그리고 이러한 자료들은 시청각 자료들의 형태로 점차 많이 축적되고 있다. 오늘날 수업은 이러한 자료들을 많이 활용하고 있다. 특히 4차 산업혁명에서 강조되는 가상현실(VR)은 수업에 있어 현실감 있는 자료들을 접하게 할 수 있으므로 과거의 단순 시청각 자료보다 훨씬 큰 도

32 이 글은 미래전략정책연구원(2017)의 『10년 후 4차산업혁명의 미래』 미래교육에서 인용

움을 줄 것이다. 이러한 학교 환경의 변화는 교사와 학생 관계의 변화도 가져올 것이다. 지식을 독점한 교사 중심의 강의식 수업보다 자료를 공유하고 서로의 생각을 교환하는 교육이 중등교육이나 고등교육에서 훨씬 더 증대할 것이다.

제3절

민주주의와 교육

1. 민주주의와 민주시민교육

교육은 사회의 축소판이고, 사회변동에 따라 교육도 변화하였다. 오늘날 민주사회에서 보편적으로 지향하는 교육은 민주시민교육이다. 민주주의는 권위주의나 독재사회에 반대되는 개념으로 국민의 지배를 의미한다. 즉 주권이 국민에 있고, 국민에 의한, 국민을 위한 정치가 이루어지는 사회이다. 오늘날 민주국가에서 대의 정치는 일반적이고 국민들의 기본권 즉 평등권, 자유권, 재산권, 참정권, 사회권, 청구권, 행복추구권 등이 헌법에 보장되어 있다. 이러한 기본권의 기원은 근대사회에서 출발하였다. 근대사회는 도시 상공업에 종사하는 시민계급의 확대와 더불어 시작되었고, 이들은 생활에 중요한 생명과 사유재산의 보장, 자유와 평등 등을 국가에 요구하였다. 시민계급은 신분사회에서 도시를 중심으로 지배계급과 종속적 관계를 유지하면서 경제적 부를 확대시켰으나 자유도시의 발달과 증세에 따라 자신들의 권리를 주장하기 시작하였다. 근대의 계몽주의 사상은 생명, 재산, 자유, 평등 등의 천부인권을 지키기 위해 국가와 사회계약을 맺고, 국가가 이를 위배할 경우 저항할 수 있는 권리를 강조해 민주시민 사상 발달의 기반이 되었다. 이러한 사상은 영국의 명예혁명, 프랑스 대혁명, 미국의 독립선언서에 나타나 민주주의를 위한 법제도로 발전하였다. 즉 근세 초기에 시민계급은 봉건사회의 왕정 및 지배계급과 세금을 놓고 갈등하면서 신분적 평등과 경제적 자유를 획득하였다.

신분제에서 해방된 많은 평민들은 18세기 후반 산업혁명으로 인한 기계공업의 발달로 노동자로 빠르게 전환하였고 이들은 시민계급인 자본가계급에 고용되어 임금을 받는 종속적 관계에 놓이게 되었다. 19세기 중반 이후 자본주의는 크게 확대되어 독과점과 대규모사업체가 보편화되고 이로 인한 국내외적인 문제들이 부각되었다. 노동자들도 선거권을 요구하였으며 단결권뿐만 아니라 단체행동권을 요구하였고, 대규모 산업의 발달에 따라 대규모의 단체행동을 하여 단체교섭을 하였다. 그리고 노동자들은 사회주의 사상가들과 함께 그들의 이익을 대변하는 정당을 만들기 시작하였고, 독일에서는 비스마르크시기에 사회주의운동을 막기 위해 사회보험제도가 만들어졌다. 이런 과정을 통해 시민계급은 노동자계급으로 확대되고, 다시 여성을 비롯한 주변계급으로 확대되었다. 20세기에 들어 제1차 세계대전 이후 독일에서 사회권을 담은 바이마르헌법이 만들어졌고, 소련에서는 공산주의 국가가 수립되었다. 이러한 상황에서 1929년 세계대공황을 극복하기 위해 수정자본주의와 복지제도가 마련되었다. 제2차 세계대전 이후 특히 1960년대부터는 전쟁, 인종, 성 등을 주제로 하는 신사회운동으로 주변적 위치에 존재했던 시민들을 중심으로 인권문제에 대한 관심이 크게 고조되었다. 신사회운동은 지배계급이 아닌 피지배계급의 입장에서 세상을 조명하고 힘이 없는 사회소수자의 인권을 강조하였다. 이처럼 근대 이후 역사는 지속적인 자유와 평등에 기초한 사회성원들의 인권 확대의 역사였다. 그리고 이 과정은 사회 희소가치를 둘러싼 자본주의 및 권위주의와 민주주의의 갈등의 역사이기도 하다.

민주주의에서 제일 중요한 인권은 민주사회의 발달에 따라 대상과 영역에 있어 지속적으로 확대되었다. 인권은 자연권으로 생명, 자유, 재산 등에 대한 상공업계급의 권리에서, 자본주의에 대한 모순이 심화되면서 전체 사회성원의 사회권, 참정권, 청구권 등의 영역으로 확대되었고, 현대 민주국가들에서는 사회적 평등권으로 확대되었다. 민주사회는 인종과 민족차별, 성차별, 장애자차별 등과 같은 사회적 소수자의 차별에 주목하고, 전쟁이나 환경에 관한 문제에도 주목하고 있다. 즉 오늘날 인권은 모든 국민을 대상으로 하며, 영역도 행복추구권, 평등권, 자유권, 사회권, 참정권과 청구권 등으로 확대되었다.

민주주의는 독재사회에 반대되는 개념이고, 인권을 지키기 위해 평등과 자유가 보장되는 사회이다. 민주주의를 표명한 사회들에서도 인권문제는 큰 차이가 존재한다. 자본주의 국가와 공산주의 국가가 여기에 속한다. 자본주의 국가는 사유재산의 불평등으로, 공산주의 국가는 정치 및 사회적 자유의 제한으로 민주주의와 모순된다. 자유란 구속이 없고, 다른 사람들을 구속하지 않는 범위에서 개인이 원하는 것을 행하는 것이다. 자본주의는 경제적 측면에서 계급적 불평등으로 개인의 자유를 제한하고, 공산주의는 정치적 사회적 자유를 제한한다. 20세기 이후 바람직한 민주사회는 민주복지사회이다. 민주복지 국가들은 서구에서 자본주의와 공산주의의 가운데 존재한 국가들로 피지배자의 결속을 바탕으로 거대 정당을 만든 나라들이다. 즉 인권이 보장되는 사회는 중류층의 결속이 강한 민주복지사회이다. 자본주의와 공산주의 구분 외에도 사회 희소가치인 돈과 권력에 기초한 이데올로기로 사회성원을 차별하는 사회는 자유방임사회와 독재사회이다. 이들 사회에도 자유는 제한되고 인권은 무시된다. 역사적으로 이데올로기에 관계없이 종교, 인종과 민족, 이데올로기 갈등으로 수많은 인간 대량학살들이 자행되었다. 그리고 정치적으로 혼란스럽고 경제적으로 빈곤한 국가들에서도 무규범과 빈곤과 같은 사회적 상황으로 인권은 보편적으로 유린되었다. 민주복지사회를 만들기 위해서는 지배층이 아닌 피재배층, 특히 중류층을 중심으로 자유와 인권을 지키는 사회적 결속이 무엇보다 중요하다.

교육은 사회의 반영이다. 교육은 사회의 작은 부분으로 존재하기에 사회와 대립하기보다 사회유지에 기여하는 경우가 대부분이다. 여태까지의 역사는 신분계급과 교육과의 관련성을 잘 보여준다. 제도권 교육은 지배계급의 전유물이었으나 노동 영역의 교육이 제도화되면서 교육은 전체 사회성원에게로 확대되었다. 이러한 측면에서 교육은 분명 사회관계의 특성을 반영하고 있다. 역사적으로 지배계급은 육체적 노동에서 벗어나 통치나 종교, 문화 등을 중심으로 교육을 행하였다. 근대사회에 들어서도 교육의 기회는 주어졌으나 교육기회는 사회계층과 밀접한 연관이 있었고, 교육은 직업별 분화와 연관되어 불평등한 사회계층을 유지하는 역할을 수행하였다. 20세기 들어 사회체제에 따른 이데올로기의 차이와 교육의 차이는 이를 잘 보여준다. 인종차별사회에서 학교는 인종차별을 정당화하였고, 공산사회에서 교육은 정치적 사회적 자유의 억압을 정당화하였고, 자본주의 사회에서 교육은 재산 불평등과 교육 불평등을 정당화하였다. 특히 독재사회에서 이데올로기 교육은 사회체제에 관계없이 쉽게 확인할 수 있다. 이처럼 교육의 한 측면은 분명히 사회계층의 특성을 반영하고 있다. 교육은 지배계급의 삶의 산물이고 출세를 위한 수단이다.

다른 한 측면은 근대 교육은 민주주의 발달과 시기를 같이하며 민주주의와 인권확대를 지향하고 있다. 민주주의의 발달은 피지배계급의 저항과 사회참여의 결과이다. 민주주의 발달은 상공업에 종사하는 시민계급에서 시작하였으나 19세기 후반 이후 노동계급의 저항과 정치 참여의 확대로 노동 삼권과 생존권, 복지사회의 형태로 이어졌다. 그리고 이 시기는 중등학교가 크게 팽창하는 시기이다. 교육은 사회의 한 부분이기에 사회계층 현상을 반영하고 민주사회의 발달을 반영한다.

이 두 측면은 모순적으로 보이나 지배계급이 향유하던 교육이 피지배계급으로 확대된 것이다. 그리고 피지배계급의 영역이던 노동 관련 지식과 기술도 교육에 포함되었다. 그리고 지식과 기술 교육이 확대되면서 중등교육과 고등교육도 자연스럽게 확대되었다. 즉 민주사회와 산업사회가 발달되면서 교육이 모든 계층으로 확대되었고 민주시민교육도 확대된 것이다. 그러나 민주사회에서도 사회계층 현상은 교육에 큰 영향을 미친다. 신분사회가 사라진 현재도 사회계층에 따른 교육정도와 질은 큰 차이가 존재한다. 문제는 사회계층에 따른 교육 불평등이다. 한국의 경우 경제발전과 민주화에도 불구하고 중앙집권적 체제와 사회 희소가치의 서울 집중으로 단일 피라미드식 대학서열구조를 가지며, 고등교육에서 사학이 지배적이고 중등교육은 입시 위주의 암기식 교육으로 전도되어 있다. 교육시설, 환경, 교육과정, 교수법 등 교육 전반에 있어 발전에도 불구하고 명문대 진학을 위한 입시 위주의 암기식 고질병은 개선될 여지를 보이지 않고 있다. 이로 과열과외와 사교육, 과다한 공부시간과 청소년 생활의 피폐, 저출산율 등 많은 문제를 안고 있다. 구조적인 문제로 공부시간이 고등학생, 중학생, 초등학생, 대학생의 순으로 이상한 모습을 보여줘 명문대학에 들어가기 위한 도구적 공부시간이 많음을 알 수 있다. 그리고 1990년대 말 이후 고등교육이 크게 확장되어 다른 국가들보다 높은 취학률을 보이나 사학이 고등교육의 대부분을 차지하여 사학비리가 만연되어 있으며, 서민생활은 어렵고 학부모와 학생들의 경제적 부담도 매우 크다.

민주사회에서 민주시민교육을 위해 학교교육은 교육과정에 맞게 교육되어야 한다. 초·중등학교의 교육과정은 민주시민교육을 목표로 지적, 규범적, 정의적 영역의 교육을 통해 전인교육을 지향하고 있다. 그리고 교육과정을 행하기 위해 다양한 영역의 교육내용을 마련하고 다양한 교수법을 제시하고 있다. 문제는 출세를 위한 상위 계층 학부모와 학생의 요구에 학교교육이 순응하는 것이다. 학교가 교육목표와 교육과정보다 명문대학 진학을 위한 입시 위주의 교육기관으로 작동하고 있는 것이다. 고등학교는 설립 목적을 상실하고 다양성이 아닌 수직적 형태로 변화하였다. 특수 목적 고등학교인 과학고나 외국어고, 자율형사립고 등은 본래의 설립 목적을 상실하고 명문대학 진학을 위한 유명 학교들이 되었다. 그리고 중상층을 중심으로 많은 학부모들은 자녀들을 이러한 학교들에 입학시키기 위해 어릴 때부터 공부를 강요하여 생활을 억압하고 있다. 불평등한 사회계층 환경에서 과도한 경쟁으로 학생들의 생활이 파괴된 것이다. 이러한 교육은 입시 위주의 암기식 교육으로 낭비적이고 학생들의 삶을 파괴하는 교육이다. 즉 모든 지식과 정보를 쉽게 접할 수 있는 정보사회에서 입시 위주의 주요 교과목의 지식을 암기하는 것이다. 암기된 많은 지식들은 쉽게 인터넷 등을 활용하여 찾을 수 있다. 전문지식은 대학을 비롯한 전문 교육기관에서 학습하여야 한다. 그러나 대학생들의 공부시간은 중등학교에 비해 적고 전공과 취업 영역도 절반이 일치하지 않는다. 대부분의 대학생들은 전공과 관계없이 취업 공부에 매달리고 있다. 고등교육은 노동시장 구조와 분리되어 있고, 분절화된 노동시장 환경에서 학생들은 안정적이고 수입이 높은 직장 시험 준비를 하는 것이다.

2. 민주시민교육을 위한 과제

교육은 사회의 한 부분이고 사회특성이 교육에 크게 영향을 미치지만 교육은 인간의 이상적인 삶과 사회발전에 이바지해야 한다. 근대사회는 자본주의와 민주주의 사회를 동시에 출현시켰다. 근대사회는 시민계급의 활동을 뒷받침하는 자연권과 사회계약론에 기초한 민주주의의 발달을 가져왔으나 동시에 재산의 신성성에 기초한 경제적 자유로 자본주의의 확대로 이어졌다. 자본주의 확대와 민주주의 발달은 모순되는 측면이 많았다. 로크는 '통치론'에서 자연권으로 생명, 자유, 재산을 강조하였으나 재산의 전유에 있어 조건을 달았고, 루소는 '사회 불평등 기원론'에서 인간의 악이 주인이 없는 땅에 울타리를 치고 사유재산을 바탕으로 사회제도를 만들면서 시작된다고 하였고, '에밀'에서 교육은 사회제도의 영향을 최소화하고 인간이 각자 자신의 소질을 살리고 감정에 충실하게 성장하도록 교육할 것을 강조하였다. 민주시민교육은 이러한 전제에서 이루어져야 한다. 현대 대다수의 국가들은 민주주의를 지향하고 민주시민교육을 목표로 한다. 진정한 민주주의 사회에서 민주시민교육이 이루어진다. 민주주의와 민주시민교육을 위해 다음의 사회와 교육의 요건들이 충족되어야 한다.

먼저, 민주주의를 위해 권력과 재력의 지상주의에서 벗어난 복지사회가 되어야 한다. 인간은 생명체이기에 자기보존의 욕구를 가진다. 이는 사회 희소가치를 최대화하려는 욕구로 연결되나 사회체제에 따라 사회생활 방식은 변화한다. 인류의 역사는 도구와 기술의 끊임없는 발달과정이며, 사회 희소가치를 놓고 갈등을 계속한 사회구조적 불평등의 역사였다. 권력과 재력이 집중되는 불평등 사회일수록 사람들은 권력과 재력을 추구한다. 불평등 사회일수록 지배자의 권위의식과 피지배층에 대한 학대는 심화된다. 민주사회는 노동자계급이 정당이나 시민단체들을 통해 정치에 참여하고, 최소한 경제적 생활이 보장되는 복지사회여야 한다. 인권은 최소한의 사회 희소가치가 보장될 때 주어지는 것이다. 사회구조적인 불평등은 인권을 보장하는 제도인 민주주의의 적이다. 자본주의에서 경제적 자유방임주의는 기업합병과 같은 형태로 독과점을 형성하여 공정한 경쟁을 제한하고 노동권을 제한하며 빈곤집단을 방치한다. 그리고 독재사회에서의 권력집중현상은 지배집단을 중심으로 한 관료제의 병폐로 조직을 지배자의 이익을 위해 사용하는 과두제나 규범을 지나치게 강조하는 융통성 없는 형식주의의 문제점을 초래한다. 이러한 상황은 황금만능주의나 권력만능주의와 같이 목적과 수단이 전도된 소외현상을 초래한다. 이는 재력이나 권력의 획득과정이나 이들의 사회적 행위를 무시하고 이들에게 위신을 부여하는 권위주의를 초래한다. 자본을 축적하거나 높은 지위들을 차지한 사람들을 무조건적으로 중시하는 권위주의적 문화가 건전한 인간의 이성과 인권을 크게 침해한다. 권위주의는 파시즘적 사회를 초래할 수 있으므로 권력자들이나 집단에 대한 비판적 사고가 필요하다. 그렇지 못할 경우 자연권을 가진 인간들이 사회계약에 기초해 양도한 권력이 다시 억압의 힘으로 작동하는 것이다.

둘째, 민주사회를 위해서는 타인이나 다양성에 대한 존중이 필요하다. 인간은 사회적 동물이고 타인의 승인을 끊임없이 받고자 하는 존재이다. 그리고 인간은 자신이 속한 집단을 중심으로 집단 중심적 사고를 하고, 다른 집단과 끊임없이 교류하고 갈등하면서 살아왔다. 이러한 현상은 교통과 통신의 발달에 따라 더욱 가속화되고 있다. 지금 지구는 세계화 현상으로 국가를 넘어선 인간들의 왕래가 일상이 되고 있다. 한 국가 내에 다양한 인종과 민족들이 공존하는 사회가 증대하고, 서로 다른 문화들을 가지고 생활하는 다문화사회가 확대되고 있으나 끊임없이 갈등하고 있다. 이러한 사회에 간문화적 사고와 문화상대주의가 필요하다. 이러한 사고의 기반은 평등과 자유이고, 지위가 아닌 수행한 행위에 따라 평가받는 평등문화가 다문화사회를 지속시킬 것이다. 권력과 재력이 집중된 사회에서 나타나는 황금만능주의나 권력만능주의와 같은 문화는 권위주의의 산물이고, 수평적 인간관계와 문화의 상호이해에 적대적이다. 인간의 기본적 욕구에 기초한 생활과 문화의 공통성을 인식함과 아울러 타문화를 그들의 입장에서 이해하려는 노력은 평등하고 자유로운 인간관계를 전재로 한 사회에서 이루어진다. 개인의 행위를 이해하려는 노력은 그들의 사회화된 인성, 가정배경 및 사회적 경험과 연관을 가진다. 모든 문화들은 역사, 지역 및 사회적 특성에 기초하여 형성된다. 타문화를 그들의 역사, 지리, 사회적 특성과 연관하여 사고하고 존중하는 태도가 필요하다. 현대에 들어서도 계급에 기초한 수직적 인간관계는 보편적이고 인종과 민족 간의 갈등에 기초한 대량학살은 존재하였고 지금도 국내외에서 갈등은 지속되고 있다. 역지사지의 입장에서 다른 사람이나 집단의 인권을 생각하는 문화가 필요하다.

셋째, 민주주의 교육은 개인의 소질을 개발하고 공동체 생활을 위한 교육을 기본으로 한다. 민주교육을 위해 학교에서의 평등교육과 인권교육이 필요하다. 학교는 비공식적인 교육과정과 교육과정을 통해 학생들을 교육한다. 비공식적 교육과정은 학교에서의 교육과정 밖의 교육이며, 이 영역에서 학교와 학생과의 관계에 관련된 것이다. 학교의 교훈과 이미지, 급훈, 학교 등급, 성적, 일탈에 따른 학생들에 대한 인식과 관계 등이 여기에 포함된다. 다니는 학교나 개인의 성적 차이는 학생들의 학교생활에 일반적으로 큰 영향을 미친다. 학교교육이 민주주의와 민주시민교육을 지향한다면 교육은 계층이나 성적에 따른 영향을 최소화하고 모두의 소질을 존중하고 민주시민을 양성하는 교육이 되어야 한다. 공식적 교육과정에서 민주주의와 민주시민 양성을 위한 비판적 교육도 필요하다. 교육과정은 많은 교과목을 대상으로 지적, 규범적, 정의적 교육을 실시하고 있다. 교과목의 지식은 자연과 사회현상을 바탕으로 진리를 추구하고 있으나 이성과 과학에 기초한 20세기의 사회는 두 차례의 세계대전과 인간의 대량학살을 초래하였다. 모든 과학은 인종과 민족, 계급이 아닌 생명과 인간중심적 사고가 필요하다. 지식은 진리이고 가치중립적이라고 주장하나 20세기 후반의 포스트모더니즘은 지식의 객관성을 의심하고 지식과 권력의 관련성을 설명하고 있다. 민주주의 사회에서 교육은 전인교육과 민주시민 양성을 위해 비판적으로 사고하는 교육을 지향해야 한다. 암기 위주의 지식전달 교육은 단지 교육의 한 부분이지 결코 목적이나 교육의 전부가 되어서는 안된다.

넷째, 교육 불평등 문제를 해결하기 위해 교육제도에 대한 개선이 필요하다. 학교는 사회의 일부이고 사회체제의 특성을 반영하기 마련이다. 자본주의 사회에서 중상층의 자녀를 교육하는 많은 사학들이 존재한다. 사학들의 경우 높은 교육비와 운영의 투명성 문제가 존재한다. 사학은 특정 목적으로 설립되었거나 국가 재원이 부족하여 설립된 경우가 많다. 해방 이후 사학은 고등교육을 주도하여 왔고 지금도 고등교육의 대부분을 차지하고 있다. 한국에서 사학은 재산 축적의 수단으로 사용되고, 학교 운영은 등록금에 의존하는 경우가 많다. 그리하여 사학은 국공립대학교에 비해 등록금이 매우 높거나 학교 운영에 있어 투명성이 부족한 경우가 많다. 이는 학교 설립의 본래 목적을 상실한 것이다. 오랫동안 중상위 계층 자녀 교육을 목적으로 재단을 설립하였으나 재산 축적과 영리를 추구하는 형태로 목적과 수단이 전도된 것이다. 그리고 국공립의 많은 고등학교나 대학의 학과들도 목적과 수단이 전도된 경우가 있다.

오늘날 급속한 사회변동으로 교육환경도 급속한 변화하는데 학교 운영이 이를 따라가지 못하는 지체현상을 보이고 상위계층만의 이해관계를 반영한 형태로 이루어지는 경우가 많다. 사회변동으로 노동시장구조는 급속히 변동하는데 학교는 여기에 적합한 변화를 하지 못하고 있다. 노동교육이 제도교육에 포함되고 전문기술교육을 대학교육이 전담하면서 고등교육은 직업교육과 학문교육을 함께 하게 되었다. 그러나 피라미드식의 대학서열구조에 기초한 입시 위주의 교육으로 수많은 학생들이 강요된 과다한 공부시간으로 희생양이 되고 있으며 입시 위주의 평가에 기초한 서열구조는 능력 평가를 위한 정당화의 수단으로 사용되고 있다. 노동시장에서 필요한 전문 인력을 양성하는 교육은 전문대학이나 일반대학에서 담당하고 있는데 서민의 자녀들이 이들 교육을 받기에는 너무 비용이 많이 든다. 이는 고등교육을 사학에 의존하는 정책에서 비롯된 것이다. 즉 서민을 위한 중등교육과 고등교육 정책이 부재한 것이다. 그리고 오늘날 청년실업이 만연한 상태에서 모든 대학은 학생들의 취업을 강요받고 있다. 고등교육에서 학문교육과 직업교육을 구분하여 접근하는 교육정책이 필요하다. 그리고 고등교육이 대중교육이 된 현실에서도 학교 교육과정과 교육이 설립목적이나 취업 형태와 연결되지 않는 경우들이 많다. 이는 노동시장의 구조, 임금, 직업안정성 등과 졸업한 학생들의 기대 차이에서 비롯되는 현상이다. 그리고 고등교육의 대중화로 사회계층에 관계없이 청소년의 대다수가 고등교육을 받기 때문이다. 오늘날 고등교육은 일상생활에 필요한 많은 지식과 기술교육을 맡고 있다. 고등교육 정책은 이러한 점을 고려해 복지사회에 걸맞게 서민이 쉽게 교육을 받을 수 있게 바뀌어야 한다. 입시 위주교육과 사학이 만연된 현실에서 중상층을 위한 교육은 있으나 서민을 위한 교육적 배려가 없다. 대학서열구조의 개혁이 없는 대학입학의 입시개혁이 아니라 서민 가정의 자녀들을 고려한 혁신적인 교육정책이 절실히 요구된다.

찾아보기

ㅊ

ㅋ

ㅌ

ㅍ

ㅎ

사회 불평등과 교육

초판 1쇄 발행•2018년 9월 14일

지은이•황갑진
펴낸이•이상경
부　장•박현곤
편집장•김종길
교　정•강현주
디자인•이희은
지　원•이가람

펴낸곳•경상대학교출판부
주소•경남 진주시 진주대로 501
전화•055) 772-0801(편집), 0802(디자인), 0803(도서 주문)
팩스•055) 772-0809
전자우편•gspress@gnu.ac.kr
홈페이지•http://gspress.gnu.ac.kr
페이스북•https://www.facebook.com/gnupub
블 로 그 •https://gnubooks.tistory.com
등록•1989년 1월 7일 제16호

이 도서의 국립중앙도서관 출판시도서목록(CIP)은 서지정보유통지원시스템 홈페이지(http://seoji.nl.go.kr)와 국가자료공동목록시스템(http://www.nl.go.kr/kolisnet)에서 이용하실 수 있습니다.
(CIP제어번호: CIP2018028743)